U0553182

DANGDAI ZHONGGUO
NÜXING RENLI ZIBEN
TOUZI YANJIU

当代中国女性人力资本投资研究

晏月平◎著

人民出版社

目　录

第一章 导 论

以往人力资本理论主要研究直接经济获得中的人力资本，而直接经济获得中的主体主要是男性，加上由于女性的社会地位、充当的社会角色以及很少参与社会活动的现实状况，其研究往往大都偏重于男性视角，而对女性人力资本的研究却有所忽略。美国经济学家、1979年诺贝尔经济学奖获得者、人力资本理论创始人舒尔茨曾对人力资本理论忽略"女人资本"表示过担心。舒尔茨认为："如果有人想从现今所做的工作中做出判断的话，他的结论将是：人力资本是男性人口的唯一财富……假如对人类的投资果真只限于男人范围，那么我们就最好不用'人力资本'这一术语而代之以'男人资本'了。应该宣布，人力资本是对特定性别而言的。尽管女性也得到教育和其他花费，但这似乎在人力资本的核算中毫无地位。如果女性从她们身上的花费这一角度看是资本免费的，那么我们在分析时就确实困难了，除非我们能够证明花费是纯粹用于现期消费的……不容否认，女性接受的所有这些教育的要素成本是真实且庞大的，如果说所有这些直接和间接成本都是仅仅用于现期消费显然是没有道理的。投资成分必然是大的。但如果拿不出多少有关证明的话，我们的作为教育投资基础的经济行为之假定又怎能自圆其说呢？"① 因此，舒尔

---

① 舒尔茨：《人力资本投资》，商务印书馆1990年版，第152~153页。

茨对证明女性的教育也是"投资"而不仅仅是"消费",做出了如下判断:其一,比男青年在受教育水平上有优势的女青年更乐意离开农场;其二,经济增长和生活富裕与女性受教育增加有一定的关系;其三,妇女受教育增加带来了妇女时间价值的上升,从而使妇女有酬劳动时间增加,家务劳动时间减少。① 由此看来,对女性人力的投资也是有回报的,但舒尔茨的人力资本理论并没有对人力资本投资在两性间的差异作进一步分析。

事实上,随着现代工业快速发展与分工越来越细,女性作为社会经济活动的积极参与者,在现代社会经济发展中起着不可忽视的作用;另外,随着经济的发展,女性的独立自主性越来越强,再也不是原有社会地位中充当着被人"看不见"的角色。正如舒尔茨所说:"这一棘手的忽略还是可以对付的,并且从可以获得额外知识而言,收益可能是很大的。"② 有众多资料显示,女性在接受教育、培训、工资等方面与男性有着较大的差别,甚至在实施公平平等的法律法规过程中也存在着性别歧视,如20世纪90年代初,德国女性退休金只是男性的60%。③ 正因为上述问题出现,详细而具体地研究女性人力资本投资问题便成为一种使然,也是本书研究动力所在。

---

① 舒尔茨:《人力资本投资》,商务印书馆1990年版,第153~154页。
② 舒尔茨:《人力资本投资》,商务印书馆1990年版,第156页。
③ 参见德国《明镜》周刊1995年6月13日,转引自《参考消息》1995年7月19日。

第一节 女性人力资本投资研究背景

一、研究背景和主要内容

(一)研究背景

人力资本是经济增长的动力,决定着物质资源的有效利用;人力资本作为生产要素诸因素中最具活力的要素之一,越来越显示并发挥出它重要的作用;人力资本源于人们自身的再生产,人们通过各种方式向自身投资,使自己的知识、技能、道德和素质等不断得到发展和提高,从而形成新的或更高的劳动生产率,以此促进经济和社会的全面发展。可见,人力资本是保证社会经济持续、快速、健康发展和社会经济结构优化升级的基本条件,劳动者的知识、技术、生产能力决定着经济增长和发展速度,提高劳动者素质就成为经济发展成功与否的决定性条件。

像我国这样一个人口众多、工业有一定基础的发展中国家,加大人力资本投资,积累更多人力资本,是进一步促进社会经济发展的决定性因素和未来经济发展的强大动力。因此,人力资本的优先投资在诸生产要素的投入中具有举足轻重的作用,特别是在单一的物质资本与劳动数量的投入已无法刺激经济增长的情况下,人力资本的投入更具有决定性作用。

劳动者的一半是女性,不可否认,当今我国女性总体素质、劳动生产能力、知识技能等综合能力显得较低,究其原因主要还是对她们的投资不足造成的。女性作为一支重要的人才队伍,增加对她们的人力资本投资有利于女性人才的充分发挥,有利于女性地位的提高,有利于我国经济和社会的全面发展。德国著名教育学家福禄贝尔曾讲过:"国民的命运,与其说握在掌权者的手中,倒不如说握在母亲手中,因此,我们必须启发母亲——人类的教育者。"母亲是孩子的第一任教师,母亲对孩子的影响是潜移默化、循序渐进、根深蒂固的,不仅在培养后代、成人成才的开发、培训、教育中,承担着重要的使命,而且女性素质的高低,还将影响到一个国家、一个民族的文明与社会进步程度。由此可说,对女性人力资本投资关系到民族整体素质的高低,其综合价值毋庸置疑。

贫困人口中主要是女性,20 世纪 90 年代初,世界 11 亿极为贫困人口中有 70% 是女性,我国贫困人口中 60% 是妇女和儿童。[①] 据中国社会科学院农村发展研究所测算,如果按照低收入现行标准,即人均年收入低于 882 元(仅相当于全国农民平均收入水平的 1/3),目前还有 8517 万人口也属贫困人口。若按联合国每人每天收入或消费不低于 1 个购买力平价美元(约折合 2.5 元人民币,即人均年收入约 900 元)的国际贫困标准测算,中国贫困人口就增加到 1 亿人,超过农村总人口的 10%,其中贫困人口中的一半在我国西部地区。照这样计算,该地区贫困妇女和儿童有近 3000 万。

2004 年在我国农村绝对贫困人口中,东部地区为 374 万人,中部地区为 931 万人,西部地区为 1305 万人,绝对贫困人口占各地区农村人口的比重分别为 1.0%、2.8% 和 5.7%,占全国农村绝对贫困人口的比重分别为 14.3%、35.7% 和 50%;在低收入人口中,东部地区为 837 万,中部地区为 1744 万,西部地区为 2396 万,

① 王洪春、王金营:《女性人力资本的经济社会效益分析》,《河北大学学报》1996 年第 4 期。

低收入人口占各地区农村人口的比重分别为 2.2%、5.3% 和 10.5%。①

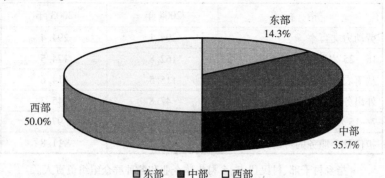

图 1—1 中国农村绝对贫困人口地区分布

资料来源:《2004 年中国农村贫困状况监测公报》,国家统计局统计资料。

2004 年,我国在扶贫重点县农村绝对贫困人口中,48.2% 为女性,女性人口的贫困发生率为 8.3%,比男性高出 0.4 个百分点;在低收入人口中,48.5% 是女性,女性人口的低收入发生率为 13.2%,比男性人口高出 0.6 个百分点。从大多数指标看,妇女在教育、就业、社会参与等方面均有改善,与男性的差距在缩小,见表 1—1。不过由于历史、自然环境、文化和传统观念等因素,对女性人力资本投资规模整体相对男性小,受教育状况不乐观,最终导致女性整体素质比男性低。

目前国内相关文献资料及其研究主要集中在以下几方面:

---

① 《2004 年中国农村贫困状况监测公报》,国家统计局统计资料。

表1—1   2004年我国扶贫重点县主要贫困指标性别差距指数
（以男性相应指标值为100）

指　　标	2004 年	2003 年
劳动力文盲率	294.1	294.4
16—25 岁劳动力文盲率	162.8	174.5
从事农业劳动时间比重	115.5	114.6
外出务工劳动力比重	47.8	45.3
7—15 岁儿童在校率	98.6	97.5
担任社会职务的劳动力比重＊	13.2	11.8

＊指乡村干部、村民代表、乡村集体企业和各种群众组织负责人。①

第一，在知识经济兴起与社会不断进步的背景下，女性人力资本的研究最早关注女性家务劳动的经济价值，把女性作为一个特殊整体引起经济学家重视；第二，有关女性的劳动力供给、生育率方面与教育的收入弹性问题；第三，运用经济学分析方法论证相关假设的正确性，比如女性用于生产家务时间的存在，使得女性的闲暇时间相对来说减少了，从而影响了女性自身人力资本投资的时间保障问题。

但是，在诸多关于人力资本研究中，更多的是把男性作为研究主体与对象，而真正既关注地区经济社会发展，又重视女性人力资本问题较少见，这就形成理论研究上的空白和实践中的盲点。

作为社会发展与经济建设的女性，能否充分真正发挥半边天效应，能否扭转当今我国女性人力资本存量不足的被动局面，能否真正提高女性在家庭与社会中的地位，能否让女性在自我觉醒与提高自身素质的同时，充分发挥她们的主观能动性，关键就在于能

---

① 《2004年中国农村贫困状况监测公报》，国家统计局统计资料。

否提高女性受教育水平、整体素质和培训,能否加大对其投入与实施政策引导。本书将通过对我国东、西部女性人力资本现实状况比较分析,借鉴国内外相关研究成果,从社会性别视角,分析女性人力资本投资问题,确保这一过程是政府或个人在关注任何领域的任何行动与问题时,包括立法、政策或项目计划等方面,都应该对女性与男性所产生的影响进行性别分析;把性别问题纳入主流,让所有人都把它作为一个战略问题来考虑,在对人们进行投资时,要求把对女性的关注、经历作为政治、经济、社会各领域中设计、执行、评估政策、项目计划和监督等不可分割的一部分加以思考,使女性与男性能够在其中都平等受益,不再延续不平等的关系,最终达到社会性别平等的目标与和谐社会的建立。

（二）研究的主要内容

本书研究主要包括以下几个部分:

第一部分:我国女性人力资本投资的理论与现实意义,以及国内外学者对女性人力资本投资问题研究概述。在相关现实问题背景下,从社会性别视角,借鉴国内外学者的相关研究成果,揭示影响女性人力资本投资的主要因素,全面分析女性人力资本投资对我国经济社会发展的重要作用。

第二部分:女性人力资本投资的内涵与特点。从人力资本的内涵、人力资本的研究现状与人力资本投资特点出发,分析女性人力资本的内涵与研究现状,并分析在我国全面建设小康社会过程中,探索女性人力资本存量增加对顺利促进两性平等与人才资源利用的经济意义,同时致力于研究我国女性人力资本投资的特点与重点。

第三部分:女性人力资本投资的内容。重点分析女性人力资本投资的路径与女性人力资本在教育、在职培训、医疗卫生保健和迁移流动等方面的投资。

第四部分:我国女性人力资本存量分析。分析目前我国东、西部地区女性人力资本存量,通过比较东、西部地区女性人力资本存量差异,西部地区女性与男性人力资本存量差异,说明我国当前针对女性人力资本投资不足。

第五部分:探讨影响我国女性人力资本投资的制约因素。透视女性的社会与家庭权利,从现实角度出发研究女性在教育投资、人口生产投资、在职培训投资和迁移流动投资等方面的制约因素。

第六部分:性别视角下的女性人力资本投资问题。主要讨论了社会性别含义、性别歧视的内涵、社会性别方法和运行机制,运用社会性别视角对研究女性人力资本投资的意义,以及我国现行公共政策中的隐性性别歧视现象和性别视角下的女性人力资本投资。

第七部分:女性人力资本投资的供求分析。女性人力资本的供给与需求,是影响女性人力资本投资的重要内容。主要研究了我国女性人力资本的供给和需求的关系,以及影响女性人力资本投资决策等问题。

第八部分:女性人力资本投资与社会性别主流化。建立有利于女性发展的组织环境是获得女性人力资本投资的保证,从论述公共政策存在的隐性性别歧视问题出发,论证了对女性人力资本投资,充分尊重两性差异,促进男女平等。同时各级政府或部门应推行社会性别预算政策,保证有限的资金和在实施的过程中有利于两性的共同发展,以促进全社会的和谐与共同进步。

第九部分:促进女性人力资本投资增长的保障措施与对策分析。加大对女性人力资本投资,就是直接提高女性人口的文化水平和健康水平,这在很大程度上决定着女性发展的前途命运与经济的发展。首先应加强女性组织建设和给女性赋权的环境；其次是积极推行性别平等立法，确保女性有平等获得经济资源的有效服务；最后应进一步完善社会保障体系和医疗保障制度，同时还应加强对政策法规实施过程的监督，同时在政策制定与执行过程中尤其是决策者应具有社会性别敏感度与性别敏感意识。

第十部分：主要结论。总结了提高人力资本投资水平的对策，进一步发展和完善我国对人力资本投资政策，如完善我国公共政策，消除在招聘、培训与教育等方面的隐性性别歧视，建立和发展女性人才市场，完善市场竞争环境，在保护女性人力资本所有者和政策制定方面进行相关总结。

二、研究的理论基础及方法

（一）研究的理论基础

1. 人力资本基本理论

有关人力资本理论，可以追溯到现代意义的经济科学创立之初，那时的古典大师们通过他们提出的劳动价值学说确立了人的劳动在财富创造中的决定性地位，这实际上已经确立了人力资源在经济活动中的特殊地位。如配第关于"土地是财富之母，劳动是财富之父"的著名论断，以及布阿吉尔贝尔关于劳动时间决定价值的论述。而这时有关人的经济价值研究中，在人力资本思想开始提出时，由于女性很少参与社会活动，她们的价值通常被忽略了，因此，大多数经济学家对人力资本的研究忽视了对女性的分析。

被称为西方现代经济学之父的亚当·斯密《国富论》和他的主要继承人大卫·李嘉图把这些思想推到了时代的最高点。斯密明确提出了人力资本概念,指出:一个国家全体居民的所有后天获得的有用能力是资本的重要组成部分。因为获得能力需要花费一定的费用,所以它可以被看做是在每个人身上固定的、已经实现了的资本。当这些已获得的能力成为个人能力的一部分时,就成为社会财富的一部分。一个工人技能的提高如同一部机器或一件工具的改进一样,可以节约劳动,提高效率。虽然提高工人的技能要投入相当多的费用,但它能生产出更多的利润,足可以补偿费用的支出,这就充分说明了教育的重要性。在关于经济增长的理论中,他认为分工引起的劳动生产率的提高和生产劳动在全部劳动中所占的比例的大小,是决定国民财富增长的主要因素,而生产的数量则依存于资本的数量。由此可以看出人力资本的存量的大小在国民经济发展中的作用。

之后,1890 年阿尔费雷德·马歇尔在其著名的《经济学原理》的论著中,强调了人力资本的长期性和家庭在进行这种投资中的作用。1930 年,著名统计学家和科学家阿尔费雷德·洛特卡和达布林合作,提供了人力资本在数量方面的应用,即对人力资本投资的个人收益现值进行了估算,用以充当购买人寿保险的指标。作为正式提出"人力资本"概念的第一人,美国经济学家 J. R. 沃尔什在 1935 年出版《人力资本》一书,在著作中采用"费用—效益"的分析方法,分析了接受不同教育程度的学生个人教育费用和毕业后因能力提高而使收入增加的情况,进而计算出教育的收益率,即从个人教育费用和个人收益相比较来计算教育的经济效益,做出了第一个人力资本价值的成本估算。

20 世纪 50 年代后,更多的学者进行了人力资本的研究。其中最具代表性的是卢卡斯(Lucas,1988)、罗迈尔(Romer,1986,1990)提出的"新增长理论"。他们在古典的生产函数模型中加入了人力资本,从而确立了人力资本在经济增长中的重要地位。1988 年,卢卡斯用人力资本解释了经济持续增长,从而使人力资本内在化。1986 年和 1990 年,罗迈尔把技术进步内主化,他认为,特殊的知识和专业化的人力资本是促进经济增长的重要因素,它们具有收益递增的特性,同时,还能提高物质资本的使用效率,从而也产生递增收益,促进经济增长。罗迈尔指出,知识的再生产决定于人力资本的投资和原有的知识积累,并且积累的知识越多,用于生产知识的人力资本边际产出率越高。由此可推断出:人均收入百分率的增长与社会投资于研究开发的人力资本比重、人力资本在研究开发过程中的边际产出率成正比,与时间贴现率成反比。

2. 女性人力资本性别歧视问题

有研究资料表明,即使扣除男性和女性之间在教育背景、培训和工作时间上的差别等相关因素的影响,两性之间依然存在着25% ~30%的工资差距。这就很自然地让人联想到社会性别歧视问题。有关研究观点主要如下:

古典经济学家认为,市场中所出现的歧视主要有以下一些因素影响:

(1)女性的能力。经济学家贝克尔指出,如果妇女在做家务上优于男性,出于经济方面的考虑,妇女就应更多地从事家务劳动,并以这种劳务作为交换,分享丈夫赚取的更高收入。经济学家理查德·麦肯杰和格尔顿·塔洛克扩展了贝克尔的分析,将家庭描述为一个生产单位,就像一个追求利润最大化的企业一样,寻求最有效的劳动分工方式,而这样的分工方式也同样适用于职业的分工,竞争性的市场力量将有效地把妇女排斥于她们所不适合的职业类别之外。比较优势理论认为,如果男人在劳动力市场上的生产率高于妇女,让丈夫与妻子分担家庭劳动就会降低他们的效率,因为丈夫在家庭之外挣钱可以更有效地利用他的时间。同时劳动的性别分工也有利于提高效率,从而可以使男人和女人都受益。所以,古典经济学家们认为,如果职业隔离与性别间工资差距恰好反映了男女间的才能的差别,就不存在不公正与歧视的问题。

(2)女性的偏好。古典经济学家们认为,许多妇女对家庭具有很强的依赖感,由于她们担负着生育与抚养孩子的责任,那些从事家庭外部工作的妇女就会选择零售、秘书和护士等允许有间断性的、所需要的技能一般也不会很快过时的工作。而这种工作通常工资低、升迁机会较少,从而使女性在经历和资历方面也不如她们的男性同事。统计分析表明,性别工资差距在相当大的程度上是由于妇女们集中在上述职业中造成的。所以,古典经济学家们认为,这种职业隔离及其所造成的工资差距就是由女性的偏好所引起的,因为她们自己愿意把较多的时间用于家庭。

(3)市场的不均衡。近年来,由于经济的快速发展与人们素质的提高,进入市场的女性已越来越多,而市场无法迅速吸收所有找寻工作的人。同时,由于女性的超额供给大都集中于新进入市场的职位,从而将这类工作的工资压低到了正常水平以下。新古典经济学家则认为,随着市场做出针对女性劳动力供给增加的调整,并将她们引导到适合她们的才能与偏好的职业,妇女集中于低收入职业的现象将会得到缓解。现在年轻女性的性别工资差距大大小于老年女性的性别工资差距这一事实就说明市场正在进行这样的调整。

(4)政府的干预。古典经济学家认为,政府为保护或支持妇女而采取的措施会产生不良的影响。政府通过的意在限制妇女工作机会的安全法案,往往使得男人们可以有效地抑制女性对某些职位的竞争,从而将她们挤入所谓的女性职业行列中,并压低这些职业的工资。同时,要求男女同酬的法律也将抑制雇主雇用女性,因为他们可以用同样的成本雇用男人。

保守主义者认为,是女性所具有的一些特征导致男女之间的差别以及由此带来的歧视:

(1)女性具有较强的敏感性。通常女性是通过满足他人的要求来实现自我的,这种敏感性使得女性很适合于需要关照、抚慰、调解冲突能力的角色。

(2)男人是理性的,女人是感性的。弗洛伊德认为,妇女的超我较弱,这使得她们不能冷静而客观地进行推理,因而不适合担任需要负责任的权威职位。他甚至将妇女说成是文明的颠覆者,认为她们不是通过对结果的理性计算,而是凭直觉和感觉来行事的。并认为妇女的感性是内在的,无法通过发展教育、培训或增加就业机会来加以改变。

(3)女性具有被动性。保守主义者认为女性体力天生就弱,进取心不强,不适合承担那些需要强壮的体力和坚定意志的职业与社会任务。

上述学派一般都认为女性的一些生理和心理特点决定了她们在经济活动中的地位和作用微不足道,从而导致很多方面对女性的忽视。但随着经济的发展、社会的进步与女性参与市场的能力越来越强,女性的社会角色已经发生了很大的变化,她们在经济生活中发挥着越来越大的作用。同时,由于劳动分工的存在,女性也不可能与男性具有一样的角色,从而使对女性的人力资本投资行为与男性相比存在着很大的差别。

（二）研究的基本方法及逻辑框架

1. 基本方法

本书将运用科学的理论思维方法，即唯物辩证的思维方法，历史地、辩证地去思考与研究我国女性人力资本的投资问题，重点突出理论与实际应用相结合，主观与客观相符合的原则，并根据历史与现实的分析和评判，提出符合事物未来发展的，有利于人类社会经济发展的政策调控措施与可实施的政策性建议。同时综合应用经济学、民族学、区域经济学、社会学等跨学科的理论与研究方法，采用定性与定量分析，社会性别分析，具体数据相比较，并将借鉴国外发达国家、我国发达地区人力资本投资研究对经济社会的促进作用经验。

2. 逻辑框架

当代中国女性人力资本投资问题，与当代中国整体宏观社会发展背景、微观社会发展状态，以及作为宏观、微观社会调控主体的政府（包括公共政策）等方面的因素紧密相连。因而，对其研究可以由其主要的影响因素出发，构成如下具有递进关系的逻辑构思。

其一，女性人力资本作为人力资本整体构成不可或缺的重要组成部分，在宏观社会背景上，受制于不平衡发展的中国经济现状和长期以来存在的城乡二元结构。不平衡发展的中国经济使女性人力资本投资问题，成为一个具有社会普遍关注度的群体均衡发展问题，尤其与男性人力资本投资相比较成为一个关乎人类公平发展、社会和谐发展的问题。在经济发展不平衡的背景下，在中国逐步由农业社会过渡到工业社会的历史阶段，劳动密集型的产业结构和经济生产方式，使人力资本投资不由自主地偏向于相对效益较高的男性人力资本。长期存在的城乡二元结构社会，不仅使城市和农村、男性和女性在人力资本投资上存在明显的差异,而且进一步禁锢了人力资本的流动。随着对城乡二元结构壁垒的一些明显突破和制度性解冻,人口流动显著增加,这虽然在整体上提高了女性人力资本的社会地位,提高了对女性人力资本的投资,但是由于经济拉动力首先作用于具有相对自由度和效益明显高的男性。所以在绝对值上,女性人力资本存量与男性相比差距仍然十分明显。

其二,在微观社会领域,由于女性的性别特点,使女性对家庭的依赖度明显高于男性,尤其对男性家庭成员的依赖度十分明显;作为个人而言,在主体意识上,女性不仅没有达到自我投资、自我完善的认识高度,而且也不具备自我投资的能力。在投资主体上,对男性人力资本投资往往优先于女性。此外,作为现代市场参与主体的个人与企业,尚不具备完全的双向对等互选机制,企业在市场中对人力资本的选择性通常占有主动性,处于强势。所以,在人力资本管理、培训开发和使用上,利益通常是最基本的驱动因素。

其三,由于历史和现实发展等阶段性原因,在公共政策的价值取向上,如教育、土地、户籍、医疗等与人的发展密切相关的公共政策制定或执行上,都存在着对女性的事实上的不平等,使女性人力资本投资相对较少,造成女性人力资本存量低。

研究当代中国女性人力资本投资问题,从对我国女性人力资本存量低的基本事实判断作为研究基本出发点的基础上,运用社会性别视角的独特研究方法,分析我国当前女性人力资本存量低的主要原因,并构建当代中国女性人力资本的投资战略,研究最终目的在于全面提高女性人力资本存量,促进我国经济社会和谐发展。

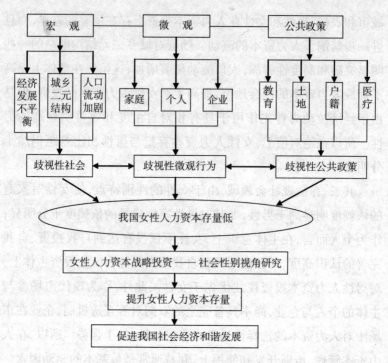

图1—2　本书研究的逻辑结构框架图

三、研究难点与特色

（一）主要难点

1. 一般来说,追求最大化收益是个人、家庭进行人力资本投资的动力之源,但是由于人力资本投资的主体(政府、父母、企业、本人)与受益方(公民、子女、职工、本人)存在着分离现象,或者说是投资主体与效益回报错位现象,这样就导致人力资本投资的激励不足,如果一概地要求政府、企业或父母追求投资额,这是有难度的。

2. 国家的政策法规体现的是一种权威、公平与公正,是不可以轻易改变的,文章从我国现行公共政策中找寻出性别歧视现象,呼吁政策决策者们运用性别平等意识观点,关注女性的发展,在政策制定中构建公平的性别政策,并倡导政府及个人在人力资本投资的具体实施过程中提升操作模式。

3. 运用社会性别分析框架去分析女性人力资本投资,一般被认为是女权主义的体现,现实急切需要解决的或许是经济发展问题,而不是光用性别分析的手段就可以解决眼前的实际困难。同时要提出相关的政策性建议就更难,有点"巧妇难为无米之炊"。

4. 性别平等立法、政策实施、执行与监督等方面的性别平等。

(二)主要创新点

1. 呼吁在人力资本投资方面社会性别主流化。借用社会性别分析框架与理论模型,用具体实际实例说明教育与健康投资等倾向女性或平等地对待男女两性问题的政策性约定。

2. 女性人力资本投资中,提出实现社会性别主流化三大原则:第一,公共政策中促进性别平等的原则;第二,从性别角度构建各系统在人力资本投资过程中的责任行为主流化原则;第三,从性别的视角审视我国公共政策的未来发展前景,以便政府、企业、家庭或个人有针对性地实施与推行性别平等观念。

3. 借鉴社会性别分析框架,从性别视角分析女性人力资本投资,提高女性人力资本存量,促进社会和谐发展。

第二节 女性人力资本投资研究概述

科学技术的不断进步使其在经济增长中的作用日益增强,这就成为人力资本理论形成的根本原因。在人力资本理论创立初期,其研究领域主要集中在教育与培训投资以及人力资本投资与收入分配关系等方面,而对健康投资、迁移投资和就业信息收集等有关人力资本投资其他方面的问题研究相对较少。在研究方法上,使用最多的也是一般性分析方法,较少使用实证分析。在关注程度上,资本主义经济发展之前,由于女性很少参加社会活动,她们的价值常被忽视。但是,随着社会进步与经济发展,女性逐渐成为社会经济活动的主要参与者,从而使对女性人力资本投资的研究成为了必然。

一、国外学者关于女性人力资本投资研究综述

(一)人力资本理论的形成与发展

早在古希腊时期,著名思想家柏拉图和亚里士多德就已认识到教育、训练的经济价值,也认识到知识、技能在生产中的作用以及对个人经济收入的影响。柏拉图在《理想国》里强调,只有通过教育训练,一个人才能成为德智体全面发展的人才,进而成为治国者。他虽然主要是从政治家与教育训练之间的关系角度探讨教育训练对个人的作用,也没具体表明这里的个人包括女性,但至少在其所认为涉及的有关人力资本问题中,任何个人都应掌握知识与学识。他们都肯定了知识与技能等在生产活动以及在个人的社会经济地位中的作用。亚里士多德甚至认为,凡是不靠运气而着重技术的个人,一定是在最有本领的行业。他说:"学习是一种才能,需受教育,需进学校,需要作学徒,所费不少。这样费去的资本,好像已经实现并且固定在学习者的身上。这些才能对于他个人自然是财产的一部分,对于他所属的社会,也是财产的一部分。工人增进的熟练程度,可和便利劳动、节省

劳动的机械和工具同样看做是社会上的固定资本。……学习的时候，固然要花一笔费用，但这种费用可以得到偿还，赚取利润。"① 这尽管与现代人力资本理论有较大的差异，但已经认识到，人力资本投资与物质投资一样，都可以获得利润，任何人都这样。

英国心理学家、哲学家和经济学家约翰·穆勒发展了亚当·斯密的人力资本思想，他认为：1. 技能和文化知识（对应于技能教育和文化教育）都对劳动生产率具有重要的影响；②2. 从教育支出对经济增长的重大作用出发，提出政府应该增加公共教育支出；3. 股份制公司的出现，对企业家的能力和企业中文职人员文化教育水平的要求大大提高，从而导致这些人的收入大大提高。穆勒重点强调教育与文化的作用，要求政府加大对教育费用的投入，即认识到人的知识、能力的经济价值。

德国政治经济学历史学派的重要先驱人物 F. 李斯特提出了与物质资本相对的"精神资本"的概念，并对精神资本做了狭义和广义的划分。他认为：狭义的精神资本就是"指个人所固有的或个人从社会环境和政治环境中获得的精神力量和体力"。而广义的精神资本则是指"各国现有的状况是我们以前许多世代一切发现、发明、改进和努力等等积累的结果，这些就是现代人类的精神资本"③。他认为，精神资本与物质资本一样，是经济发展与社会进步的必要条件。并且他认为人的精神资本来源于教育，所以他十分重视教育投资。"一国的最大部分消耗，应该用于后一代的

---

①　亚当·斯密：《国民财富的性质和原因研究》上卷，郭大力、王亚南译，商务印书馆 1988 年版，第 257～258 页。

②　Mill John. Principles of Political Economy. New York, 1969：p.40, p.187.

③　F. 李斯特：《政治经济学的国民体系》，陈万煦译，商务印书馆 1961 年版。

教育,应该用于国家未来生产力的促进和培养。"①

　　19 世纪末 20 世纪初,英国著名经济学家、新古典综合派代表人物马歇尔对人力资本理论的分析,被舒尔茨认为是人力资本理论的重要思想来源。其人力资本的思想主要体现在:1. 拓展了资本的概念,将人力资本纳入资本概念中。他说:"我们已将个人财富定义为具备那些精力、能力与习性,可直接有益于使工作勤奋、具有效率……如是可视为资本。因此,个人财富与个人资本是可以互换的。"②2. 拓展了人力资本的内涵和生产要素的内涵。他的人力资本概念不仅包含通常所说的专业知识、技能,而且包括决策能力、责任心和人的综合素质。他认为,随着生产的日益复杂和技术的更新、速度的加快,人的后一种资本即人的决策能力、责任心(包括进取心)和综合素质对提高生产率具有更大的意义。同时认为,生产要素不仅包括土地、劳动和资本,也应将教育因素考虑进去。此外他还把教育分为三种:普通教育——培养人的一般能力,包括职业的敏锐性、精力和学习能力;技术教育——培养人的专业操作能力;选择性教育——培养人的专门知识与技能。3. 强调政府对教育投资的重要作用。4. 主张人力资本投资相对于物质资本投资而言应更具有优先性,他认为:"一切资本中最有价值的莫过于投在人身上的资本。"③1890 年,在其著名的《经济学原理》中还强调了人力资本投资的长期性和家庭在从事这种投资中的作用,并指出:某些非货币因素在投资决策中也将起到独特的

---

　　①　F. 李斯特:《政治经济学的国民体系》,陈万煦译,商务印书馆 1961 年版,第 123 页。

　　②　Alfred Marshell. Principles of Economics. London,1920: pp. 113—114.

　　③　马歇尔:《经济学原理》下卷,陈良璧译,商务印书馆 1994 年版,第 232 页。

作用。他的学生、福利经济学创始人庇古继续发展了他的观点。他说:"在所有投资中,最重要的是对人的健康、智力和品德的投资。"①

这些较为早期的贡献标志着人力资本理论发展的初级阶段,直到 20 世纪五六十年代以后,西方经济学界中关于人力资本理论的研究达到了高潮。人力资本理论形成的重要标志是运用精确的计量分析手段,研究人力资本投资于经济增长及人力资本投资的成本、收益等相关问题。20 世纪 50 年代,芝加哥大学、哥伦比亚大学的经济学家们对诸如教育需求、劳动力市场的波动、妇女就业率变化的原因、工资出现差别的原因等进行了一系列研究,人力资本理论就是在这些研究的基础上产生的。

作为提出现代人力资本理论,并全面奠定人力资本理论基础的第一人,雅各布·明塞尔在其发表的一系列论文,如《人力资本投资与个人收入分配》(1958)、《在职培训:成本、收益及意义》(1962)、《教育、经历和收入》(1974)等著作中,把个人收入差别归因于接受正规教育、在职培训和工作中经验积累所形成的人力资本,并把教育年限作为衡量人力资本投资的最重要的标准,人力资本投资使人们受教育水平普遍提高,导致个人收入提高,收入差别缩小。并首先建立了人力资本投资收益率模型,提出了人力资本获利函数。该模型表明,人力资本投资量越大的人,年收入越高。后来又建立了能体现工作经验对收入影响的模型,说明工作经验对工作收入的影响,即收入在某人工龄达到顶峰值后,随着年龄的增长,收入减少。明塞尔对人力资本投资与个人收入分配直接的

① 庇古:《资本主义对社会主义》,转引自李建民:《人力资本通论》,上海三联书店 1999 年版,第 12 页。

关系进行系统分析,成为分析人力资本投资与个人收入分配的主要工具。明塞尔收益率分析法至今都是研究人力资本和收入分配的基本模型之一。同时,他关于在职培训成本与收益问题的研究成果,也深化了在职培训的研究,成为这方面的经典之一。

1960 年,诺贝尔经济学奖获得者舒尔茨在美国经济学年会上作了"人力资本投资"的演讲,被认为是现代人力资本理论正式形成的标志。在演讲中,他明确阐述了人力资本的概念、人力资本投资的内容和途径,以及人力资本投资在经济增长和个人收入增加中的关键作用等问题。随后发表了一系列重要著作:《教育的经济价值》(1963)、《人力资本投资:教育和研究的作用》(1971)、《人力资本:人口质量经济学》(1981)和《报酬递增的源泉》(1993)等,对人力资本理论的形成与发展做出了巨大的贡献。他认为:由教育、保健、人口迁移等投资所形成的人的能力的增长和平均寿命的延长都是资本的一种形式。他通过统计资料的分析得出一个重要的结论,即同样的投资,用在教育上要比用在其他方面的收益率更高。在其论著中指出:"构成高收入国家和低收入国家经济现代化的一个共同内容是,耕地的经济重要性在下降,而人力资本,即知识和技能的经济重要性在上升。"[①]同时他在研究成本与收益对受教育的影响时进一步研究了教育的收入弹性,他分析出:女孩的入学率受收入的影响要比男孩大。他在研究发展中国家的贫困问题时指出:对人力资本进行投资,即通过教育、培训和卫生保健投资,以提高人口的质量,对于实现落后国家的经济增长和提高穷苦大众的收入水平而言,具有决定性意义。

---

① 　[美]西奥多·舒尔茨:《对人进行投资——人口质量经济学》,首都经济贸易大学出版社 2002 年版,第 20 页。

对现代人力资本理论做出重大贡献的还有许多经济学家,如加里·贝克尔、E.丹尼森等人。贝克尔对人力资本理论的贡献重点表现在微观分析的基础上,在1964年出版的《人力资本》中,提出了较为系统的人力资本理论框架,他以明塞尔收益率分析法为基础进一步发展了人力资本理论,补充了相关内容:人力资本投资除了必要的教育与在职培训,还包括卫生医疗保健、劳动力流动甚至向境外移民等方面的投资,其中,教育是起决定作用的投资形式。贝克尔在《生育率分析》(1960)、《人力资本投资:一种理论分析》(1962)、《人力资本:特别是关于教育的理论与经验的分析》(1964)、《时间配置论》(1965)、《人类行为的经济学分析》(1976)、《家庭经济分析》(1981)等著作中,对人力资本投资的成本与收益,人的时间价值的提高,以及人力资本投资、人口质量的提高与生育率的降低之间的关系等问题进行了系统深入的研究与论述。贝克尔对人力资本投资理论所采取的更为实证的研究方法,奠定了现代人力资本理论研究坚实的微观基础。

随着人力资本理论研究的不断深化,研究方法的日益科学与实证,20世纪80年代以来,西方经济学界形成了内生经济增长论或新经济增长理论,其充分强调人力资本投资,并把它作为经济增长的关键性因素,代表人物是罗默和卢卡斯。1986年,罗默在《外部因素、收益递增和无限增长条件下的动态竞争均衡》一文中建立了"知识推动模型"。他在对经济增长的相关论述中,除了保留资本和劳动力两个基本要素之外,同时还引入了第三要素——知识。他认为:1. 知识能够提高投资效益,从而能够说明增长率的非收敛性;2. 知识也是一种生产要素,在经济活动中必须像投入其他生产要素一样投入知识;3. 特殊的知识和专业化的人力资本不仅能自身形成递增的收益,而且使资本、劳动力等生产要素也产生递增的收益,从而整个经济规模是递增的,并将保持经济增长的长期性。后来他又把知识细分为人力资本(以劳动力受教育的年限来衡量)和新思想(以专利或知识产权来衡量)两个方面,使他的人力资本理论更加完善。

1988年,卢卡斯用人力资本来解释持续的经济增长率,把人力资本作为独立因素纳入经济增长模型,并强调智力投资是经济增长的关键因素。他认为:1.人力资本的生产比物质资本的生产更重要;2.人力资本低下是欠发达国家经济增长速度较慢的主要原因所在;3.拥有大量的人力资本的国家会取得较快的经济增长速度。他认为:"从传统农业经济向现代化经济转型的成功关键取决于人力资本积累率的提高。"[1]要有效提高人力资本的积累率,就必须提高人力资本投资回报的水平。而这既依赖于政府公共人力资本投资政策的完善、劳动力市场机制的健全,也依赖于许多人改变对自己及子女未来生活的预期,以此改变他们的行为方式,改变他们拥有子女的数量,改变他们寄予子女的期望,改变他们分配时间的方式。[2] 卢卡斯和罗默的共同点就在于,知识和人力资本如同物质资源一样是生产要素,由于知识产品和人力资本具有溢出效应,因而具有递增的边际生产率,对知识和人力资本的持续投入可以持续地提高一国长期经济增长。

资本和自然资源都是被动的生产要素,只有人才是积累资本,去开发大自然,建立社会、经济和政治并推动整个国家长久地向前发展的主要力量。由此可见,一个国家如果不能尽快发展国民的

---

① 卢卡斯:《经济发展讲座》,罗汉等译,江苏人民出版社2003年版,第16页。

② 卢卡斯:《经济发展讲座》,罗汉等译,江苏人民出版社2003年版,第18页。

知识与技能,不能很好地对人进行投资,任何东西都难以发展,这使人清楚地认识到,人力资本在一国发展中的特殊作用和加大对人力资本的投资对于一国或地区的经济社会发展所具有的非同寻常的意义。① 正如罗默所得出的结论一样:"一国或一个地区的经济增长率与其人力资本存量及 R & D 部门②的生产率成正比,与时间贴现率成反比,而与人口规模无关。"由此可见,落后国家或地区要实现经济起飞的根本出路就在于加大人力资本投资力度,不断提高人力资本的存量水平。

(二)国外学者对女性人力资本投资问题研究概述

1. 关于女性的经济价值

在有关人的经济价值研究与论述中,大多经济学家都忽视了女性的特殊性。最早在研究中考虑女性家务劳动的经济价值,把女性作为特殊的整体第一次引起经济学家的重视是在 1930 年,由美国的保险统计学家杜布林和洛特卡在他们合著的《人的货币价值》一书中,利用 1920 年美国人口普查的资料对人的货币价值进行系统分析和计算,可以说它为研究女性人力资本投资奠定了基础。

20 世纪 50 年代,美国经济学家明瑟尔在他的《人力资本投资与个人收入分配》一文中,首次建立了个人收入分配与其接受培

---

① 1909—1929 年间,美国生产量的年增长率为 2.82%,劳动力质量平均每年提高 0.56%,平均每年的经济增长中有 12% 应归功于劳动力质量的提高。而 1929—1957 年间,与上面对应的指标分别上升为 2.92%、0.93% 和 23%,因此被认为:教育以及由此带来的劳动力质量的提高是美国经济增长的重要源泉之一。据测算:物质资本投入每增加 1 美元,产出增长为 1—3 美元;而人力资本投入每增加 1 美元,产出增长可达 3—10 美元。

② R & D 部门:指新技术研发部门,事实上 R & D 部门的生产率也主要由该部门的人力资本数量与质量决定。

训量之间关系的经济数学模型的尝试。其后,在他的另一篇开拓性论文《在职培训:成本、收益与某些含义》中,又根据对劳动者个体收益差别的研究,估算出美国对在职培训的投资总量和在这种投资上获得的私人收益率。在他的《家庭背景下妇女的劳动力供给》和与波拉切克合著的《家庭的人力资本投资》中,论述到关于已婚妇女在劳动市场中收益较低原因的家庭决策分析,它不同于传统社会学上的性别歧视的分析,而是运用经济学方法来分析这一问题,由此开创了运用人力资本理论对女性问题进行研究的先河。

显而易见,女性与男性最主要的差别就体现在男女不同的生理特点、社会分工以及文化等方面的影响,所以对女性的研究大都是从家庭的角度出发。如:贝克尔在研究人类家庭问题时,提出了"时间价值"理论①与儿童"量—质"权衡理论②以及人力资

---

① 贝克尔的"时间价值"理论,主要研究的是非工作时间的分配与效率问题,由于涉及了非市场产品的生产与消费问题,女性由于自身的特点才成为这一研究的主要对象。

② 20世纪80年代初,贝克尔分析了人类的生育行为以及不同生育行为对子女未来收入和自身收入的影响。他认为:素质、能力各异的个体,其生产率与收入水平也很不相同,因而体现为两者具有不同的时间价值。这种时间价值的差异决定了他们在生育抉择上的差别。即受教育程度高、工作能力强因而劳动生产率高的个体,其本人与配偶的时间价值也更高,因而他们对子女的选择将偏重子女的质量,而不愿多生育女子。这样,他们将更为支持对子女进行人力资本投资,从而增加子女人力资本的积累,使其未来的劳动生产率和收入提高。反之,受教育水平低、收入低的人,其时间价值也低,他们在生育选择上则倾向于子女的数量,而忽视提高(也缺乏能力)子女的质量,即不愿意对子女进行更多的人力资本投资,从而使其子女的人力资本存量较低,造成子女未来的低劳动生产率与低收入。这样,不同人力资本禀赋的个体,不仅影响其本人的劳动生产率与收入,也通过生育选择间接影响其子女的人力资本存积累与其生产率、收入关系的分析,并非仅仅停留在家庭层次上。

本投资—收益均衡模型，即人力资本投资的边际成本的当前值等于未来收益的贴现值。他指出：父母对子女的感情投入上所花费的时间是无法由技术进步所取代的。不发达国家"低水平均衡"的根源在于较高的贴现率使得父母对子女投资减少进而形成恶性循环。而发达国家"高水平均衡"是由于其人力资本相对于物质资本的积累突破某一界限从而使社会总的人力资本增长达到一个更高的水平。随后舒尔茨在贝克尔的时间分配理论下发展了关于生育问题的新微观经济理论。威利斯（1973）则认为家庭劳动供给（女性劳动力供给）和生育决策是共同被决定的。贝克尔的家庭论（1981）所进行的研究可以说是将女性问题研究推向了高潮，为研究女性人力资本投资奠定了基础条件。

随后，有关女性劳动力供给、生育率方面的问题成为经济学家研究女性问题的重点，并且研究的问题更加细化和科学化。如赫克曼和麦克迪（1980）探讨了与失业男人结婚的女性拥有较低的劳动力参与率的原因；宾利和沃克尔探讨了英国的家庭补贴政策与女性的工作激励的关系；伊纽瓦斯运用荷兰社会经济面板数据中的就业样本分析了女性劳动力供给与工作内部劳动（主要是工作时间的弹性选择问题）、工作流动的关系等等。1990年，贝克尔、墨菲等人提出了人力资本与生育率的不同组合将导致两种不同的经济发展稳态。他们认为：一种是高生育率、低人力资本存量的马尔萨斯低水平均衡状态（"贫困陷阱"）；另一种是低生育率、高人力资本存量的发达经济稳态。并认为落后国家或地区摆脱贫困、实现经济赶超主要取决于三个主要因素：（1）发展初期的人力资本存量水平与积累速度；（2）发展初期的物质资本存量水平与积累速度；（3）发展初期的人口生育率水平及其

下降速度。① 在这三个因素中,决定性因素是人力资本。② 由此
贝克尔提出,人力资本是落后国家(地区)经济腾飞的引擎。③ 另
外,舒尔茨在研究成本与收益对受教育的影响的同时,还进一步探
讨了教育的收入弹性问题。他指出:总体上用绝对值衡量的女性
入学率的收入弹性比男性的要大,而在单个家庭中,女孩入学对于
家庭收入的弹性要大于男孩,即女孩的入学率受收入的影响比男
孩要大,一旦收入发生了微小下降,女孩入学率就会比男孩下降
更多。

2. 关于在职培训

1981 年和 1985 年,贝克尔将其国际贸易分工理论拓展到家
庭内部,认为:家庭成员之所以在投资、培训和时间分配上实行专
业化,是因为专业化人力资本可以极大地提高专业化水平和劳动
生产率,从而实现报酬递增、提高家庭总体收入水平。由此看来,
人力资本促进经济增长,从微观层次上,人力资本投资有利于个人
与家庭劳动生产率提高,从而增加个人、家庭的收入;在宏观层次
上,人力资本投资有利于技术进步,促进分工与更专业化发展,从
而促进生产率的不断提高,并形成规模经济效益。在明塞尔

---

① 一般来说,发展初期人力资本、物质资本存量水平越高、积累速度越快,
越有利于实现经济更快发展;而生育率水平与其下降速度与落后国家或地区经济
赶超的关系则体现为初始生育率水平越低、生育率下降速度越快,越有利于实现
经济起飞,从而最终走出贫困陷阱。

② 因为人力资本不仅是提高劳动生产率的重要条件,也是提高物质资本生
产率的必要条件,更是降低生育率水平的必要前提,并因生育率的降低而节约了
大量养育后代的资金,促进人力资本和物质资本投资的增长,以带动经济发展。

③ Gary S. Becker, Kevin M. Murphy and M. Tamura, Human Capital, Fertili-
ty and Economic Growth. Journal of Political Economy, Vol. 98, no. 5, October 1990,
99.

(1991)所作的更为完整的回归分析中指出:在企业内部培训方面,已婚妇女、黑人妇女和有较多孩子的妇女的内部培训率较小。在完成学校教育的第一个十年内,培训频率逐渐提高,然后就下降。当妇女处于劳动市场之外的时间越长,她们受到培训的频率就越小。他们不中断的结业期越长,接受培训的频率就越大。在外部培训方面,已婚妇女与黑人妇女都不太频繁,对于较年轻的女性而言,受到的外部培训会随着年龄的增加而下降,但当受培训者的机会成本很低时,接受外部培训的比率将比较高。

3. 关于健康投资

皮特(1990)使用印度一个地区的数据对于男女食物与营养的家庭内部分配进行了分析,发现家庭常常倾向于将更多的营养和食物,分配给经济机会较强的家庭成员。尤其是对于成年男女而言,用于创收的健康禀赋高的成员获得的食品与热量更多。阿尔德曼和戈特尔(1997)使用了一个两阶段的模型对巴基斯坦农户的就医进行了经验分析,结果是:在较低收入中,男孩比女孩更有可能去较好的医疗机构就诊,女孩就诊的收入弹性高于男孩,但是在非贫困组别这样的差距就没有显示出。邓肯(1998)使用博弈框架的经验研究时,曾使用巴西的数据对儿童死亡率进行分析,发现母亲更倾向于对女孩健康进行投资,而父亲更倾向于对男孩健康进行投资。

4. 关于迁移投资

明塞尔(1978)研究了关于女性工人的流动问题,发现女性工人的流动明显受到家庭需求的强烈刺激,这些家庭需求有:有弹性的时间表、丈夫的工作流动性以及居住地的变化等方面需求。宾利、金德恩等人也对女性人力资本投资进行了深入研究。另外,G.斯蒂格勒在1962年就信息对投资与回报的关系做出分析与研究。

二、国内学者对女性人力资本投资问题研究概述

20世纪六七十年代,西方兴起的人力资本理论推动了经济学发展,改革开放后,人力资本理论逐渐被介绍到国内,并渐渐被接受,其影响力不断增加,运用范围不断拓展。

(一)国内学者有关人力资本研究

1. 概念表述。我国大部分学者接受了舒尔茨的人力资本定义,即人力资本是体现于人身上的知识、技能和健康,这些知识、技能与健康是人力资本投资的结果。1960年,舒尔茨在就任美国经济学会主席时,作了题为"人力资本投资"的演讲,"人力资本"概念正式纳入经济学中。舒尔茨指出:"人民获得了有用的技能和知识……这些技能和知识是一种资本形态,这种资本在很大程度上是慎重投资的结果,在西方社会这种资本的增长远比传统资本(物质资本)要快得多……我们称之为消费的大部分内容构成了人力资本投资。用于教育、卫生保健和旨在获得较好工作出路的国内迁移的直接开支就是明显的例证。"[1]我国有的学者对这个概念作了更深入的探讨:一是认为人力资本分初级和高级两个层次。前者是指健康人的体力、经验、生产知识和技能;后者是指人的天赋、才能和资源被发掘出来的潜能的集中体现——智慧(周坤,1997)。二是认为人力资本具有不同的生产力形态,提出了异质型人力资本和同质型人力资本的概念。前者是指在特定历史阶段中具有边际报酬递增生产力形态的人力资本;后者是指在特定历史阶段下具有边际报酬递减生产力形态的人力资本(丁栋虹,

---

[1]　舒尔茨:《人力资本投资》,商务印书馆1990年版,第22~23页。

1999)。三是从个人和群体角度来对其下定义,前者指存在于人体之中、后天获得的具有经济价值的知识、技术、能力和健康等质量因素之和;后者指存在于一个国家或地区人口群体每一个人体之中,后天获得的具有经济价值的知识、技术、能力及健康等质量因素之和(李建民,1999)。

2. 人力资本的产权问题。人力资本的产权是人力资本理论的一个重要方面,而西方人力资本理论忽视产权研究。一批中国学者从企业理论的角度对人力资本的产权进行了研究。主要有三种人力资本产权定义:一是把人力资本产权理解为人力资本所有权,认为人力资本产权是存在于人体之内、具有经济价值的知识、技能乃至健康水平等的所有权(李建民,1997);二是从企业产权角度理解,认为人力资本产权决定人力资本所有者能否拥有企业所有权,即企业控制权和剩余索取权(张维迎,2003);三是从产权的可交易性和合约性来理解,认为人力资本产权是市场交易过程中人力资本所有权及其派生的使用权、支配权和收益权等一系列权利的总称,是制约人们行使这些权利的规则,本质上是人们社会经济关系的反映(黄乾,2000)。

3. 人力资本与个人收入分配问题。一是从人力资本的角度出发,个人收入的分配原则应按生产要素分配,即按人力资本在社会财富创造过程中的贡献大小和物力资本在价值创造和实现中的条件作用来分配(徐国君、夏虹,1999)。二是在知识经济条件下调整收入分配机制,激励人力资本投资和人力资本发挥效率。激励创新中最为核心的两条是:产权激励与依法保护收益。现在比较成熟的做法就是年薪制和期权制(苏东斌,2000)。三是从"脑体收入倒挂"现象来说明人力资本没有得到重视,收入分配不合理。在中国人力资本极度稀缺的情况下,却发生了脑力劳动、高技能劳动相对收入持续下降、出现了"脑体收入倒挂"现象（刘迎秋，1997）。四是向落后地区进行人力资本投资是反贫困的有效途径。无论政府的各项措施与对策设计得如何完美，没有贫困地区人的智力结构的优化，没有人力资本存量的大幅度增加，反贫困就不会真正取得成功（向恒，1998）。五是人力资本与再就业的关系。把人力资本具体分为文化程度、职称或技术级别、健康状况及下岗后接受职业培训情况等。通过实证资料研究表明在人力资本等组成因素中，职称或技术级别是唯一对职工再就业情况起显著作用的因素；职称或技术级别和教育程度对再就业的职业声望有较显著影响，并且后者的影响力大于前者；职称或技术级别和教育程度对再就业收入有显著影响，并且前者影响力大于后者（赵延东、风笑天，2000）。

4. 人力资本对经济增长的决定作用。我国有诸多经济学家就有关人力资本与经济增长关系进行过很多研究，其中最有代表性的是李建民（1999，2000，2003）、朱勇（1999）、李元宝（2000）等，其中又以李建民的研究更为深入与详实。他将人力资本对经济增长的决定作用主要归结为：第一，人力资本自身作为生产的必不可少的要素，对产出的增加具有重要意义；第二，人力资本具有明显的效率功能，它对于提高包括人力资本在内的各种生产要素的效率具有关键性的作用；第三，人力资本是技术进步与知识积累的重要源泉，因而从根本上说也是经济增长的源泉。[①] 另外，它还用人力资本理论实证研究中国西部地区的经济发展，并提出：有形取之资产投入的差异性仅能解释东、西部经济增长率差异的 19%，其

---

① 李建民：《人力资源在经济增长中的作用研究》，载《人口经济》1999 年第5 期。

余81%则来源于东、西部地区的观念意识、信息、教育、技术和体制等方面的差距①。基于此,他提出人力资本投资是西部大开发战略成功实施的关键,教育投资特别是农村地区的教育投资,应该成为西部大开发战略优先实施的领域。

（二）国内学者关于女性人力资本投资研究概述

在我国,关注女性人力资本问题的研究起步比较晚。伴随着西方人力资本理论进入中国,相关人力资本问题研究在我国也逐渐开始涉及女性人力资本的投资问题。但研究成果较少,专门地、较为系统地从社会性别的角度研究我国东、西部地区女性人力资本投资问题的比较研究就更少了。

1. 性别人力资本概念的提出。潘锦棠教授在2003年首次提出性别人力资本概念及主要思想。他认为,人力资本理论缺乏对人力资本"投资对象"和"投资环境"的研究。

2. 女性人力资本教育投资与收益的研究。孙兰(2003)从人力资本投资成本与收益角度,研究了两性之间差距问题是明显存在的,女性人力资本投资成本比男性要大,而收益比男性要小,这是影响对女性人力资本投资的最主要原因。诸建芳(1995)、周至庄(1997)、李建民(1999)等分别从教育与专业教育的角度,对我国女性人力资本投资的收益率进行了测算。邓爱秀、成建英(2004)探讨了农村妇女教育在全面建设小康社会过程中的作用与意义。李澜(2006)论述了重点加大农村女性人力资本投资、提高人力资源质量具有较高的经济和社会效益回报,是偏远地区农村女性摆脱贫困、农村迈向现代化的关键。赵其娟、赵其顺

① 李建民:《人力资本投资与西部地区大开发》,载《人口与计划生育》2004年第4期。

(2006)提出了在西部地区的英语教学中克服人力资本投资无效益的对策。潘锦棠(2002)研究养老社会保险制度中的性别利益,所涉及的主要就是男女退休年龄的差距影响到了女性的收入。

3. 女性人力资本培训投资的研究。李国璋(2006)提出建议国家设立西部农村人力资本建设专项基金,为提高西部农村人力资本质量和水平提供必要的资金支持。郭砚莉(2006)分析了我国女性人力资本投资的重要性,提出了我国加大对女性人力资本投资的一些政策建议。

4. 对女性人力资本健康投资的研究。梁鸿(2003)、高梦滔、姚洋(2004)、徐安琪(2004)等人运用现实数据对女性健康投资状况进行了分析,得出女性健康逊于男子的结论。在我国农村,对女性的健康投资比对男性的健康投资更能够为家庭带来显著的经济效益,这是刘国恩(2004)的研究结果。

5. 女性人力资本的迁移问题。苏群、刘华(2003)以江苏农村为例,研究了中国农村女性劳动力的流动情况,其结论是:农村女性劳动力的流动受年龄、文化程度、婚姻状况、丈夫是否在外打工、家里有没有学龄前儿童的影响。李实(2001)利用1996年山西省10个农村的调查数据分析认为,农村妇女劳动力的流动除了受到文化程度的重要影响外,还要受年龄、地域差异以及丈夫是否在外打工的影响,家庭方面的因素对他们的影响甚至更大。郑真真、解振明(2004)通过对四川与安徽两省流动人口调查得出的结论是:有过外出经历的妇女和没有外出经历的妇女在妇女权益、思想观念、理想追求、婚育行为等方面均有明显的差异。与从未外出妇女比较,有外出经历的妇女往往生育子女较少,生育意愿较弱,保健意识较强,在婚育等方面表现出自主的倾向。

6. 女性人力资本价值实现的障碍分析。张春霞(2006)对知识女性"玻璃天花板"的现象进行深层解释,她认为,"从经济学角度,再加上社会学和心理学的帮助来探究其原因,主要是由性别歧视和性别人力资本投资的差异造成的,两者纠结,使问题更为复杂"。李鸿燕则对女性人力资本价值实现的障碍作出分析,以高校女教师人力资本与科研业绩的相关性为例,探讨女性人力资本价值在科研领域的实现问题,分析高校科研领域女性人力资本价值实现的障碍性因素。认为女性人力资本价值实现的障碍根本上是由于受传统的社会文化结构和观念的制约和影响。同时,女性受缚于社会和家庭所承担的双重任务,面临突出的角色冲突问题。此外,女性占有的社会资本和社会网络资源较少,也是她们科研地位处于从属地位的因素之一。

7. 提升女性人力资本投资的对策探讨。刘改凤(2000)利用人力资本理论和社会性别理论对增加女性人力资本投资作出对策性研究,论证增加女性人力资本投资的重要性,指出中国女性人力资本存量不足。在国内女性人力资本投资方面存在着女性人力资本投资规模偏小、企业对女性职工的职业培训重视不足和重男轻女现象比较突出的问题,应加大社会性别平等意识的宣传力度,努力创造消除性别歧视的社会环境。

三、社会性别视角与女性问题研究简述

1997 年 6 月,联合国经济及社会理事会给社会性别主流化所下的定义是:所谓社会性别主流化是指在各个领域和各个层面上评估所有有计划行动(包括立法、政策、方案)对男女双方的不同含义。作为一种策略方法,它使男女双方的关注和经验成为设计、实施、监督和评判政治、经济和社会领域所有政策方案的有机组成部分,从而使男女双方收益均等,不再有不平等发生。纳入主流的

最终目的是实现男女平等。从建国一开始,我国就讨论性别平等问题,并把男女平等作为我国一项基本国策。作为性别平等制度的核心,男女平等成为新中国立法的基本主旨之一。1949 年 9月,中国人民政治协商会议第一届全体会议通过的《共同纲领》第六条规定:"中华人民共和国废除束缚妇女的封建制度。妇女在政治的、经济的、文化教育的、社会生活的各方面,均有与男子平等的权利"。女性与男性一样享有平等的政治参与权、平等的文化教育权、平等的经济权和平等的婚姻自主权。虽然男女平等基本国策的确立和贯彻推进了性别平等,但是,在各级政府部门及社会公众中,人们对男女平等基本国策还不够了解,甚至还存在不同程度的误解,这种现状无疑会阻碍性别平等制度的推广和男女平等基本国策的贯彻与落实。因此,要实现性别平等,需要国家和政府进一步完善和实施性别平等的法律和政策;需要有非政府组织,特别是妇女组织的推动;需要女性个人的积极努力,也需要男性的广泛参与。只有这样,男女平等的性别制度才能体现出其巨大的生命力。

1. 女性问题的历史研究。《社会性别研究选译》(王政、杜芳琴,1998),《社会性别》第一、二辑,《中国历史中的妇女与性别》,《越界跨文化女权实践》等著作的出版,一般都是从性别的角度研究性别史与女性问题。《女性学概论》(魏国英,2004)运用马克思主义唯物史观来研究女性问题,涉及了女性学研究的众多的重要论题,也渗透了国内外女性学研究的整个发展历程。高彦颐《深闺之师:17 世纪中国的妇女与文化》(1995),是对明末妇女文化的研究。她提出,中国的社会性别和阶级等级制的活力有赖于这个制度中存在着的让人获得满足的生活的机会。曼索恩的《珍贵的记录:中国漫长的 18 世纪中的妇女》(1997)考察了清代长江下游地区的社会性别关系。她分析了作为娱乐的重要内容的性行业，对比了男性对名妓的浪漫描述和被家庭当做摇钱树的年轻女孩的体验。

2. 现代女性问题研究的社会化拓展。女性问题研究课题组的《女性学》（2005）一书以女性为轴心，列出了女性与社会角色、女性与历史、女性与政治、女性与文学、女性与教育、女性与健康、女性与法律、女性心理与成才、女性与经济、女性与婚恋和家庭、女性与大众传媒、女性与审美等相关问题。罗丽莎的《现代意象与"他者"现代性》以文化人类学的方法调查研究了建国后我国社会性别内容的变化。仇乃华的《中华全国妇女联合会：中国妇女与妇女运动》从中国妇女的具体历程出发来反映中国的妇女运动。杜学元的《中国女子教育通史》（1995）指出：女子教育直接关系到提高妇女的文化素质，开发占有人口一半的女子的智力，培养更多的女性人才；关系到加强妇女的品德修养，纯化社会风气，搞好精神文明；关系到树立妇女自尊、自爱、自重、自强的品德情操，使之自觉地为振兴民族、发展人类文化而奋斗；女子教育的好坏又是下一代成长的关键，对后代的身体健康发育、智力开发、技能培养和道德品质的形成等都具有重大的影响。

3. 西部女性问题研究。2001 年 1 月，为将性别平等纳入西部大开发战略的主流，中国妇女研究会依托全国妇联妇女研究所，组织协调西部 4 省区（陕西、甘肃、广西与四川）妇联，以政策干预为目标，以"西部妇女人力资源开发对策研究"为总课题，以"西部女企业家的状况、社会作用和对策研究"、"西部妇女科技素质现状与对策研究"、"培养和吸引女科技人才对策研究"和"提高西部农村妇女生态环境保护意识与技能对策研究"为子课题进行研究。

4. 国外女性问题研究。坎迪达·马奇、伊内斯·史密斯、迈阿特伊·穆霍帕德亚所著的《社会性别分析框架指南》一书,系统地分析了不同社会性别分析模型和大量的个案分析;《难民处境中兼顾女人、男人与孩子利益的以人为本的计划框架:为难民工作者提供的一个适用工具》一书中,解释了以人为本的计划框架,浅显易懂地阐述了社会性别分析框架;Lingen A 等人的《社会性别评估研究:一本性别顾问手册》,也是一本有关以人为本计划的分析框架书籍。

综上所述,研究人力资本与女性问题的专家、学者虽然很多,但从目前笔者所查获的资料看,国内还没有人从社会性别视角较为系统地研究女性人力资本的投资问题。期望在此基础上,借鉴前人的丰富研究经验与成功的研究成果,博采众家之长,从性别视角探索女性人力资本投资问题,为从整体上提高国家、民族的整体素质与国际竞争力提供相关理论支撑和政策建议。

第三节　女性人力资本投资研究的意义

一、研究女性人力资本投资的现实意义

世界各国历史与现实表明,女性是社会经济生活的重要参与者,她们与男性一样对经济增长承担着不可忽视的作用。随着我国全面建设小康社会及社会主义新农村建设战略的实施,女性人力资源开发日趋迫切。随着人口迁移的加剧,出现了农村剩余劳动力转移、留守老人与儿童增多等一系列相关问题;随着社会经济的进步,对人力资本投资的日趋加大,迫切需要审视女性如何获得与男性同等发展条件与机会,政府政策法规在制定与实施过程等

方面如何实现男女在社会发展中一律平等的基本国策,如何在促进经济社会发展的同时,合理有效地促进人力资本的形成与人力资源的有效配置,提高生产效率与效益等具体问题。此外,我国妇女约占总人口一半,是经济社会发展的重要力量。女性作为一支重要的人力资源队伍,特别是加大对经济较为落后地区的女性人力资本投资,是促进未来整个贫困地区快速发展的正确选择,如果加大对妇女在教育培训、医疗卫生、智力开发和生育控制等方面的投资,其经济和社会回报比男性高。

因此,针对目前我国女性人力资本以及女性人口素质实际情况,做出相应的政策调整,确定工作重点与难点,研究我国女性人力资本问题有着极其重要的现实意义。

(一)提升女性人力资本对经济社会发展的促进作用

相对来说,我国女性总体收入低于男性,往往比男性更容易陷入贫困,已成为我国扶贫工作中难度大、最需要关心与扶持的群体。如果加大对女性人力资本投资,就可以提高她们的人力资本与货币资本,增大其就业机会,提高就业与人力资本所有者本身的质量;可以增加她们的收入和自主经济支配权力,促进地区经济社会的发展;可以延续劳动力就业与促进下一代人才素质的提高,进一步达到控制劳动力供给的数量。

对于父母来说,在收入水平一定而且较低的状况下,对男孩与女孩进行投资具有一定的替代关系,将有限的资源用于男孩还是女孩是父母的理性选择,这种选择就是如何使其投入后的回报达到效益最大化目的。现实生活的相关数据表明,在子女受教育相同的情况下,男孩会比女孩能带来更大的收益,从而在贫困家庭中给父母带来的效用更为明显。但是随着经济的发展,资源的约束力逐渐减小的时候,一般明智的父母此时会尽力在受教育、培训等人力资本投资方面给予子女提供相同的机会,因为这样就会使父母的整个效用水平更高。由此看来,并不是只在欠发达地区存在着受教育的性别歧视现象,最主要还是受经济发展、市场化程度和人们收入情况等因素影响。

随着市场化进程加快,农村女性在经济社会发展中的作用越来越凸显。在农村,迁移流动人口主要是男性,大量女性劳动力人口仍然留在农村,她们不仅承担了所有的家务劳动,而且承担了越来越多的农田生产耕种,形成了典型的农业女性化现象,这些女性劳动力大军正发挥着社会与家庭稳定的重要作用。据1990年调查,在我国农业生产总值中,农村妇女创造的价值占50%～60%,城市女性平均收入相当于男性的77.4%,而农村女性平均收入相当于男性的81.4%。[①] 足见农村女性在社会经济发展中的作用,如果加大对农村女性人力资本投资,提高农村女性人力资本存量,将进一步推动我国经济社会的快速发展。

(二)缓解就业压力、控制人口增长与提高下一代人才整体素质

女性受教育水平与其初婚年龄和初育年龄有着密切的关系。一般说来,女性受教育水平越高,她们在校时间越长,其初婚年龄和初育年龄也越晚。婚龄和育龄时间的推迟对劳动力严重过剩的中国来说意义重大,它将延长人口再生产的周期,进而抑制劳动力供给的速度和数量,减缓就业与人口增加的压力。如"四普"资料显示,中国育龄妇女(15～49岁)按文化程度的总和生育率是:大学本科:1.12,大学专科:1.35,中专:1.37,高中:1.52,初中:2.07,

---

① 《参考消息》1996年1月26日第6版。

小学:2. 49,文盲半文盲:2. 93。①

　　此外,女性受教育水平高低对下一代健康成长更为重要。如果母亲的文化程度较低,接受教育年限有限,有可能对子女教育的重要性认识不深,就会因此而忽视子女的受教育问题与对子女进行人力资本投资。一般来说,母亲文化程度越高,其子女受教育水平也就越高。受教育水平越高的母亲可以为未来劳动力市场提供高质量的劳动力,而与此同时又可以进一步减缓劳动力供给速度。同样,子女受教育水平越高,其婚育年龄也就越晚,这也将进一步降低人口再生产的速度,使劳动力供给的数量和速度得到控制,从而进入一种良好运行的状态。13 个非洲国家在 1975—1985 年的10 年时间数据表明,妇女识字率提高 10%,儿童死亡率下降10%,而男子识字率的提高却对此影响甚微。对 25 个发展中国家的人口和健康调查表明,若其他条件相同,母亲甚至只要多受 1～3 年的教育就足以使儿童死亡率下降 6%。② 在我国,中国预防医学科学院对 1987 年有关数据分析也证实了上述观点(表 1—3),女性在人口可持续发展中的作用至关重要是任何别的因素不可取代的。中国社科院一项研究说明,女性教育在降低生育率方面所起的作用和影响比男性教育的效果大两倍。仅在女性中普及小学教育,就可使中国未来 15 年内少生 1800 万人,每年节省下来的生活资料价值达数百亿元。③

　　①　国家统计局:《中国统计年鉴》,中国统计出版社 1992 年版,第 92 页。
　　②　Robert D. Mare,"changes in Educational Attainment and School Enrollment",editored by Reynolds Farley,"state of the Union American in the 1990's"Volume One:Economic Trends. 1995,New York.
　　③　路德珍:《女性人力资源优先开发与管理的战略思考》,《中华女子学院学报》2000 年第 1 期。

表1—3　中国1987年贫困地区农村儿童营养不良与
父、母教育程度的关系

教育程度	儿童营养不良百分比（%）		差距（百分点）
	母亲教育	父亲教育	
文盲	48.0	52.2	-4.2
初中	40.5	45.6	-5.1
中学	33.1	36.3	-3.2
中等	26.9	32.5	-5.6
大学	8.2	18.2	-10.0

资料来源:世界银行1991年考察中国报告:《中国:90年代扶贫战略》,高鸿宾等译,中国财政经济出版社1993年版,第81页。

事实上,母亲的教育程度对后代的教育程度的影响比家庭中任何其他因素都要大,如家庭结构、规模、收入、民族、父亲教育程度。① 目前,由于受传统性别文化和劳动方式制约,中国家庭存在着偏好男孩倾向更为明显。重男轻女导致女童就学率、营养健康状况明显低于男童,出生人口性别比持续升高。图1—2是我国"三普"、"四普"和"五普"资料显示的出生人口性别比:分别为108.5、111.3和116.9。② 由此看来,加大女性人力资本投资,提高她们对生育健康的认识,是实现人口生育最优化和提高人口素质的主要途径之一。

（三）女性的带动、示范、榜样效应能促进整个民族素质的提高

① 王洪春、王金营:《女性人力资本的经济社会效益分析》,《河北大学学报》1996年第4期。
② 《中国儿童发展状况国家报告》(2003—2004),国务院妇女儿童工作委员会,2005。

出生人口性别比
（以女孩为100）

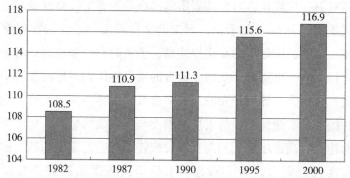

图1—2　全国三次人口普查出生性别比
资料来源：《中国儿童发展状况国家报告》（2003—2004），国务院妇女儿童工作委员会，2005年。

市场经济从来不会同情与怜悯甘愿服输的人，只有从小培养敢于吃苦、有韧劲、敢于拼搏的人才能成为社会经济的有志之士。充分地发挥巾帼就业的示范作用，使之成为现代市场经济中的创业典范，不仅对男性发展能起到相应的带动作用和压力，而且母亲对孩子的示范与引导或许是孩子一生的财富。随着经济的发展与进城务工人员返乡的增多，目前农村女性投入文明健康生活舞台的积极性越来越高，文明健康的城市人追求的生活方式也成为返乡女性的自觉行动。同时，劳动力市场的逐步完善、社会与经济的快速发展、女性更高的市场工资率不仅吸引着女性自身，而且也吸引企业、家庭乃至整个社会增加对女性的投资。女性人力资本所有者素质的提高，其带动、示范与榜样效应不仅感染和影响家人，也影响着周边乃至整个社会对女性的关注与投入。

作为生育的直接承担者，女性文化素质的特殊功能，决定了对女性人力资本投资在未来人口发展中的重要作用，母亲素质的提高对下一代成长，对民族素质的提高乃至整个社会发展与进步尤其重要。表1—4可看出，母亲的文化程度与子女的在校率呈正相关关系，即母亲的文化程度高，子女的在校率也高；母亲的文化程度低，可能对子女的受教育的重要性认识不足而忽视子女的受教育问题，导致子女的在校率也低。世界各国的发展特别是发达国家的实践证明：高素质的妇女与高素质的母亲，是文明家庭的建立、高素质后代和高素质民族赖以产生的重要基础，加大对女性人力资本投资，将有利于整个民族素质的提高与民族进步。

表1—4　按母亲文化程度分的7～11岁儿童在校情况（单位：%）

母亲文化程度	7～11岁儿童在校率	子女因帮工未入学占未入学儿童的比率
高等教育	91.2	0
中等教育	93.2	2.9
初等教育	89.1	3.9
文盲半文盲	83.9	6.1

资料来源：王秀英：《贫困的女性人力资源优先开发的战略意义》，《中国统计》2003年第4期。

另外，女性的受教育水平也是决定她们家务管理效率的有力因素。在研究教育对家务管理的影响时，迈克尔（1969）指出，受教育最少的家庭成员管理家务的效率最低，这种效率会随着教育水平的提高而提高。这也说明了教育的作用之一，似乎就是降低由获取经济增长所带来的消费机会信息的成本。在家庭中运用新的细节来处理生育子女问题方面，好像也处处可见妇女的教育水平是决定其工资效应、家务管理效率效应以及避孕效应的有力因素。① 综上所述,女性人口素质关系到民族未来发展与进步,加大对她们的投资有着极其重要的现实意义。

二、研究女性人力资本投资的理论意义
(一)提出相关政策建议

从我国女性人力资本投资现状可看出,女性人力资本投资中还存在着一些问题:首先表现为我国政策法规方面的隐性性别歧视。尽管在建国初期,党和政府就把男女平等作为一项重要原则在制度上加以落实,如 1950 年颁布的《婚姻法》、1953 年颁布的《选举法》、1986 年颁布的《义务教育法》和 1992 年颁布的《妇女儿童权益保障法》等法律,明确规定了男女平等享有的权利和义务,这些政策与法规的出台,确实大大提升了我国女性地位。可随着社会经济发展与变革,这种较为初级的、乍一看认为是两性平等的政治制度与法规,却只给了女性起点的平等权利,忽视了过程与结果的平等。

现实生活中,往往在政策实施过程中体现出不平等,具体表现在土地分配、受教育、培训和参政议政等方面。土地分配方面,如责任田、口粮田、宅基地等,农村的"出嫁女"与"离婚女"权益就受到了相应的侵害。

在教育过程中,由于教育体制不合理、教育投资严重不足、经济落后等因素,偏远农村地区女性受高等教育的机会就更少,结果导致这些地区女性人口素质更低。如在目前的高考录取政策中,大城市和高等学校集中的地方,考上大学远比农村要容易得多,而

① 舒尔茨:《论人力资本投资》,吴珠华等译,北京经济学院出版社 1990 年版,第 127 页。

在农村又出现不合理的性别分工,在性别文化影响更深的地方男孩可更多地享受着教育资源,边远地区女孩子上大学机会相比沿海大城市更少。劳动力市场上,就业中对女性的歧视不但导致女大学生(研究生)分配难,也影响到高等学校的录取性别偏好;在农村,我国女性实际能够享有的与男性平等的权利比城市女性更少。同时,农村女性更容易成为坑蒙拐骗、性犯罪、家庭暴力等问题的受害对象。虽然有些领导或妇联干部已经认识到上述侵犯女性权益问题的严重性,但在实际工作中,他们更多关注的是这些问题对女性造成的生理伤害,却很少关注或采取措施缓解受害女性的心理伤害,因此应倡导教育的性别主流化,鼓励对干部进行性别平等培训,提高他们的社会性别意识。

为了切实保障妇女的参政权,党和国家大力支持、鼓励女性参政议政。法律规定:各级人民代表大会代表中,应当有适当数量的妇女代表,并将逐步提高妇女代表的比例;在任用领导人员时,必须坚持男女平等原则,并要重视培养、选拔女性担任领导职务,尽管目前从事基层领导工作的女性越来越多,但实际担任高级领导职务的女性却屈指可数。中国科学院、中国工程院共有院士1263人,其中女院士78人,仅占总数的6.2%。[1] 2001年在高校担任副教授以上的女教师为69907人,占高校副教授以上教师总数的29.64%。这样看来,政府虽然在维护女性基本权益方面出台了不少政策,可针对提高女性能力的建设与加大对女性人力资本投资的政策却很少。本研究中,力求政府在加大对整个女性人力资本投入的同时,更重要的是倡导政府有相应的教育投资保障体系、政

---

①   周庆行、谷诗卉:《从性别角度审视我国公共政策的发展趋势和方向》,上海:《公共管理与社会发展——第二届全国MPA论坛论文集》,2004年。

策法规或特殊的扶持政策等,特别是在具体政策实施过程中不再出现隐性性别歧视,能真正帮助女性得到更高更快发展。

(二)促进理论研究

新古典经济学的劳动供给模型研究女性人力资本投资问题,其中清楚地表明了一个关于时间分配方面的问题,而这个问题对研究人力资本投资是非常重要的。它可以从两个方面影响人力资本投资:一方面,由于人力资本投资是属于时间密集型的,只有闲暇时间才可以用来进行人力资本投资,因此,闲暇时间从某种程度上来看对人力资本投资具有决定性作用;另一方面,工作时间反过来又影响人力资本投资行为,因为人力资本投资作为一种投资形式,会受到其收入的影响,或者说会受到其工作时间长短的影响,如果预期工作的前景不看好,如失业或不充分就业,理性的人是不会或很少将闲暇时间用于进行人力资本投资的;反之,就会想方设法地挤出时间来进行人力资本投资。

全球化过程中的国际化、市场化及私有化,加剧了各要素市场特别是劳动力市场的竞争,要求人们不断储备多元化的人力资本、社会资本及经济资本,以适应迅速变化和转型的社会。在这种情况下,时间越来越成为稀有资源,跨越正规教育阶段的终身学习,成为人们生存和发展的必要手段。全球化带来的高度竞争,正在改变人们(特别是女性)的生命周期。一些女性为了获得工作机会、学习和培训机会、晋升机会及其他发展机会,推迟结婚年龄,推迟生育年龄,甚至不结婚、不生育。高度市场化的竞争不仅使女性结婚、生育机会成本越来越高,而且承担家务劳动的机会成本也越来越高。学习时间成为个人发展的重要资源,学习能力成为个人发展的重要能力。由于传统的性别角色分工模式、观念的改变滞后与全球化的经济形势变化,依然由女性承担大部分家务劳动的现实意味着大部分女性仍将大部分时间配置于非市场的家庭事务,而无法用于增强发展能力的学习、培训和职业发展。在高度竞争的全球化时代,基于传统性别角色分工观念的时间配置差异必将导致男女竞争和发展能力的性别差异,也是不平等的劳动力市场竞争的文化基础。①

如上所述,单纯地把女性的时间配置与男性等同,这种分析是有局限性的,因此,从社会性别角度,把女性从事家务劳动的时间计入女性工作时间配置来重点考虑也是很重要的。

---

① 谭琳:《全球化的挑战:社会性别视角的分析》,《哈尔滨市委党校学报》2004 年第 1 期。

第二章　女性人力资本投资的内涵与特点

现代人力资本理论在 20 世纪 60 年代初创立后,就出现了西方经济学界有关人力资本理论的研究高潮,人力资本理论的研究成果大量涌现,从而使人力资本理论随着社会经济的发展不断被充实、完善与发展,并逐渐成为现代经济学研究的主要对象之一。分析女性人力资本投资问题,首先应理解女性人力资本投资的概念、内涵及特点。

第一节　概念与内涵

人力资本是在人类自身的生产和再生产过程中通过相应的投资形成,不同的投资行为产生不同形式的人力资本;另外,人力资本投资的效能也得通过人力资本发挥出来。因此,分析人力资本投资的内涵与特点,应先理解人力资本概念及其具体形式。

一、人力资本与女性人力资本
(一)人力资本的内涵

之所以将人力视为一种资本,本质上说是因为人的生产能力是经济社会塑造的结果,它作为经济投资的一种产出,其形成机制与物质资本并没有本质上的区别。正是从这个意义上讲,可以把人力视为资本,称之为"人力资本"。由于人力资本内涵非常丰富,从不同角度,出于不同的理解,经济学家们给人力资本下了许多不同的概念。

1960 年,舒尔茨在"人力资本投资"演讲中作了阐述,但他没有就人力资本做出明确的定义。美国经济学家贝克尔在其著作《人力资本:特别是关于教育理论与经验分析》(1964)中,较为明确地阐述了"人力资本"的定义。他指出:"对于人力的投资是多方面的,其中主要是教育支出、保健支出、劳动力国内流动的支出或用于移民入境的支出等形成的人力资本。"①他认为所有用于增加人的资源并影响其未来货币收入和消费的投资均可视为人力资本投资。另外,萨洛在 1970 年将人力资本定义为:"个人的生产技术、才能和知识。"M. M. 麦塔在 1976 年认为人力资本应更为宽泛理解:"人力资本可以宽泛地定义为居住于一个国家内人民的知识、技术及能力的总和,更广义地讲,还包括首创精神、应变能力、持续工作能力、正确的价值观、兴趣、态度以及其他可以提高产出和促进经济增长的人的质量因素。"②

我国不少学者也给人力资本下过较为有影响的定义。其中冯子标教授认为:"所谓人力资本就是知识、技术、信息与能力同劳动力分离,成为独立的商品,且在市场交换中起主导作用的条件下的高级劳动力。"③李忠民将人力资本定义为:"凝结在人体内,能够物化于商品或服务,增加商品或服务的效应,并以此分享收益的

---

① 贝克尔:《人力资本:特别是关于教育的理论与经验分析》,北京大学出版社 1987 年版,第 1 页。
② 李建民:《人力资本通论》,上海三联书店 1999 年版,第 42 页。
③ 冯子标:《人力资本运营论》,经济科学出版社 2000 年版,第 46 页。

价值。"①以上是国内两个有代表性的概念,前者强调人力资本作为高级劳动力所具有的特征。后者所强调的是人力资本作为价值范畴的特性,因为只有给予人实施有针对性与目的性的投资,才会产生预期的效应。因此,李忠民认为:"人力资本是指通过后天投入凝结于人体之中的、具有经济价值并能带来未来收益和凭以参与收益分享的指示、经验、技术、能力、工作努力程度、协作力、健康及其他质量因素的总和。"②

综上有关人力资本的多种定义,人力资本应包含两个基本内容:其一,人力资本的积累或形成;其二,人力资本投资与效率。前者是指凝聚在人身上的、能提高人的综合素质,并能增加人的经济价值的健康、经验、知识、技能以及人的道德素质等质量因素的综合,是一个存量概念;后者是指体现在人身上的人力资本是人们慎重投资的结果,即人力资本投资行为是经由投资者进行成本收益分析以后做出的理性行为,是符合经济学关于理性的"经济人"假定的,它着重阐述人力资本形成的途径和方式以及由此投资带来的社会经济效益。一个完整的人力资本概念必须同时包含以上两个方面的内容,并将其作为一个有机整体来理解,否则有可能出现偏差。

(二)女性人力资本

潘锦棠教授2003年在其《性别人力资本理论》一文中首次提出性别人力资本的概念及主要思想。他认为传统人力资本理论缺乏对人力资本"投资对象"和"投资环境"的研究。而性别人力资

---

① 李忠民:《人力资本:一个理论框架及其对中国一些问题的解释》,经济科学出版社1999年版,第30页。

② 李玲:《人力资本运动与中国经济增长》,中国计划出版社2003年版,第19页。

本理论对该问题的回答是：人力资本投资之所以向男性倾斜，是因为在目前"人力资源环境"中，男性比女性更具有投资价值，男性工薪收入高于教育投资相同的女性是因为存在"性别租金"，男女两性相对投资价值的变化是因为"人力环境"的变化。由于社会生活中性别角色特征的存在，女性人力资本除具有人力资本的一般含义与特征外，还具有自身特征。女性的发展与其人力资本存量的提高，是提高一个国家或民族人力资本存量的重要部分。

　　我国是世界人口大国，人口问题可以说是制约我国经济发展的沉重枷锁，以至于计划生育虽作为我国的一项基本国策，但还是难以解决人口问题。这里的人口问题不单是人口数量问题，最重要的是我国人口素质很低。要提高国家人口整体素质，实现社会、经济、人口、资源和环境可持续发展，人的全面发展是关键因素。因为人口是一切社会财富（物质和精神财富）可持续发展的唯一载体，也是资源和环境可持续利用的价值意义和有效性判断的主体。人口现实和将来的发展需要是可持续发展目标选择的价值依据。[①] 如果能改变现有的状况，尽快提高劳动力素质，变劣势为优势，将现有的负担转化为经济发展的强劲推动力，将会实现我国经济发展的又一个腾飞。

二、人力资本投资
（一）人力资本投资含义
　　投资是社会经济单位放弃当前消费和暂时利益，动员和投入资金与其他各种生产要素，获得与投入要素价值等价的资产，以期

---

　　① 吕昭河：《制度变迁与人口发展——兼论当代中国人口发展的制度约束》，中国社会科学出版社 1999 年版，第 71 页。

取得资产未来收益的行为。最典型的就是固定资产投资。① 人力资本投资就是通过对人的投资,从而提高人在经济社会活动中所具有的各种素质,以增加人的生产与收入的所有活动。人力资本主要包括凝聚在人身上的健康、精力、知识、智力、技能、道德修养和组织管理水平等质量因素的总和。

首先,劳动者的健康素质会直接影响其体力、寿命、劳动时间、工作能力、工作性质与工作效率,从而对经济收入产生重要影响。

其次,劳动者所具有的经验、所拥有的知识和技能等对人的劳动能力与生产效率的提高具有决定性意义。

再次,任何人都是社会人,是一种社会性存在,人类经济生产更是一种社会性活动。因此人的精神状态、工作态度、协作精神等因素对提高人的生产效率具有重要的意义,同时,人的道德素质还对提高组织效率和完善社会制度具有重要的作用,也是影响经济发展的重要制度因素。

最后,人在迁移流动过程中能获取大量的信息、知识、经验,这就是一种资本的获取。正如舒尔茨所言:所谓的"人才外流"是与由改善高技术人才的福利、效率和生产率所造成的经济刺激相一致的,在一个停滞的、传统的经济体系中,迁移的作用非常微小,但是在经济和人口都在不断增长的地方,这种作用却非常重要。②

另外,从投资本身的定义来看,它实际上是指某人希望在过了一定的时期之后再从中获得补偿的一笔初始性成本支出;而人力资本投资则可以被定义为任何就其本身来说是用来提高人的生产能力从而提高人在劳动力市场上的收益能力的初始性投资。这

---

① 余文华:《人力资本投资研究》,四川大学出版社 2002 年版,第 25 页。
② 舒尔茨:《人力资本投资》,商务印书馆 1990 年版,第 210 页。

样,不仅各级正规教育、非正规教育和在职培训活动所花费的支出属于人力资本投资,而且增进健康、加强学龄前儿童营养、寻找工作、工作流动等也同样属于人力资本投资活动。

美国著名经济学家加利·贝克尔在他的《人力资本》一书中这样表述人力资本投资理论:"这一学科研究的是通过增加人的资源而影响未来的货币和物质收入的各种活动,这些活动就叫做人力资本投资。"可见,人力资本投资的重点在于它的未来导向性,由此可见,劳动者所具有的知识和技能(既能从教育和培训中获得,也能够在实际工作中学到)形成了一种特定的生产资本储备。这种通过人力资本投资获得的生产性资本的价值,则取决于其内含的知识和技能在劳动力市场上能够得到的报酬数量。同时,劳动者还可以通过从生产力相对较低的地区和工作向生产力更高的地区和部门流动,从而使自己变得更富有生产率,寻找新的工作和迁移行为(境内境外)就是通过提高既定的知识技能储备,在新的劳动力市场上所能获得的收入来增加劳动者的人力资本价值,因此它也是一种人力资本投资活动。

人力资本投资的过程实际上就是人力资本形成过程,这一过程包括以下一些途径:教育、训练、改善健康状况等投资是增加一个人所掌握的人力资本数量即知识和技能水平。重新寻找工作、流动则是以改善一个人的人力资本利用效率,从而提高个人所拥有的既定的知识和技能所能够获得的收益为目的,由于变换工作以及因就业流动所付出的成本代价是以未来收入的增加为预期补偿的,因而这两种活动也都属于人力资本投资活动的范畴。

(二)人力资本投资的途径

根据舒尔茨的理解,所有能够给个人带来人力资本增加,从而提高人的经济价值、社会价值和有助于提高其未来货币收益和精神收入的投资,都可以称之为人力资本投资。一般地说,人力资本投资主要有以下几种途径:

1. 教育投资

通常指正规学校教育的投资。教育是人类传授知识、经验的一种社会活动,是一部分人对另一部分人进行多方面影响的过程,这是赋予人力资本一定质量的最主要、最直接的手段。教育投资是人力资本投资最主要的形式,也是整个人力资本投资中最核心的组成部分。因为人力资本所包含的主要是知识、技能、经验、道德和健康等内容,这些都与教育投资有着密切的关系。通过教育投资,可以丰富人们的知识、提高人们的技能、增强人们的创造能力、完善人的道德素质和提高人的健康水平,从而使受教育者的人力资本存量得到极大增加。教育投资的这些作用对社会经济的发展具有非常重要的意义。马克思曾在谈论工人阶级的教育问题时指出:“最先进的工人完全了解,他们阶级的未来,从而也使人类的未来,完全取决于正在成长的工人一代的教育。”①

另外,教育投资的重要性还在于它是对人的一种能力、素质的投资,是转变人的思维观念最好的措施,同时也是提高其他形式人力资本投资的效率的必要基础与前提。恩格斯也认为:“社会成员中受过教育的人会比愚昧无知的没有文化的人给社会带来更多的好处。……从另一方面来看,和平改造社会时所必需的那种冷静和慎重只有受过教育的工人阶级才能具有。”②教育及教育投资作为培养全面发展的人的重要条件与途径有助于促进整个社会经

---

① 《马克思恩格斯全集》第16卷,人民出版社1964年版,第217页。
② 《马克思恩格斯全集》第2卷,人民出版社1957年版,第614页。

济的稳定与发展。

教育投资成本问题始终是人们非常关注的话题。一般看来,教育投资成本支出分为三部分:第一是直接成本支出,主要是指受教育者为接受学校教育而花费的一切有形成本,如学费、杂费、书本费、器材费和学习用品费等;第二是指间接成本的支出或称之为教育投资的无形成本与机会成本,包括受教育者因上学期间而不得不放弃的所从事的经济活动所带来的经济损失、放弃的职位(或职位升迁)等;第三是指非货币成本支出,也称之为心理成本,如上学期间远离亲人的孤独感,因考试压力、就业压力等各种原因所造成的精神成本或心理成本。通常情况下人们在谈论教育成本时,看到最多的就是直接成本。根据美国经济学家舒尔茨对美国20世纪的正规教育投资估算,其结果显示:由学生放弃的收入所构成的间接教育成本,已经超过了直接教育成本,大约占到教育总成本的60%。由此看来,忽视机会成本或心理成本,都将大大低估教育投资的成本,这显然会导致资源在教育投资配置的低效率。实际上对于中高等教育尤其是高等教育的投资者来说,人们更多关注的是投入与收益的比较。

首先,在其他条件相同情况下,投资后的收入增量流越长(即收益时间越长),这一项人力资本投资的净现值越可能为正;其次,在其他条件相同的情况下,人力资本投资的成本越小,就会有越多的人愿意投资于人力资本;最后,在其他条件相同的情况下,大学毕业生与高中毕业生之间的收入差距越大,愿意投资于大学教育的人就越多。[1] 教育投资的消费部分的实质是耐用性的,甚至比物质的耐用的消费品更加经久耐用。教育投资的这种持久耐

---

① http://www.5ez.cn/new/Print.asp? ThreadID = 273.

用的消费特性是人们未来满足的源泉,也是人们愿意进行教育人力资本投资的很重要的因素。

2. 在职培训

它是学校教育之后的又一项教育类型的投资,是为了使接受培训者获得特殊工作技能而进行的投资。对于工人的技能学习来说,在职培训是最普遍、最主要的方式。它对于提高劳动者的技能、工作效率和组织协调等具有重要作用。主要包括职业与技术培训、在职训练、夜校与函授、远程视频教育、边干边学以及现场技术示范(如农业技术推广)等多种形式。

员工通过接受在职培训而导致的对未来生产率的提高应该而且只能是在成本的基础上提高,否则将会对培训充满无限的需求。这样的成本就是在职培训的成本,一般也可以分为直接成本、受训者参加培训的机会成本、利用机器或有经验的职工从事培训活动或现场示范的成本等,其收益主要表现在受训者生产率的提高所带来更高的经济效益和经验的获得上。

一般看来,在职培训主要包括一般性培训(通用性)与特殊性(专用性)培训两种形式。一般性培训是指通过培训所获得的劳动技能在提供这种培训之外的许多企业都是有用的,或者说受训者所接受的培训技能是通用的,而不只是适合在某一个行业里。如农民所接受的嫁接技术,对大多数嫁接品种技术都是有效的;医生在医学院校或在别的医院所接受的培训,在任何医院都是通用的技能。它是由受训者承担并享有其收益。受训者在接受培训期间接受一种与较低生产率相对应的较低工资率(低于不接受培训时的市场工资率),同时在培训以后又获得与较高的生产率相对应的较高工资率(高于不接受培训情况下所可能获得市场工资率),农民也一样,当他们在接受培训时会相应地思考在自己培训后可以带来什么样的效益,否则他们是不可能愿意去接受这样的培训的。不过在企业里,大多数在职培训都会给员工提供这种一般性培训来提高企业员工的未来的边际生产率,同时这样的培训也可以增加许多其他企业的边际产品。在职培训作为一种投资行为无疑会提高企业的边际生产率,伴随而来的就是提高员工的工资率,当只有在边际产品的增加大于工资率的增加时,提高培训的企业才会提供培训的激励。但对于一般性培训而言,因为培训相应的项目对于别的企业也是同样有用的,而且边际产品与工资率都在按照同样的幅度在上升,所以企业提供这样的培训可以说得不到任何的收益,只有在企业的一般性培训成本为零的情况下,它才有可能提供。而作为受训者,有可能这样的培训短期不会给他们带来任何的经济收益,可为什么还会接受培训呢? 原因就在于培训对他们将来工资与技能的潜在影响。由此看来,一般性培训的费用通常是由受训者在承担,同时收益方通常也是受训者而不是企业。

　　特殊性培训或专用性培训,是指能更大幅度地提高提供培训的企业的生产率的培训,完全的专用性培训可以定义为:把受训者用于其他企业时对生产率没有影响的培训。[1] 特殊培训是使企业将劳动率从可变投入要素变成半固定生产要素的重要原因之一。一般说来,在培训期间,受训者因接受培训会导致其生产率比不接受培训时可能要低,企业一般不会完全按员工在接受培训时的较低生产率来支付工资,但也不完全按员工不接受培训时的生产率来支付与市场工资率相同的工资率,通常都是向员工支付一种位

---

　　① 郭砚莉:《女性人力投资问题研究》,中国社会科学出版社 2006 年版,第 54 页。

于市场工资率和低生产率工资率之间的工资率。接受培训完了后，如果确实产生与培训前不一样的效益，确实给企业带来了相应的经济收益或社会收益，企业就会支付给员工接受过培训之后能够达到的较高的生产率的工资率。正如这样的解释，或许就可以理解出，我国培训了那么多的农业技术骨干，但在相关技术推广之时，由于不能直接给这些国家培养的"骨干"带来直接的效益，最后导致相应的培训在"骨干"那里就流产了。如果用经济学分析方法，他们的培训收益如果直接与他们的培训成果或所带来的经济效益有关联，那将会是什么结果呢？企业中在给女性员工进行了相应的特殊培训后，也获得了一定的技能并提高生产效率，但在企业急切需要这样的技术需求时，女工却怀孕生孩子了，这种情况下，自然导致企业在下次选择培训人选的时候，女性的性别根本是不占优势的。

　　以上分析表明，就整个市场情况来看，接受正规教育数量的人数越多，就越有可能有更多的人接受在职培训。就企业而言，在培训结束之后，企业总是想法设法降低或阻止受训者的流动率或辞职率，就培训的效果来分析，企业会从效益最大化目的来考虑什么时候由哪些人参与培训，这很可能就涉及年龄与性别的问题。贝克尔等人曾经就在职培训进行了深入分析，分析了在职培训成本与收益，分析了在职培训的供给与需求，分析了通用技术型的在职培训与专用技术型的在职培训对企业和劳动者个人的不同意义，以及企业和个人投资的积极性与收益程度的差别等问题。

　　3. 医疗卫生保健投资

　　人口健康状况改善的具体含义包括两个部分：(1)"生病"时间的减少和生命力的延长能供给更多的工时；(2)更健康的身体

和旺盛的精力使每个工时的产出增长。[1] 另外,妇女健康的身体是下一代健康的最直接保证,也才会有更充沛的精力与体力照顾孩子。人们为了健康的寿命、劳动效率的提高和下一代的健康,就必须进行医疗卫生保健投资,它是指为了提高人的身心健康素质而进行的投资,包括医疗投资与保健投资等。[2] 或者说是为了恢复和发展人群健康水平而消耗的各种经济资源,其投资还应将安全保护费用纳入在内,即职业保护投资。[3] 每个人通过遗传都获得一笔初始健康存量,这种与生俱来的存量随着年龄渐长而折旧,但也可能由于健康投资而增加(Grossman,1999)。人们为了恢复维持或改善提高自己的健康水平从而能提高生产能力,就必须对人的身心健康进行投资。

健康投资指的是人们为了获得良好的身心健康而消费的食品、衣物、健身时间和医疗服务等。从广义上讲,医疗和保健投资包括影响一个人的寿命、力量强度、耐久力、精力和生命力的所有费用。[4] 这不仅包括医疗卫生方面的硬性条件,还包括诸如收入、健康保健意识、营养摄入、工作生活环境条件和从母亲那里获得的健康体质等非医疗卫生方面的支持。在其他条件相同的情况下,

---

[1]　舒尔茨:《论人力资本投资》,吴珠华等译,北京经济学院出版社1990年版,第229页。

[2]　黄金辉、张衔、邓翔等:《中国西部农村人力资本投资与农民增收问题研究》,西南财经大学出版社2005年版,第14页。

[3]　职业保护投资是指在某些种类劳动的物质环境中,存在着对人体有害的机械、物理、化学、生物等因素,可能使人遭受伤害或者患有职业性疾病。职业安全健康投资主要包括:安全技术装置、劳动环境监测和治理装置、个人劳动保护用品、有毒有害劳动环境的保健补贴等(参见姚裕群主编:《人力资源管理》,中国人民大学出版社2004年版,第64—65页)。

[4]　舒尔茨:《论人力资本投资》,吴珠华等译,北京经济学院出版社1990年版,第9页。

健康还取决于个人行为选择,例如吸烟、饮酒、心理调节和作息习惯(Phelps,1978)。尽管健康投资由诸多产品、服务和时间组成,卫生尤其是医疗服务投入一直被视为最重要的健康投资指标。原因也许在于,当疾病来临之际,医疗是人们通常应对或化解健康风险的最直接的有效手段。虽然世界卫生组织(WHO)把健康定义为:"完好的生理心理并具有社会幸福感的状态,而并不仅仅指不虚弱和无病。"①由于健康人力资本的计量具有复杂性等原因,经济学家出于计算方便缘故往往用无病天数来表示健康,或者用有病时间内发生的直接和间接费用来估算疾病损失。在大多数情况下,健康投资回报主要借助于疾病损失的减少来间接计算。②

医疗卫生投资对经济社会发展的影响主要有:其一,通过卫生保健投资延长人口的平均寿命,使身心健康的个体能够有更长的工作时间,在体力、脑力、认知能力与判断能力上都能稍胜出一筹,这就可以更快、更好、更多地创造出社会效益,直接提高劳动生产率,从而使个体能获得更好的经济社会回报,也相当于廉价生产出人力资本。其二,身心健康的个体可以享受更长、更高质量的寿命,更有动力为其教育、培训与健康进行投资,可以提高人力资本的产出率,从而可以更好地提高全社会的人口综合素质。其三,积极的卫生医疗保健费用的投资,能够提高人群的健康水平,减少患病率,由此而减少劳动工作日下降所带来的经济损失和数额较大的治疗费用。同时,更长的预期寿命刺激个体的储蓄,这就为经济投资储备了更多的货币资本,为收入和经济增长提供了可能的前提。其四,健康投资不仅能提高人力资本的质量,而且能够增加未

---

① UNICEF,1999,Women in Transition,Monitoring Report,No.6.

② http://www.hroot.com/viewhtml/html/1697.htm.

来有效劳动力的数量,即身心健康的个体有利于下一代孩子的出生与培养,既有利于传授直接或间接的生产经验,又有利于孩子的生理与心理的健康成长,从某种意义上说,也有利于人口计划生育的实施。著名科学家居里夫人说过:"科学的基础是健康的身体"。身体的健康是稳定家庭、保证事业顺利进行、获取物质财富等方面的基础和重要保证,可以说,没有健康就没有一切。

医疗卫生保健投资的来源主要包括两方面:一是来自于政府、家庭和个体的投资。如良好的健康状况能够改善个人获得收入的能力与抵抗疾病的能力,那么个人必然有投资于卫生服务的动机,同时家庭也一样。而政府对医疗卫生保健服务的支持和干预预防服务,主要在于预防服务(包括预防科学研究、健康教育、营养干预、免疫计划等),其作用在于降低公共健康风险。所以政府的主要使命就在于为促进公众健康、减少风险、预防疾病、预防伤害和创造卫生的环境提供支持。为全社会的公共健康提供价值观指导与投资支持。二是来自于企业的投资。企业通过相应的健康投资,获得身心健康的员工,就可以在短时期之内获得最大的员工健康资本,有利于产品的开发、生产与研究,从而达到经济社会效益最大化目的。

4. 迁移流动投资

它是指通过花费一定的成本支出来实现人口与劳动力在地域间或产业间的迁移与流动,变更就业机会,以便更好地满足人们自身的偏好,创造更高的收入,获得更好的回报。劳动力的流动与迁移可以纠正地区间就业不平衡,减少由技术变化而引起的人力资源短缺问题,减轻与经济结构变化相联系的失业问题,有利于劳动力市场根据其他市场形势的变化做出快速的反应与调整。同时,劳动力迁移与流动有利于迁移与流动主体的收益,如拓宽人们的眼界与知识面,提高人的技能与应变能力,使劳动力资源在迁移与流动过程中得到更合理的配置与更有效的利用,因而可以提高劳动生产率,既能增加个人收益又能提高社会效益。因为迁移与流动是为了寻找更高收入、更恰当的职业、更优良的工作环境或生活环境,这样的迁移流动是需要付出成本的,因此是一种资本投资行为。支付的成本既包括交通费用、因辞职所产生的费用、通信及信息收集处理费用等各项支出,称之为直接成本,也包括为迁移流动而放弃现有工作的收入、所丢掉其他可能发展机会、离开熟悉环境与人群的心理成本,称之为间接成本①。

劳动力迁移流动的主要原因:首先由于地区间经济发展不平衡,这是人口流动的主要原因。劳动力的流动往往是从经济欠发达地区向经济发达地区流动,即劳动力总是向经济增长最快、投资扩大最迅速的地区流动。其次是产业结构的调整,工农业收入差距扩大的影响。农民总是想方设法投身工人行列,从而既能提高自身技能,也能获得更高经济收益。最后是社会体制的转换。我国进入市场经济后,实行双向选择与竞争就业的机制,从根本上决定了人口的流动,如国企职工的下岗、科研院所的转制等,都使得大量人口出现流动与迁移。另外国家的政策,如西部大开发、科技成果的应用转化与规模化生产等,导致快速的就业增长,对劳动力流动与迁移也具有推动作用。

劳动力流动收益主要指作为劳动力人口的人在流动与迁移后所获得的各种利益的总和。可分为以下几个方面:货币性收益——在新职业岗位所获得的货币收入;技能性收入——在新职业中获得工作技能以及有关的各种知识与经验;机会性收入——

---

① 这里的直接成本和间接成本也可以称之为用货币计量的经济成本和不能用货币计量的非经济成本。

个人在新职业与新单位获得发展的机会;文化性收入——在新工作氛围中获得文化和其他社会生活的知识;其他收入——个人在流向硬件、"软件"较好环境①中的学习与就医机会的获得,在新的环境里获得的潜移默化的影响等。不过,无论怎样迁移与流动,相对于一个国家或地区来说,劳动力流动必须有个合理的度,过度流动和流动不足,都不会产生好的效果。

第二节　女性人力资本投资特点

女性人力资本投资的特征是指人力资本与非人力资本尤其是与物质资本相比较而言所具有的特殊规定性,并具有与男性人力资本投资不同之处。作为一种特殊的人力资本投资形式,女性人力资本投资具有其自身特征。

一、主体客体统一性

女性人力资本的投资主体,与一般人力资本投资一样,一般包括政府、企业、家庭、社会及民间团体与个人。投资客体是指女性作为人力资源构成的部分之一,同样也是投资的客体对象。女性人力资本投资的主客体统一性,包含以下几个方面的内涵:

其一,在进行人力资本投资决策时,虽然个人的投资既受社会、家庭的约束,但最重要的决策还是个体本身。所以,在现实微观经济行为中,女性既可能是人力资本投资的主体,也可能是这一行为的客体。

---

① 这里的较好环境一般是指条件较好的发达城市,当然也可指针对不同需求的人所需要的环境,如山清水秀的农村或许也是一部分人钟情的领地。

其二,作为社会性人力资本投资的主体,在公共财政投资、企业投资、家庭投资行为中,同时也包括女性作为财富创造主体和投资主体在内。所以,在宏观经济领域,女性也是投资的主体。

其三,实施人力资本投资时,无论是作为微观的主客体,还是宏观的主客体,在进行个人投资决策时会受到包括经济、社会大环境、家庭文化背景与所受教育程度,以及个人的领悟能力、偏好、个人处事的方式和性格特征等方面因素的影响,而这些因素对女性的影响尤为重要。此外,事实存在的人力资本投资的性别倾斜性,使投资主客体出现分离的现象。所以,性别视角下的女性人力资本投资的主客体统一性,是对女性人力资本投资实现真正统一和平等的期望。

在现实中,女性人力资本投资的主客体不统一性,可以从女性的视角做如下分析。

首先体现为女性人力资本的投资资金受到一定的约束。① 因为是女性,受传统观念影响,即使女性自身拥有一定的资金,如果这些资金可以用来对人进行投资,而且她们是未婚女性,家长首先考虑的是家里的男孩子是不是急需这样的投资,如果他们需要,即使这些投资可以投资自身身上,女性也会舍弃对自己的投资而选择"顾大家",这就是在农村地区可以见到有些女孩过早放弃学业外出务工,目的是为了资助自己的哥哥或弟弟上学。或是由于父母有病在身家庭需要经济援助,往往选择家里的女孩首先放弃学业或是培训机会,而必须向家里提供援助(当然不是说男孩不需要进行这样的援助,而是指在同样选择条件下,家庭首先选择女孩

---

① 这里的约束先不分析社会、政府与家庭等分配的影响,主要涉及自身投资的决策影响。

给家庭做出如此贡献,这或许与女孩今后的外嫁有一定关系)。如果是已婚女性,很少有女性把这种投资首先选择投资自己,而考虑的是丈夫与孩子是否急需进行投资,如果孩子需要学习或别的"有用"的投资,女性一般将这样的投资用于孩子与丈夫。

另外需要考虑的是,因为缺少经济支配上的主观能动性,导致女性自身发展受到一定影响,不仅是对消费观念的转变,可能还会演化为女性个体自私的个性特征和对未来的判断和思考。如:有的女性或许会认为,赚再多的钱也是为了"大家",家里人指望着她的努力,即使她怎么努力,也很难满足家庭的经济欲望,所以可能导致有的女性认为无须学到更好的技术来提高自己,不需要想方设法去努力提高工作业绩,因为无论怎样的提高,也很难提高自己的经济支配能力与未来的发展。甚至由于这种潜在判断,导致婚后有的女性由于缺乏自主经济支配权而得过且过,可能不愿意关心孩子,甚至有的女性讨厌自己生下的女孩,因为她觉得自己就已经很不公了。这样的女性人力资本投资,本质上属于一种经济行为和纯粹的经济过程,但在其演变过程中却带上了许多非经济色彩,甚至有可能演变为一种复杂的社会行为和社会过程,可能产生较为严重的社会后果。

随着经济的发展、社会的进步和人们观念的转变,女性自身作为人力资本投资主体也是客体,应积极地实现两者统一。无论是未婚女性还是已婚女性,对自身的投资不一定就是经济收益的提高,它将对女性个体行为的转变,良好个性的形成,对未来事务的看法,对预期收益的提高,对未来福利的提升,都将有着深远影响。尤其在贫困地区,女性由于受传统观念、民族宗教仪式等影响,没有多大发言权,如果一旦离开了原有的生活境地,许多女孩就出现较大转变。由于受外界进步影响更多,大多女孩还是努力提高工作技能及竞争能力,也有少数女性由于原有家庭"重男轻女"观念严重,而出现自私行为。对于已经走向社会的女性,自身有足够的经济能力生活并能很好地进行自我投资,不仅有利于女性本身,对整个社会发展和进步都有着重要的现实意义。

二、继承性与持久性

承认女性人力资本的继承性与持久性,并不是建立在排斥男性人力资本同样性质的基础上的。但是,由于女性特有的性别角色,其显示出与男性相比不一样的特质。女性人力资本投资的继承性是从女性在人口生产和后代教育中的不可替代性地位出发提出的;而持久性则既从后代人力资源再生性角度,也从女性工作年限比男性短,但是寿命延长的现实出发来考虑的。

人力资本显然不像物质资本那样一经形成就表现为一定的实物形态,并在一段时间内保持相对稳定。人力资本的形成是一个不断发展与积累的过程,特别是在知识信息的经济时代,知识和技术更新日新月异,人们只有不断学习并取得进步,才能保证其所拥有的人力资本不但不贬值,而且还可以保证不断地升值。对女性人力资本投资尤其如此,因为女性在社会角色特别是家庭角色的不一样,需更多地承担对家庭的照顾与子女的教育。正如舒尔茨说:"教育的目标除了发展文化以外,还可能会提高一个民族的工作能力以及管理各种事务的能力,而人的能力得以提高,又会增加国民收入。因此,教育所能带来的,应当说是文化上和经济上的双重效益。"①同样看来,女性尤其是母亲,在教育孩子过程中,不仅有着言传身

---

① 舒尔茨:《论人力资本投资》,吴珠华等译,北京经济学院出版社1990年版,第70页。

教所带来的作用,更重要的是母亲人力资本的积累对下一代人口投资的影响,女性人力资本的提高对提升自身的素质与对下一代的教育投入、直接或间接教育与培养孩子所带来的效应,直接影响到孩子的成长与未来,也就影响到一个国家与民族的工作能力与全社会人口素质的提高。

另外,虽然在许多国家女性退休年龄早于男性,但是女性人力资本仍然具有更强的持续性。首先,女性人口寿命一般比男性长。这是女性人力资本具有更强持续性的先决条件和重要内容。例如,1993 年,在可统计的 132 个国家和地区中,加权平均计算出生时预期寿命,女性 68 岁,男性 64 岁,相差 4 岁。我国男性平均预期寿命为 69. 63 岁,女性为 73. 33 岁,[①]相差 3. 7 岁。这意味着提高女性健康水平以及增加其投资,有利于女性人力资本更持续地发挥作用。其次,女性在维持家庭生存和生活方面具有更强的持续性。例如,据日本厚生省人口问题研究所调查,1982 年,无论哪个年龄层的女性中都是希望生男孩的多。但是到 1992 年正相反,无论哪个年龄层的女性中都是希望生女孩的多。其主要理由是晚年"以便得其照顾"。因为女性在老年阶段是照顾其配偶的主要力量。[②] 由此可看出,女性人力资本投资,具有比男性更强的继承性,也具有更长的持续性。

三、制约性

由于人力资本投资的性别差异存在,大多数家庭、企业、团体

---

　　① 国家统计局:《中国统计年鉴(2003)》,中国统计出版社 2003 年版,第118、166、156、166、169 页。

　　② 王洪春、王金营:《女性人力资本的经济社会效益分析》,《河北大学学报》1996 年第 4 期。

包括政府在进行人力资本投资时倾向于男性。在家庭中,由于女方到男方家落户的传统婚嫁模式和我国养儿防老的家庭养老方式,家庭在进行人力资本投资时,自然倾向于对男孩投资而减少对女孩的投资。尽管现有的义务教育直接降低了学校教育的直接投资成本,但在间接成本损失中,在同等条件下一个男孩与一个女孩因为某些原因而非选择放弃学业不可,毫无疑问是选择女孩。家庭对女孩的教育投资是女性人力资本积累的起点,家庭、社会等对女孩的投资意愿,直接关系到女孩将来接受教育的数量和质量,也将进一步影响未来的投资与一生的发展。这种在有限投资资源的性别选择下,不仅反映在家庭与学校教育,在其他投资方面也有同样的体现。而女性人力资本在投资过程中的这种制约性是不利于家庭以及社会发展的。

另外,女性人力资本对男性人力资本起着一定的制约作用。据一项国际调查,有些国家在1965年就几乎实现了男孩的小学教育普及,但女孩的入学率却相差甚远。这些国家1985年的婴儿死亡率与人口出生率为那些教育水平性别差异较少国家的两倍。该调查报告结论是:"妇女的教育水平如果无法提高到接近男子的教育水平的程度,由于提高男子教育水平而取得社会效益就会被抵消掉。"[1]

同时,对女性人力资本进行投资有利于控制人口数量、提高人口质量与计划生育的展开,从而实现人口与社会的可持续发展。女性教育在降低生育率方面所起的作用和影响比男性教育的效果大两倍。在我国,女性平均受教育年限每增加一年,其终身生育次

---

[1]　世界银行:《1991年世界发展报告》,中国财政经济出版社1991年版,第55页。

数可减少 0.179 次；如果妇女平均受教育年限增加 5.57 年，她的终身生育次数就能减少一次。[1] 据"五普"资料表明，全国所有县级单位的总和生育率和受教育年限之间有明显的负相关关系。也就是说，女性平均受教育程度越高的地区，妇女的总和生育率越低。[2] 我国每年各级财政投入计划生育事业费的数额和增长速度都非常大（见表 2—6），如果把这里的一部分资金用于对女性人力资本投资，不但能提高女性人力资本存量，促进经济发展，还能有效降低生育率，促进可持续发展。[3]

表 2—6　1999—2002 年我国计划生育事业费情况表

年份	计划生育事业费（亿元）	比上一年增加金额（亿元）	比上一年增长（%）
1999	54.79	7.46	13.62
2000	64.48	9.68	17.67
2001	81.98	17.50	27.00
2002	114.75	31.73	38.23

数据来源：转引自邵明波：《中国女性人力资本特点及现状分析》，《市场与人口分析》2005 年第 4 期。

由此可见，对女性人力资本投资的制约，无论是家庭、社会、企业还是政府，优先资源的投资限制倾向于男性，不仅制约女性发展，也不利于人口数量控制和人口质量提高，更不利于教育与人口、经济和社会的可持续发展。

---

① 肖扬：《论妇女人力资本积累和可持续发展》，《妇女研究论丛》2003 年第 4 期。
② 蔡昉：《中国人口与劳动问题报告》，社会科学文献出版社 2004 年版。
③ 邵明波：《中国女性人力资本特点及现状分析》，《市场与人口分析》2005 年第 4 期。

四、具有较高的个人收益与较强的社会效益

人力资本是一种边际收益递增的资本,从根本上说,这是由人力资本的创新性以及使用价值的特殊性所决定的。从投资主体角度分析,教育收益率可以分为个人收益率和社会收益率,这里主要讨论个人收益率。现在国际上通用的个人投资于教育的收益率有两种。一种是明瑟收益率;[①]一种是内部收益率。[②] 但不管明瑟收益率还是内部收益率,相对于男性,女性都占优势。有关教育投资男女收益率的差别研究我国学者已做出了很多贡献,并有相关实证研究结果也证明女性收益率比男性高。[③] 下面是邵明波(2005)对国内学者从不同角度对此问题做出的相关研究进行的统计。

李实和李文彬(1994)以1988年各省统计局进行的中国家庭收入的调查为资料,研究了19599个样本,分析了城镇男女的收益率。该文利用收入函数得出男女职工教育的收益率分别为2.5%和3.7%,女性收益率高于男性。[④]

诸建芳等人(1995)利用鲁、晋、豫、冀、吉、苏、皖、闽、湘、鄂、琼、川12个地区9432个1992年的样本数据,分别计算了男女基

---

①　明瑟收益率(Mencerian Rate of Return)是指教育边际收益率,反映了受教育者由于多受一年教育而增加的收入。

②　内部收益率(Internal Rate of Return)是指受教育者因受教育而支付的成本的贴现值与获得的收益的贴现值相等时的贴现率,其含义是指私人教育投资回报的度量。

③　邵明波:《中国女性人力资本特点及现状分析》,《市场与人口分析》2005年第4期。

④　[美]基斯·格里芬等:《中国居民收入分配研究》,中国社会科学出版社1994年版,第453页。

础教育和专业教育（职业教育）的明瑟收益率,后者是女性
(3.1%)高于男性(2.9%),但是前者却是男性(2.1%)高于女性
(1.6%)。[1]

　　陈晓宇和陈良琨(1999)以国家统计局城市社会经济调查总
队七省市的例行年度《中国城市住户调查》的全部调查户,共计
4797户的1996年度报表和《中国教育收益率和城镇居民调查表》
(一)、(二)、(三)数据为基础,计算出1996年中国城镇居民的明
瑟收益率和内部收益率,并考察了明瑟收益率在性别方面的差
别。[2] 实证分析结果见表2—7。

表2—7　　1996年中国城镇居民的明瑟收益率性别差异　　（%）

性别	初中	高中	中专	大专	本科	不分级
男	3.8	3.6	2.77	4.27	6.97	4.36
女	2.2	6.03	8.5	7.03	8.67	5.82

　　资料来源:闵维方等:《高等教育运行机制研究》,人民教育出版社2002
年版,第473、480页。

　　陈良琨和鞠高升(2003)根据中国国家统计局年度进行的城
镇住户调查数据得出1996—2000年男女教育明瑟收益率,回归并
检验得出,收益率逐年上升,女性收益率始终显著地高于男性(表
2—8)。[3]

---

　　① 诸建芳等:《中国人力资本投资的个人收益率研究》,《经济研究》1995年
第12期。

　　② 闵维方等:《高等教育运行机制研究》,人民教育出版社2002年版,第
473、480页。

　　③ 陈良琨、鞠高升:《教育明瑟收益率性别差异的实证分析》,《北京大学教
育评论》2004年第7期。

表 2—8　1996—2000 年男女教育明瑟收益率及其差异　　（%）

年份 收益率	1996	1997	1998	1999	2000
女	6.53	9.117	9.816	8.194	10.273
男	4.717	4.978	6.094	4.944	6.749
性别差异	1.813	4.139	3.722	3.25	3.524
差异 P 值	0.0002	<0.0001	<0.0001	<0.0001	<0.0001

资料来源:陈良琨、鞠高升:《教育明瑟收益率性别差异的实证分析》,《北京大学教育评论》2004 年第 7 期。

　　另外,北京大学计算了 1998 年的个人内部收益率为 6.44%,并与 1996 年数据进行比较研究后发现:大学本科的个人内部收益率男性低于女性。[①]

　　另外,李实和李文彬指出女性较高的收益率并不意味着受过高等教育的女性职员获得比男性同样高的收入。陈晓宇和陈良琨也指出女性教育收益率高于男性并不是因为女性收入绝对值高于男性,而是由于低教育水平的女性收入绝对值低于男性,降低了女性受教育的机会成本。

五、女性人力资本存量普遍低于男性人力资本存量

　　由于历史、传统文化、习俗和社会性别歧视等行为的存在,女性在受教育机会、教育水平以及教育领域等方面平均水平都少于男性。大多数家庭在财力稀缺与投资受约束的情况下,在教育投资方面,首先是选择儿子而不是让女儿上学。即使教育的直接投

---

　　①　闵维方等:《为教育提高充足的资源》,人民教育出版社 2003 年版,第 192~209 页。

资是在政府支付的情况下,偏远地区的农村女孩也有可能受限制。世界上妇女受教育程度平均低于男性 4 个多学年,全世界文盲中2/3 左右是女性,非洲妇女文盲率高达 65% 以上;①在医疗卫生投资方面,女性获得的投资比男性低,妇女的健康存量也就低于男性,再加上妇女就业具有非连续性等特点,雇主更多地愿意对男性劳动力人口进行在职技能培训和职业培训,从而进一步扩大人力资本形成的性别差异;此外,工作经验和职业变换是人力资本增加的主要途径之一,在女性整个工作生涯中,一般会因结婚、生育等中断工作,这意味着女性一生获得与职业有关的经验少于男性,加上女性就业范围狭窄,其职业大多集中在技能含量较低或先前从事的职业,就业机会相对较少,人力资本增加途径受到限制。由此看来,无论是知识、技术存量还是健康存量,女性一般较男性低。

　　人力资本的投资除了追求经济利益外,还要追求包括诸如社会地位、名誉、精神享受、家庭温馨及个人自我价值目标的实现等多重目标。在追求这些目标过程中,人力资本发挥效能的结果不仅会带来生产力水平的提高和社会经济的发展,还会产生如改变行为习惯、生活方式、处世态度,提高社会文明程度,保护环境等社会效应。由于女性人力资本投资具有的"晕轮效应",对妇女和女童教育投资的增加,相对于将投资增加给男性能获得更多社会效应。另外在考察女性社会贡献时,还应考虑在我国没把家务劳动纳入市场参与分配的情形下,女性这种非市场工作时间所做出的贡献不可忽视。据调查,83.8% 女性劳动力认为本人是家务劳动的主要承担者,认为是配偶的仅占 2.5%;男性劳动力中,有

---

① 王美红:《女性人力资本初探》,《中国人才》2004 年第 12 期。

81.5%的人承认配偶是家庭中家务劳动的主要承担者。① 由此看来,考察女性人力资本的特点及投资收益,还应考虑女性不同于男性的社会效应和在家务劳动中的贡献率。

---

① 王桂新等:《农村女性劳动力与农村发展——对浙江省柯桥、柳市两镇农村地区调查、考察之一》,《市场与人口分析》2002 年第 7 期。

第三章　女性人力资本投资的
路径与内容

　　现实生活中,男女两性在获取人力资本投资、相关政策实施过程中确实存在一定差别。这是因为人力资本投资的主体在进行人力资本投资决策时或多或少地要受到传统性别观念、主流文化、个人自主决策行为与政策隐含等相关因素影响,才使得现实中男女在获取人力资本投资时存在着明显差异。

第一节　女性人力资本投资的路径

一、女性人力资本投资主体
(一)人力资本投资主体及特点
　　投资主体是投资活动的发起人、资产占有者和受益人。人力资本投资也是由投资者发起的,目的是通过投资,获取更多更高的人力资本,而投资主体结构是投资体制的基础,投资体制为投资主体的投资活动制定基本样式和"游戏规则",把投资活动限定在国家法律和政策许可的体制框架之内。然而,投资主体是能动的行为单位,其行为除了受体制因素约束外,还要受自身利益的驱动和市场法则的制约。那么,投资者在人力资本投资过程中的作用和功能是:发起一项人力资本投资活动,确定投资对象,并供给投资资金或提供各种费用支出,形成或获得人力资本,把人力资本派送

到工作单位或劳动岗位使用,获得或间接获得人力资本投资收益。① 按照余文华教授(2002)的观点,投资主体具有以下特点:

1. 人力资本投资是二元投资主体。在人力资本投资中,投资者事实上是由发起出资的出资人和作为投资对象的投力者组成的。② 投资者和投力者可能合一,也可能分离。③ 2. 人力资本投资者的投资能力要受到投力者的制约。3. 人力资本投资决策权的规定较为简单。4. 人力资本投资主体可能不是投资的受益人。5. 人力资本投资者与人力资本具有复杂的产权关系。

(二)女性人力资本投资主体

在女性人力资本投资中,存在政府、企业、家庭、个人和社团等不同投资者,不同投资者有不同投资目的和投资领域或侧重点,投资行为方式也存在较大差异。

1. 政府

政府是人力资本投资中最重要的主体,在社会主义市场经济中,政府从事人力资本投资具有非盈利性。政府向人力资本投资的基本目的是:培育简单劳动力,向企业和社会提供普遍适用的一般性人力资源,并为社会各单位根据自身需要培养复杂劳动力奠定基础;提高人民综合素质,促进社会进步;弥补市场机制在人力

---

① 余文华:《人力资本投资研究》,四川大学出版社 2002 年版,第 117 页。

② 作为投资对象的投力者之所以是人力资本的投资者人之一,是因为出资人要把享有公民权的人当做投资对象,成为人力资本的承担者,首先必须取得后者的同意;其次,作为投资对象的人在人力资本形成过程中要投入必要的体力和脑力,对于成年劳动者来说还要付出一定的经济代价,做出必要的牺牲,甚至承担投资风险;最后,人力资本是在投资对象的身上生产出来并凝结其体内,投资对象对凝结在其体内的复杂劳动拥有所有权和收益权。

③ 自学、自费出国留学和很多家庭教育投资中,两者是合一的;国家教育投资、企业职工培训投资、通过市场中介招聘人才等投资形式中,两者是分离的。

资本投资领域中的缺陷和不足。政府投资的目的和职能决定了政府投资的领域主要是基础教育、特种教育、非盈利性文化、体育和卫生事业、欠发达地区的人才培养和输送、政府公务员以及其他企业不愿承担的非盈利性人力资本领域,如文化设施、卫生保健设施和体育领域等。在人力资本投资领域,政府除了投资以外,还对社会总投资进行宏观管理和政策指导,创造和改善人力资本投资环境。政府投资的资金来源主要是国家税收。政府在制定人力资本投资政策与实施投资过程中,应根据当前情况,有针对性地对女性进行政策倾斜。

2. 企业

企业是与政府主体具有互补关系的人力资本投资主体,它是一种生产性或盈利性投资,其基本职能就是造就本企业所需的人力资本,为企业人力资本自我积累创造一个良好环境,最终目的是为了提高企业经济效益。企业人力资本投资的资金基本来源是企业纯收入和工资基金。一般有这样三种做法:(1)企业新建和扩大规模时,根据其资本的技术构成从劳动力市场上招收新员工,这是初始投资的典型形式,投资资金来源是积累基金;(2)企业从利润或销售收入中提取部分资金,有选择地对现有员工进行后续投资,如技能培训;(3)包括奖金、奖励、津贴等在内的工资支出。企业作为市场经济运行中重要的人力资本投资主体,以盈利为目的,政府应制定相应的政策积极引导企业更多地给予女性培训与提升机会,提高女性的市场竞争能力与增加企业利润。

3. 家庭

家庭是人力资源最初来源并最早参与人力资本投资。家庭几乎参与了简单劳动力形成的全过程,家庭生育是最原始的劳动力生产活动。生育不仅提供了人力资本投资和复杂劳动力生产的对象,而且也是一切劳动力再生产的起点。在早期或学前教育阶段,家庭是最重要的投资者和生产者。一个人就是在家庭经济支持和抚育下完成学前阶段的成长过程,然后进入社会接受国家的基础教育投资。在基础教育阶段,国家成为重要的投资者,但家庭仍然发挥人力资本投资和生产人力资本的作用,直到一个人简单劳动力形成、进入社会独立生活和发展,家庭才基本退出人力资本投资领域。家庭在一个人复杂劳动力形成和积累过程中的作用是极其巨大的,以至于很多人成才之后,仍然记得家庭对自己思想、价值观、人生定位、人格品行以及智慧的持久影响。然而,随着社会进步,人力资本的早期生成方式也会发生变化。人的生育在很多国家已被纳入政府的优生和人口计划,幼儿园已成为学前教育的基本单位,基础教育也必须按国家和社会的要求与规定模式来完成。

家庭在人力资本投资中的投入,资金来源主要是工资和家庭可支配收入。不过从经济学角度说,家庭人力资本投资的目的主要是为了培养未来可获得高收入的复杂劳动力,而不是人力资本。这种复杂劳动力只有通过劳动力市场才能转化为人力资本,在这个意义上,从整个社会和企业角度看,家庭投资培育的复杂劳动力仍可视为一种人力资本。

4. 个人

个人在人力资本投资过程中具有多重身份,是任何人力资本投资过程中都不可缺少的基本主体,也是人力资本投资的唯一对象,同时也是人力资本的投资者和复杂劳动力的生产者。但女性作为投资主体时,因考虑众多因素的影响,很多情况下不得不放弃个人投资或是"愿意"把有限资源的投资奉献给家庭其他的成员。这样,女性作为个人投资主体,所获得的人力资本投资相对少于男性。

除了上述投资者以外,还有学校、科研单位等知识密集型单位作为经常性的人力资本投资者。①

二、女性人力资本投资的市场化路径

在我国全面建设小康社会过程中,除了加大公共建设和基础性建设的投入外,更重要的是加大对我国人力资本投入,积极培养综合素质高的人力资本者。不过,人力资本投资是一个长期工程,需要采取多样化投资策略积极开发我国人力资源,增强我国人力资本的积累能力,尤其是提高女性人力资本存量。在市场经济条件下与当前我国财力有限的前提下,对女性人力资本投资可以实施市场化路径。

(一)"工业反哺农业"与农村女性人力资本投资资金供给

"工业反哺农业"的政策含义实质上就是国家要改变农业和农村经济在资源配置与国民收入分配中的不利地位,加大公共财政向"三农"的支持力度,让公共服务更多地深入农村、惠及农民。这一发展思路的变化,有助于解决农村人力资本投资的资金供给机制②。鉴于目前我国农村女性的特点与我国财力有限,教育与培训投资不可能在短期内增加足够多,为此,如建立"政府主导、多方筹集"的人力资本投入机制,从满足市场需求和尊重民众的意愿出发,建立"订单培训、企业参与"的培训机制,走先培训后输出、以培训促输出的路子,对于农村缺乏投资资金的女性来说无疑是不错的选择。

---

① 参见余文华:《人力资本投资研究》,四川大学出版社 2002 年版,第 118 ~ 131 页。

② 殷红霞:《农村人力资本投资环境分析及路径选择——基于新农村建设视角》,《商业研究》2007 年第 5 期。

(二)"培训券"方式

积极创新与选择适合女性劳动力的培训方式是贫困女性提高人力资本存量的首选。"培训券"方式是目前女性劳动力培训方式的一个创新。这种做法的优势在于不需要用政府有限的资金去建培训机构、招聘教师、添购设备等资本投资,而是直接补贴给受训者,让受训者自己去选择培训者。这样有利于培训机构间展开有效竞争,合理利用资源,让市场对培训机构进行优胜劣汰。随着未来劳动密集型产业升级和高科技产业的发展,各企业需要多种具有专业技能的蓝领工人和高级技工。因此,选择与科研院所、用人单位积极合作,积极有效地整合各类教育资源,以定向培养、委托培养等方式拓宽贫困地区女性需求的培训者投资渠道,逐步健全适合市场发展的职业技术教育体系,这样既可以减轻财政负担,也可以很快培训更多的技能需求的受训者,从而提升女性尤其是贫困女性人力资本存量水平。

(三)建立政府特许经营制度

经过多年市场经济的优胜劣汰,政府放宽市场准入,允许非公有制经济资本进入法律法规未禁入的基础设施与公用事业建设。这样,如果政府加快建立特许经营制度,让更多社会资本、外资与非公有制经济等,在资本市场注入非公有制经济元素,可以促进在教育、培训、医疗与迁移流动等方面投资资金的注入,从而更好地实现女性人力资本投资的市场化模式转换。

第二节 女性人力资本投资的内容

一、女性教育投资

教育的基本功能是培养对社会有用的劳动者,通过教育费用的投入,使人的劳动能力形成并得到提高,创造出较多的社会财富从而取得经济效益。教育具有的这种"生产"的性质,对女性人口同样重要,从某种意义上可能更重要。人们在接受各级中、小学及大学教育的支出通称为普通教育投资。其中小学与初中阶段的教育投资在我国实行9年义务教育体制下,孩子一般不需要考虑机会成本,在此阶段,家庭对子女的教育投资主要是直接成本。但在偏远贫困地区,首先,即使家庭支付很少的教育直接成本,但由于近来学校数量减少,使得女童上学的距离远了,许多家长或者不愿意让女孩子去离家很远的地方上学,或者选择自己亲自接送(这无疑加大了此阶段的投入);其次,学校缺乏女性教师也使父母不放心让女孩子到很远的学校去读书,在教育投资没增加的情况下,这样就减少了女童的入学率;再次,大多男性外出务工,家务劳动女性化的出现,贫困家庭由于家里缺少劳动力,而不得不让女孩提前退学做农活;最后,一些旧社会习俗的存在与传统的农业生产手段,使得一些边远贫困地区的女孩子入学的负向社会支持增加,在资源相对有限的情况下,教育资源的投入往往倾向于男孩子。

联合国1990—2002年间对96个发展中国家的相关数据统计研究发现,增加小学教育投资所产生的经济上的影响,女性远远超过男性[1]。在《教育模式与经济增长》的研究报告里,根据对欠发达国家的国际比较也得出了这样的结论:在贫困国家里,初等教育的发展对经济增长来说是至关重要的,在此,小学后教育(即中高等教育)的发展并不刺激这些国家的经济增长;只有在中等收入

---

[1]　赵锋:《论女性人力资本优先开发对西部大开发的战略支持》,《人口与经济》2004年第4期。

（单位：%）

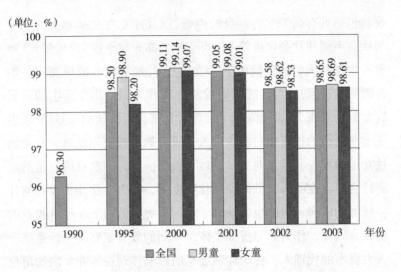

图3—1 全国男童女童小学净入学率比较

资料来源:《中国儿童发展状况国家报告》(2003—2004),国务院妇女儿童工作委员会,2005年。

国家里,小学后教育的发展才与经济增长成正相关关系。[①] 我国作为全世界人口最多的发展中国家,在工业化转型时期,教育任重道远。从图3—1可看出,全国男童和女童小学净入学率,两者相差不是很大,女童比男童相对要低,这意味着在小学阶段里,男女生接受教育的差别不是特别大。

当初中毕业孩子进入法定劳动年龄后,读书不再是法律规定的教育,人们开始有许多种选择。既可以选择继续读书进行更高层次的人力资本投资,也可以选择就业。当人们在就业与选择继续读书时,将受到经济收益和非经济收益的影响。这里的非经济

---

① 摘自世界银行:《中国:长期发展的问题和方案》(主报告),中国财政经济出版社1985年版。

收益包括具有高等学历本身的声誉,以及建立在此基础上的职业的社会声望和社会评价等①。当全社会都非常重视"尊重知识、尊重人才"时,人们的预期期望就随之上升,经济收益的提高则是不言而喻的。但是,与传统的婚嫁制度和养老制度相伴而生的重男轻女的性别观念,直接降低了父母对女孩投资的预期收益,导致事实上对女孩的投资相对较少。或是家庭教育投资不足时,有意牺牲女孩教育权利维系对男孩的教育投资。另外,在自给自足的经济社会里,在收入较低的商品化程度下,很多女性几乎没有与外界接触的机会,由此也就缺少了上面所提到的有关非经济收益的精神。因此,作为家庭投资主体,早期的教育家庭或父母是孩子人力资本的代理人,传统性别观念的影响体现在男外女内的角色定位上,这种定位自然就削弱了父母对女孩进行人力资本投资的直接动力。

男性则完全不同,首先,传统文化早已赋予男人要有责任、照顾家庭、领导好家庭,同时也要搞好生产,所以他们必须具有一定的知识与技能,或多或少地与外界接触从而形成竞争意识,况且他们所需求的技能是很难靠自己的长辈言传身教就可以运用自如或跟上时代的步伐,因此他们需要接受正规的教育和参与相应的培训。其次,由于经济结构的调整,在劳动力资源过剩的中国,在城市化和社会转型过程中的主要副产品就是女性人口的贫困化,由于历史与传统的因素,女孩受教育程度本来就比男性低,在开放的市场经济中,同在一起跑线上参与竞争,从技能与知识水平来说自然竞争不过男性。最后,在自主择业的今天,即使家庭进行了大量的教育投资选择让女孩上了大学,她们也不一定能即刻获得很大

---

① 王颖聪:《人力资本的投资决策分析》,《煤炭企业管理》2002 年第 12 期。

的经济收益回报,这样,更多的女性在初中毕业后就选择就业,接受社会的考验与学习相应的技能,因为在女性自身与家长们看来,这样的选择更具体更实际。

表3—1 2003年我国农村女性与城市女性受教育程度比较

（单位:%）

6岁及以上人口	不识字或识字很少	小学	初中	高中	大专以上
城市女性	7.77	21.76	36.38	25.55	8.54
农村女性	17.71	42.92	34.42	4.38	0.58

资料来源:《中国人口统计年鉴2004》,中国统计出版社2004年版,经计算获得。

另外,表3—1可看出,2003年我国农村女性与城市女性接受教育程度的比较明显可看出两者接受教育投资的差距。中、高等教育投资的成本与初等教育的投资成本是不一样的,既要包括直接成本,也要包括间接成本和心理成本等,这时,教育的成本就可以表述为:$Cc = Ca + Cb + Cd$（其中 Cc:教育投资的总成本；Ca:直接成本；Cb:间接成本；Cd:心理成本）,公式里所显示的对于男孩与女孩来说,他们所需求的成本是不一样的。由于女性生理上的一些缘由、经济结构的调整与女性生育成本的现行分担制度等因素,即使占有34%的女大学生人群中,绝大多数女生在师范大学、幼儿教育、护士和保健等专业,而在计算机、工程、法律、建筑等市场行情看好、有社会地位、能赚大钱的领域里,依然是以男生为主导地位。[1] 这体现出在男女两性上投入同样的教育资本,所得到的

---

① 杜芳琴、王向贤:《妇女与社会性别研究在中国》,天津人民出版社2003年版,第377页。

社会与经济回报是不一样的。从成本与收益上理解,这或多或少影响到对女性的投资。实际上从长远考虑,接受教育时间的长短与未来获得经济收益还是成正相关关系的。从我国近几年的高考升学率来看,女生升学率高于男生,女生的学习能力根本不比男生差,也表明对女生实施教育投资的回报率比男生还要高。见表3—2:

表3—2　1999—2002年高等学校入学情况表

年份	高中毕业生数(万人)	高中女毕业生数(万人)	高校招生数(万人)	高校招女生数(万人)	女生升学率:%	男生升学率:%
1999	262.91	107.10	154.9	62.5	58.4	59.3
2000	301.51	123.39	220.6	92.9	75.3	71.7
2001	340.46	142.23	268.3	114.5	80.5	77.6
2002	383.76	162.39	320.5	141.9	87.4	80.7

资料来源:《中国教育年鉴》(2000—2003),中国统计出版社。

　　另据研究,劳动者每提高一年的教育水平所带来的工资增长率,女性高于男性,见表3—3。联合国关于《1970—1990世界女性状况》指出:"教育工作在各级工资和生产效率方面的纯收益,女孩和年轻女性一贯比年轻男孩子高20%。"①这意味着女性劳动率提高幅度大于男性,因此,增加对女性人力资本投资对整个家庭与社会经济发展都非常有益。

　　近些年来,随着社会经济发展变化,人力资本投资所带来的预期效应发生了较大变化,这是投资决策者决定投资的一个重要因素。女性同样从中受益,具体体现为,不仅在各个层次的教育中女

①　孙兰:《论女性人力资本投资》,《渝西学院学报(社会科学版)》2003年第1期。

表3—3 部分国家某些年份每增加一年学校教育对男女工资影响幅度

国家	年份	工资增长百分比%	
		男	女
印度尼西亚	1986	8	12S
秘鲁	1986	13	12P
秘鲁	1986	8	8S
马来西亚	1987	16	18
尼加拉瓜（城市）	1985	10	13
泰国	1986、1973	17	13P
泰国	1986、1973	7	25S
美国白人	1967	6	7
美国黑人	1967	5	11

注：P，小学水平；S，中学水平。这些结果是在对诸如工作经验和其他各种个人特质等因素进行了控制的条件下估算出来的。大多数情况下，由仅仅抽查工资收入作为样本而引起的任何统计偏差已得到了纠正。

资料来源：世界银行：《1991年世界发展报告》，中国财政经济出版社1991年版，第57页。

性入学率有了很大的提高，而且在学习领域与从事的行业也发生了一些较为明显的变化，这些变化无疑地显示出是对女性人力资本投资收益增加的结果反映，而她们的人力资本投资收益的增加则源于她们自身劳动力参与率的提高以及预期工作时间的延长。由于女性未来的特殊工作经历，整体而言，女性参与到劳动力市场上的时间比男性要短，所以女性获得的教育投资收益率要低于男性，也就可以推断出女性接受教育的年限少于男性的原因，这或许是近年来出现较多白领阶层独身女性、丁克家庭较多的原因之一。当女性生育与养育孩子再重新回到岗位上时，原来的位子早被人占领了，自己的看家本领也或许"生锈"过时了，如果要跟上时代的步伐，需要支付更多的成本。尽管各国都在倡导性别平等与男女同工同酬，尽管女性的预期寿命比男性长，但很少发现有哪个国家的各个学历层次与各个领域中，性别比例是非常和谐的。

二、女性在职培训投资

经济领域的结构改革给更多的女性创造了就业机会，制造业的减少，服务业、信息产业与高新技术产业的快速发展，不但使全球化经济竞争更加激励，也逐渐打破了以男性空间为主体的就业优势，强壮的男子汉在重工业中已不具备足够优势，因为目前优势主要体现在智力而不是体力上。在这样的变革形势下，女性以其特有的价值、素质、智慧与能力，越来越显示着她们的优势。在职培训一般是接受正规学校教育后在工作中进行的，因此，在考虑对女性进行在职培训的时候，首先需要思考教育对在职培训的影响。

经研究发现，受教育程度越高的女性，一般比受教育程度较低的女性更为强烈地归属于劳动力市场，与教育程度较低的女性相比，她们处于劳动力市场的时间更长，并且有更为连续的工作经历，劳动力的转换率也相对较小（特别是市场与非市场之间的转换），客观上她们就会获得更多的培训机会。尽管近年来随着经济的发展，女性在经济活动中参与率越来越高，随着劳动力配置逐步市场化，劳动力就业与再就业市场竞争越来越强化，就业依靠的是自身实力而不是政策优惠。因此，劳动力资本含量的多少是决定市场竞争中胜负的关键性因素。但由于历史及现实原因，女性人力资本存量明显低于男性，导致女性在劳动力市场竞争中处于劣势地位。据资料统计，目前我国失业人口中女性占 2/3，下岗职工再就业者不足 1/3，失业周期由 4 个月延长至 6 个月。女性职业中,大多是人力资本要求低、收入低、层次低、声望低的职业,困难群体中,大部分是女性。①

就此看来,相对于男性来说,女性获得的在职培训机会远远少于男性。从表3—1中明显看出,城市接受初中以上女性人口比例高出农村女性31.09个百分点,则表明城市女性归属劳动力市场比农村女性强,连续工作的经历也长,那么城市女性接受培训的机会就比农村女性多。

企业作为社会经济活动中的一种利益主体,有特定的投资行为动机、投资的范围与投资的方式。企业将根据在特定的经济条件与竞争环境下,根据其内在需要和自身的行为特征,内在地产生一种投资行为方式。企业在选择进行一般培训和特殊培训时,人员在自由流动的前提下,由一般培训所产生的收益,很难为提供培训的投资者所全部获得,像这样的培训即使是由企业举办,企业一般不会为此而承担全部费用,企业往往会通过降低受培训者的工资,或付给职工低于其他边际劳动生产率的工资等途径,来抵补对这种在职培训的投资,从而使培训一般都是由受培训者个人和企业共同承担所需要的投资,企业并没有为此真正完全承担对这种培训的投资。在目前女性所从事的职业中,加上绝大多数女性的工作具有间歇性这样的事实,她们随时都面临与企业分离的风险,这将出现有较长的或者不确定的工作中断预期的女性去避免那种需要特殊性培训的工作。而对于女性自身而言,想要接受那样的工作也要看企业能否接受她们随时可能中断工作,当需要重返工作岗位的时候企业能如愿地接受并继续原有的专项工作,在现有

————————

① 孙兰:《论女性人力资本投资》,《渝西学院学报(社会科学版)》2003年第1期。

的制度与政策环境下,如果不确定更加合理的工作中断期,女性所从事的需要接受这样特殊培训的工作依然会少于男性,同时这样的间歇让企业为培训这样的职工为难。因为特殊培训一般只对提供这种培训的企业适用,受过这样特殊培训的职工即使允许自由流动,也很难在别的企业找到与这种培训相对应的工作,也就是说,这样的特殊培训的收益一般只能为提供这种特殊培训的企业所得,所以其培训的投资一般主要由举办培训的企业提供,并且企业还会为接受培训者支付较高工资的方法来吸引和鼓励职工参加特殊培训。因此,相对而言,企业对在职培训的投资一般主要集中在特殊培训上,同时又主要体现在男性人群上。反之,如果有更好的政策法规与保障措施,既可以让女性有短时间的间歇期,也不会给企业带来相应的损失,一旦女性在所从事的工作中得到了特殊培训,那么她们在劳动力市场上以及留在该企业的刺激因素将相应得到增加。

以上分析可看出,与男性相比,女性在职业上显示出比男性更少的培训机会,农村女性比城市女性获得更少培训机会。一项以美国雇员在20多岁时所得到的公司重视培训为内容的研究发现,在1986年至1991年间,女性雇员得到这种培训的比例较低,而且即便参与了这种培训,她们接受培训的时间也比男性雇员要短少。然而,在工作场所之外如商业学校、技术学校和职业学校,女性一般会比男子获得更多的培训。① 明塞尔在1991年的分析也同样反映了此结论,见表3—4。

---

① 郭砚莉:《女性人力投资问题研究》,中国社会科学出版社2006年版,第77页。

表 3—4　按教育程度划分一年内获得培训的女性工人的比例

（单位:%）

受教育年限	年　轻　女　性				成　年　女　性			
	< 12	12	13—15	> 16	< 12	12	13—15	> 16
过去有公司培训	0.01	0.04	0.05	0.03	0.01	0.01	0.02	0.01
过去有外部培训	0.11	0.13	0.18	0.23	0.05	0.08	0.16	0.22
现在有公司培训	0.03	0.06	0.08	0.05	0.02	0.03	0.06	0.04
现在有外部培训	0.14	0.19	0.25	0.35	0.09	0.15	0.26	0.39

资料来源:明塞尔:《劳动供给研究》,中国经济出版社 2001 年版,第237 页。

　　无论年轻女性还是成年女性,无论受教育程度如何,女性职工所接受的外部培训的比例远远高于其受到内部培训的比例,其中主要的原因是接受外部培训更具有一般性,她们职业的目的也不只是为了某一个或某几个特定的企业和职业而设定,而进行特殊培训的可能往往是与某企业具有相关性。另外,从鹿立教授的《妇女经济地位与妇女人力资本关系的实证研究》分析出中国女性人力资本职业结构分布是:农业劳动者人力资本含量占女性人力资本总量的 59.44%,工业劳动者为 17.22%,党政干部为0.97%等,即女性人力资本近80%依附在农业劳动和工业劳动这两大职业岗位上,附着在领导层工作岗位上的不足其总量的1%。① 可看出大多数女性从事着社会地位低下、经济收入低、技术含量低的工作。

　　根据我国"第二期中国妇女社会地位抽样调查数据报告"

----

① 鹿立:《妇女经济地位与妇女人力资本关系的实证研究》,《人口研究》1997 年第 2 期。

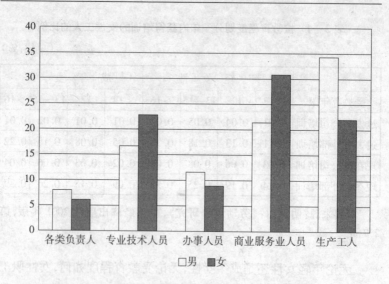

图 3—2　2000 年我国男女两性城镇在业职业分布状况

资料来源:根据 2000 年全国妇联和国家统计局"第二期中国妇女社会地位抽样调查数据报告"绘制。

显示（图 3—2），在城镇就业人员职业中，男性在负责人、办事员与生产工人这些职业中，分别高出城镇女性在职人员 1.9、2.7 和 12.3 个百分点，从业人员中两者相差 1.4 个百分点。此外，我国 1998 年统计年鉴资料显示，城镇女性失业人数是失业总人数的 52.6%。国际劳工局的报告也表明："从每一级的教育水平看，妇女仍然比男子得到的要少，……在整个经合组织国家中，无论教育水平是高还是低，妇女的收入都比男子低。"①

在美国,从表 3—5 明显可看出美国女性工资低于男性,只占

———————————

① 国际劳动工局:《世界就业报告》(1998—1999),中国劳动社会保障出版社 2000 年版。

同等学力男性的近 70%。国外如此,我国情况也一样,诸建芳等学者的结论是:"在同等学力、同等工作条件下,女性职工收入要比男性职工收入低 10.8%,从绝对额看,女性职工收入要比男性职工少 341.6 元。"①这说明大多数女性员工无论是受教育还是接受培训来看,都属于困难群体。

表 3—5　美国女性工资占同等学力男性工资的比例 (单位:%)

年龄＼学历	高中毕业	学士毕业	硕士毕业
25～34 岁	77	77	77
35～44 岁	61	68	67
45～54 岁	64	63	66
55～64 岁	53	66	77

资料来源:伊兰伯格·史密斯:《现代劳动经济学》,中国人民大学出版社 1999 年版,第 392 页。

　　另外,女性实际劳动时间(职业劳动与家务劳动之和)高于男性,闲暇时间少于男性。据中国妇女地位课题组调查发现:中国城镇女性家务劳动时间每天 3.75 小时,男性为 2.16 小时,女性比男性多 1.59 小时;中国农村妇女家务劳动时间每天 5.18 小时,男性为 2.23 小时,相差 2.95 小时。从闲暇时间来看,中国城镇女性每天 4.83 小时,男性为 5.63 小时,女性少 0.8 小时;中国农村女性闲暇时间每天为 3.72 小时,男性为 4.8 小时,女性比男性少 1.08

---

①　转引自潘锦棠:《性别人力资本理论》,《中国人民大学学报》2003 年第 3 期。

小时。① 可见,无论是城市女性还是农村女性,女性所承担的家务时间高出男性,享受的闲暇时间少于男性。这就意味着女性在闲暇时间获取自我学习、培训的时间少于男性,在闲暇时间获得娱乐与培训的机会明显少于男性。

三、女性医疗卫生保健投资

人力资本理论认为,人力资本健康存量,包括身心健康素质、营养、卫生保健等,也是属于一种资本存量。探讨女性医疗卫生保健投资,主要从卫生保健投资和劳动保护投资来进行。其中卫生保健投资来自于两个大的方面:家庭、个人、医院和卫生机关的人力资本投资和来自企业的人力资本投资。劳动保护投资或职业保护投资,绝大部分投资费用来自于企业(除个人劳动保护费用以外)。因为企业所提供的卫生保健投资主要体现在健康检查、提供餐饮等方面,这样的投资方式对男性与女性员工来说都是一样的,从投资角度来看一般不存在性别差异现象。但由于女性特殊的生理特点,还是需要对女性员工进行更多的关注,这方面一般在带有"国"字号的单位做得要突出一些。而劳动保护投资主要是企业投资在生产设备的改造和增加防护措施,以保证员工的人身安全和心理安全感。企业通过劳动保护投资,可以减少用于工伤事故、职业疾病的各种医疗费、补贴费、赔偿费和由此损失工时所造成的各种经济损失,不仅保护了劳动力,还可以增加产出。从劳动力保护投资这方面讲,由于女性所从事的职业相对男性来看更安全,如采煤、采矿与掘井等职业,几乎100%的是男性在完成此类工作,所以企业的医疗卫生保健投资不在此

---

① 　陶春芳、蒋永萍:《中国妇女社会地位概观》,中国妇女出版社1993年版。

分析。

就投资主体的医院和卫生机关来说,其投资行为也是不会受性别影响的。任何医院与卫生机关不可能因为性别的缘故而拒绝某一性别的人就医的状况所发生,但如果这种投资主体是家庭,大部分家庭的选择可能会发生一些变化。因为这样的健康投资与别的投资行为一样,不仅受到家庭收入的约束与限制,也需要做出成本收益分析,如果家里同时出现男孩女孩都生病的状况下,还会受到习俗与传统文化的影响,性别就是家庭成员考虑的重要因素之一。阿尔德曼和戈特尔(1997)的研究结果表明:在较低收入组中,男孩比女孩更有可能去较好的医疗机构就诊,女孩就诊的收入弹性高于男孩。另外,John Strauss 曾提出,社区中食品价格与人们的食物消费有关,家庭对营养和健康的投入是影响家庭中劳动生产率的重要变量。他研究发现,在收入非常低的农村家庭中,可获得的营养使得家庭中农业劳动力的人均产出增加。在热量摄入水平很低的情况下,热量摄入的持续增加与劳动生产率的提高成正比。在印度和斯里兰卡的研究也证实了这样的结果。[①] 可见,作为家庭主要劳动力的男性,自然就会获得更多的食物与营养,家庭别的成员也自觉不自觉地将营养与健康送到家庭中的男性劳动力手中。

如果说对女性的健康投资就是来自于工资收入或别的收入,或者说女性员工的健康投资在一段时期里主要由企业来支付的话,由于女性特殊的中断与失业、下岗和待业的可能性更多,这样,

---

① Sahn D. Alderman The Effect of Human Capital on Wages and the Determinants of Labor Supply in Developing Countries. Journal of Development Economics 1988. 29, No. 2.

女性也就更少地获得这样的投资。

毫无疑问，良好的健康状况会带来更大的经济效益。据相关资料分析，女性健康存量让人担忧。首先，女性的平均身体状况低于男性。总体看，女性健康人口比例是 86.72%，男性为89.29%。贫困地区健康状况差别更大，女性患病人口比例为7.69%，男性为 5.55%。女性残疾人口比例是 5.56%，比全国（0.86%）高 5.5 倍，35～44 岁中高出近 10 倍。其次，女性营养不良。由于传统观念和女性美德，许多家庭的有限支出、食品、保健药品总会首先满足男子的需要，女性的生活质量被降低到最低程度。成年女性营养不良，不仅体质、劳动力、效率下降，而且直接影响到子女的发育和健康。最后是多胎生育和堕胎等因素直接使女性身心受到摧残。2001 年我国孕妇死亡率为53/10 万，西部等边远地区孕妇死亡率则高达 114.9/10 万，是沿海地区的 5 倍多。[①]

另外，老年女性医疗卫生保健投资也值得关注，女性高龄化明显高于男性，但不是老年女性的生存质量就高于男性，事实恰好相反——老年女性的生存质量低于男性。以 1992 年老龄科研中心主持的"中国 12 个省、自治区和直辖市老年人口供养体系调查"结果看，城市老年女性患病率（80.27%）比男性（75.60%）高出4.67 个百分点；农村老年女性患病率（63.55%）比男性（57.34%）高出 6.21 个百分点。这不仅仅与生理因素有关，还与经济、社会、家庭、教育、关注度等有着密切联系。健康已直接或间接地影响到老年女性的生存价值与生存质量，老年女性人生价值的延续与发

---

① 唐丹东:《西部贫困妇女健康状况不容忽视》,《重庆日报》2002 年 11 月26 日。

展中健康作用尤为重要。

　　从健康投资与收入增长的关系来看,刘国恩等(2004)认为健康的经济收益对女性比对男性高。在我国尤其在农村,对女性的健康投资比对男性的健康投资更能够给家庭带来显著的经济效益。

四、女性迁移流动投资

　　如前面有关人力资本迁移流动投资的概念中分析出,女性人力资本迁移流动的投资形式既包括人口和劳动力在产业之间的变动,也包括地域间的流动与变化。其中,劳动力地区间的流动包括城市间、地区间或国家间的流动。通常在许多情况下,地域间的变动是工作变动而职业没有变化。如教师、清洁工等,往往只是地区发生了变化而工作性质不变。另外也有诸多流动人口者,既发生地域上变化,工作也发生改变。不过,这里说的流动一般是指投资者自愿选择这样投资而不带有强制性结果。如前面分析,人力资本存量可以通过特定的活动增加,即人力资本投资,而通过迁移流动以获得更多收入的工作也是一种人力资本投资,以牺牲当前的消费而获得更多的收入。许多经验研究证实:劳动力的流动可以增加流动者的终身收益,所估计的回报率与其他人力资本投资回报率相仿,即一般地可以增加 10% ~ 20%。① 女性人力资本迁移流动的因素有多种, 包括经济 (年收入差)、年龄、家庭状况、教育、流动距离、人口和失业状况等因素, 在市场经济中, 最主要的还是经济原因, 这也是探讨女性人力资本投资最主要的

---

　　① 张德远编著:《西方劳动经济学》,上海财经大学出版社 1999 年版,第 177 页。

原因。

经济学理论认为,当个人或家庭能够通过移居到一个新的地方来改善其生活状况的话,这就会形成促使他们进行迁移流动的动力。渴望得到的生活状况改善可能是指既不改变其原来所从事的职业,也不必进入新的行业而获得较高收入的实际收入;也可能指的是较好的生活地点以及某些附加的非金钱方面的满足。促使人们迁移的真正动力,通常是经济上的净收入①以及非金钱性满足的某种组合。② 女性的迁移流动也同样不例外。最重要的是经济因素。当女性自愿决定从一个地方流动到另一个地方时,与男性一样,她们也都希望增加自身效用。不过对于女性而言又比男性需要考虑更多的因素。

（一）经济因素

首先是获得收益的时间。任何劳动者流动所带来的终身收益,并不一定在一开始就可以获得较高的收益,或许有些流动者在流动的头几年的收入还低于未流动时的收入情形,当然这些收入的减少往往会被以后更多的收益所弥补。但女性相对于男性来说,可能更重视迁移流动中即刻带来的较高的收益回报,特别是已婚、有孩子的女性,她们流动的直接目的或许就是为了提高家庭收入与提高孩子更多的营养水平,马上改善家庭现有状况而不是更多地考虑慢慢学着某项技术来提高未来的收益,这或许也是女性工资收入低、职业层次低和工作辛苦的原因之一。而男性更多地可以考虑未来收入的增加。

---

① 这里所说的经济上的净收入是指扣除进行迁移所花费的成本之后所得到的金钱数目。

② 舒尔茨:《论人力资本投资》,吴珠华等译,北京经济学院出版社1990年版,第206页。

其次是家庭状况。对于女性来说，未婚者较已婚者更易流动与迁移。就业时间越长或家里有学龄儿童的女性，相对来说都不易流动。同样，在年龄、学历与家庭状况基本相同的情形下，已婚女性的配偶不工作或工作收入很低者，很容易出现流动。反之，如果配偶双方或家里人都有较高的工资，这样的女性基本是不愿意流动的，因为流动后若有一方找不到工作，流动的净现值将大大减少，直接成本增加，如果与预期收益相比较，流动的心理成本也加大，甚至于难以接受。

再次是配偶收入的影响。如果家庭有男性外出务工而女性留守在家里，这有可能因为丈夫的流动带来收入的增加而减少了妻子的收益，如果出现明显差异现象，妻子因为收益的减少而导致地位的降低，也或许由于明显的高平均收益和更适合丈夫的劳动市场而导致整个家庭的流动，这种情形下，即使明明知道妻子随丈夫迁移所带来的收入可能会降低，但只要是能增加家庭的总收入，往往是女性跟随着丈夫流动，妻子就成为"被迫"的迁移者。但这样有可能带来的是妻子工作积极性的降低、妻子工作机会的减少与妻子收入的降低。

最后是收益的差异影响。女性迁移流动者同样也有着自我选择的特征。技能与学识相当的女性，有的选择流动而有的人可能不愿意流动，前者或许可能具有更大的追求个人经济成就的欲望和更愿意追求将来利益。但当两者在一定的时间里所获得的收入有较大的差异时，选择在当地生活的女性也有可能选择在随后流动。如果在家创业能获得与流动者相当的收入，她们大多还是选择在当地就业，也或许由于外来者的学识与技能所带来的竞争破坏了当地原有的收入与水平的平衡，给当地女性带来"不利"的话，这些原本不选择外流的女性很有可能流动，也有可能加大投资

而努力提高自己的竞争能力。因此,流动与不流动的收益差距将
影响着女性的决策。

(二)非经济因素

首先是信息原因给女性带来的影响。信息的不确定与不完整
给女性所带来的流动决策高于男性。由于大多数迁移流动者是在
信息不确定和不完整的情况下根据预期净收益做出的选择,在许
多情况下这样的预期收益并不一定能如期实现,而女性承担这样
的信息不确定比男性面临得更多。如在人生地不熟的地方找不到
工作,男性可以随便露宿甚至可以蹲桥墩过夜,女性就不可以,这
就加大了女性流动的投资成本。当离开家庭、亲人甚至是孩子所
承受的心理成本可能大于事先估计的情形,或者因为孩子很小,有
些女性即使在流入地找到了较好的工作而由于心理压力等原因不
得不返乡。

其次是越来越多的女性流动者流向经济更富裕的地方就业,
对于未婚女性来说,选择在流入地结婚或嫁入经济条件更好的地
方,被视为很好的决策,甚至这样的决策影响到已婚女性。如果有
更多女性嫁入外地(甚至是国外)或因经济等其他的原因而导致
更多的家庭解体,在这种情况下,可能有更多的当地男性娶不到老
婆,导致更多家庭的破裂而带来诸多的社会问题,这样的情况如果
在一个村子里出现的情况只要有 2~3 例,未婚女性父母或已婚妻
子的丈夫就会尽量限制女性外出务工的可能,即使外出,要不选择
有人陪伴,要不选择就近原则,因为这样他们认为容易打听消息。
另外对于"被迫"流动的女性人群,其中有可能就是因为流入地的
硬件比家里条件要好,举家流动既是为了经济收入的提高,更重要
的是为了孩子能进入更好的学校,妻子则自愿或不自愿地充当了
后勤部长,当然也就减少了妻子就业的机会,甚至降低了她们获得

未来就业的收益增加。①

最后是年龄因素。在其他条件相同的情况下,年龄越大,越不愿意流动。最主要的是年龄较大者的流动与迁移较年轻人的流动成本高,对于女性来说更为如此。年纪大的女性在流动时,尽管往往拥有较多的人力资本,但年龄、就职时间的长短与工资收入之间存在着正相关关系。有人工作时间越长,雇主投入的特定人力资本与在职培训自然就越多,而这样的人力资本一般是不适应别的雇主和另外的工作的。也就是说,很多年后所得到的这份工资中就部分地包含了这方面投入的人力资本,这种工资很可能高于其他工作的工资,所以说,不论收回投资的期限有多长,年龄较大者一般是很难流动的。而且,年龄较大的女性流动时,不仅仅是携带家什多,更严重的是亟待照顾家里的老人与管理孩子(大多男性以养家为理由,很少需要思考这些),如果几代人举家迁移的话,成本则高出年轻人单独流动许多。当然,年纪大些的女性,她们流动的心理成本也较一般人都高。另外,流动女性还需考虑收益分配问题,有些女性尽管流动后所获得的收益比未流动时更高,但由于其消费观念的改变,把原本需要寄回去的钱或原本要攒起来的钱就地花完甚至透支,这样的情形一出现,有可能有些家庭担心她们出事而限制她们未来的外出,而对待男性就可能不

① 因为当孩子大点了不需要全程照看的时候,妻子可以外出务工而不再是"全职太太",这时由于她们技能的生疏,也有可能由于学识与能力没能跟上社会时代需要的步伐,导致她们与其他年龄、技能和学识等相当的女性的收入差距加大。如果流动者是竞争意识与学习能力较强的女性,可能更激发其学习潜能,毕竟在流入地生活的环境刺激了她们的观念与意识,也有可能导致某些女性更不愿意踏入社会,这就是我们常可以见到在孩子上学后,街边有较多的"闲暇"女性在玩牌、闲聊的状况。她们已经不记得当年流动时的憧憬,甚至根本没想到这样的结果给家庭甚至是孩子带来极大的负面效应。

一样。

（三）流动的距离与受教育状况

已婚女性流动者往往较男性更重视流动的距离。因为距离越远,不仅是流动的直接成本大,所获得的信息资源有限,同时给女性带来更大的心理成本,因为女性相对男性对家的关注程度更深,如果孩子老人没在身边,一旦家里出现变故,女性往往比男性更着急甚至失去理智,如果往返距离远,直接成本加大的同时,心理成本也随之增加。故许多已婚女性,如果因为别的因素不能实现举家迁移,即使收益相对来说要低点,也愿意选择距离较近的地点流动。另外在女性流动者中,受教育程度也是很重要的原因。在其他条件不变的条件下,学历高、专业性较强的女性越容易流动,而且在流动时不太关注距离的远近,因为高学历者的市场参与能力与心理承受能力都强于其他人。

伴随着市场经济的发展,越来越多的农村女性离开黄土地参与了城市的建设,这是提升女性人力资本、提升女性人力资本存量的好途径,也是工业化和现代化的必然趋势。但是女性在向非农产业转移的过程中,已表现出明显滞后性。农村女性转移出来的人力数量和文化程度明显低于男性。全国共有 1.3 亿劳动力从农业转移出来,其中男性占 75%,女性只占 25%。非农转移男性初中文化程度为 55%,女性仅占 9.3%,男性高中以上文化程度为 16.6%,女性仅为 0.5%,男性小学文化程度占 21.7%,而女性就占 50%。[①] 农村迁移流动人口中男女受教育程度差别之大,其收入的差距不言而喻。农村女性迁移流动相对于男性的滞后,接受

----

① 何迪:《女性地位变化的社会环境分析》,《社会科学论坛》2000 年第 4 期。

教育程度的差距、流入地的语言与花费和国家与地方的政策等将给女性自身的发展带来相应的影响。

第四章　我国女性人力资本存量分析

人力资本投资中,有些属于公共产品或半公共产品,诸如公共卫生、医疗保健等,作为人力资本投资主体的企业、个人或家庭等不愿或无力承担这方面的投资,有些投资是个人或家庭投资无法实现的,需要政府支持,需要别的社会团体或非政府组织的协助实现,如我国西北地区沙漠化生存环境的改变、极度贫困人口的大规模迁移等。同时在投资主体选择投资行动时,尤其是政府与企业,应对我国性别人力资本存量作出分析与比较。

第一节　我国女性人力资本存量现状

人力资本存量是人力资本投资的结果, 在定量分析中, 如果将人力资本积累形成中的各种投资汇总并不能表示人力资本存量的大小, 而有些仅仅采用劳动力的平均受教育年限来衡量, 有失偏颇。按照人力资本分析的基本理论, 我国女性人力资本存量将采用受教育年限法、人均受教育年限和健康指数, 这些是现在被普遍接受和使用较多的人力资本存量计算方法, 这属于从投入角度考虑度量人力资本存量方法。假设投资于教育培训资金形成人力资本, 为了度量不同劳动力之间所含人力资本的差异性, 最一般的方法是将劳动力分类, 然后按照不同劳动力的人力资本特质进行加权求和, 即得到总的人力资本存量。其公式①如下：

$$H_t = \sum_{i=1}^{6} HE_{it} \times h_i \qquad （公式1）$$

其中 H_t 为 t 年的资本总存量，HE_{it} 为 t 年第 i 学历层次劳动力人数，h_i 为第 i 年学历水平的受教育年限（学制）。

教育投入是人力资本形成的主要途径，人口平均预期寿命是衡量一个国家或地区的社会经济发展水平、人民生活质量水平及医疗卫生服务水平的，所以对我国女性人力资本存量现状分析，主要采用全部女性人口受教育水平的人口文化素质指数和女性预期寿命指数指标来说明。而且由于我国地区经济发展不平衡，本章将运用我国经济发达的东部地区与经济欠发达的西部地区女性人力资本存量差异、西部女性与男性人力资本存量差异作比较分析。

一、受教育年限法

假定文盲半文盲女性人口的受教育程度为 1 年，小学为 6 年，初中为 3 年，高中为 3 年，大专以上为 4 年。根据中国统计年鉴1999 年东、西部地区劳动力人口数量和公式 1 可看出，无论是东部还是西部地区，女性人力资本存量都低于男性人力资本存量；西部地区女性人力资本存量低于东部女性，整体低了 20534 万人/年；西部地区女性人力资本存量低于西部男性人力资本存量，整体低了 17831 万人/年，其中四川省的差距最大，男女两性差距为3517 万人/年，其次是广西，两性差距为 2098 万人/年。由此可见，西部地区女性人力资本存量既低于西部男性人力资本存量，也低于东部地区女性人力资本存量，见表4—1。

---

① 王金营：《人力资本与经济增长——理论与实证》，中国经济出版社 2001年版。

表4—1　1999年东、西部分性别人力资本总量

（单位：万人/年）

省份	合计	男	女	省份	合计	男	女
北京	6902	3784	3111	内蒙古	8086	4811	3294
天津	4091	2341	1752	广西	18306	10213	8115
辽宁	15914	8828	7087	重庆	11914	6642	5251
吉林	9731	5453	4279	四川	31399	17472	13955
上海	7014	4010	3007	贵州	12602	7679	4922
江苏	28651	16224	12401	云南	14050	7924	6125
浙江	20518	11906	8634	西藏	337	193	143
福建	12075	7249	4805	陕西	13900	7971	5919
山东	35122	20327	14847	甘肃	8011	4711	3289
广东	31987	17397	14581	青海	1555	934	621
海南	2608	1537	1076	宁夏	1920	1113	806
东部	174615	99057	75582	新疆	5829	3216	2608
全国	545983	311209	235534	西部	127907	72879	55048

注：数据是1999年人口变动调查数据。

资料来源：《2000年中国统计年鉴》，中国统计出版社2000年版，经计算整理。

二、女性人口文化素质指数

人口学家田雪原在1964年、1982年和1990年三次人口普查和1993年抽样调查的数据基础上，对中国的各年龄层次人口所占比例及其教育年限综合起来考虑，提出了人口文化素质指数的概念。目前我们一般用这个指数来说明人口平均教育年限。其公式①如下：

---

① 赵晟、张则奎：《西北五省区人力资本存量及投资现状分析》，《西北人口》2004年第2期。

$$C = (Uy1 + Hy2 + My3 + Ly4 + Iy5)/(U + H + M + L + I)（公式2）$$

其中:C 为人口文化素质指数,U、H、M、L、I 分别为大学、高中、初中、小学、文盲半文盲人口数,y1、y2、y3、y4、y5 分别为大学、高中、初中、小学、文盲和半文盲人口的受教育年限。假定上述各教育程度的受教育年限分别为16、12、9、6 和 1 年,则 2004 年东西部地区女性人口的文化素质指数,最高是北京(10.28),其次是上海(9.60)和天津(9.38);最低是西藏(4.29),不到北京一半,次低是贵州(6.20)和青海(6.37),见表4—2。

表4—2　2004 年东、西部女性受教育程度人口及文化素质指数

（单位:人、年）

地区	不识字(I)	小学(L)	初中(M)	高中(H)	大专以上(U)	文化素质指数C
北京	459	1037	2101	1615	1506	10.28
天津	367	1017	1651	1107	639	9.38
河北	2656	9552	12966	3680	1677	8.11
辽宁	1227	5300	9075	2550	1509	8.62
上海	832	1338	2611	2170	1306	9.60
江苏	6200	10795	12689	3920	1341	7.26
浙江	3692	6452	6988	2867	1363	7.56
福建	3205	5664	4459	2180	535	6.98
山东	6843	12140	16070	4842	1846	7.47
广东	3386	14107	12670	3995	1510	7.69
海南	373	1136	1432	475	128	7.85
内蒙古	1364	3365	3809	1512	654	7.89
广西	2372	8012	7775	2369	858	7.49
重庆	2109	6335	4184	1305	455	7.00

地区	不识字（I）	小学（L）	初中（M）	高中（H）	大专以上（U）	文化素质指数C
四川	5617	15773	13358	3778	1232	7.18
贵州	3458	7033	4465	1176	641	6.20
云南	3843	8686	4875	1363	637	6.51
西藏	569	505	130	39	8	4.29
陕西	2148	5206	5906	2379	997	7.88
甘肃	2582	4147	3058	1242	565	6.81
青海	642	793	569	248	89	6.37
宁夏	474	890	719	330	154	6.76
新疆	676	3052	2879	1209	806	8.39

注：这里的不识字人口是指6岁及6岁以上人口。数据是2004年人口变动情况抽样调查样本数据，抽样比为0.966‰。

资料来源：《2005年中国统计年鉴》，中国统计出版社2005年版，经计算整理。

与东部地区（平均为8.25）相比，西部女性人口文化素质指数（平均为6.90）明显偏低，低出东部平均水平1.35，说明西部女性接受教育文化程度低于东部女性，与同年全国人口文化素质指数为7.64相比，说明西部地区教育发展滞后于东部地区与全国平均水平，从而说明由教育决定的女性人力资本系数也普遍较低。不仅如此，西部各省份发展严重不平衡，如西部女性人口文化素质指数最高的新疆为8.39，高出全国平均水平0.75，接近东部地区平均水平；最低是西藏，只有4.29。另外与西部男性相比，见表4—3，男性平均为8.05，比西部女性高出1.15，高出全国平均水平0.41，最高为云南男性指数（9.53），比女性高出3.02（6.51）。西部地区所有省份的女性人口指数都低于男性，这说明女性接受的教育年限少于男性，也说明西部地区在接受教育程度方面，性别差异明显，这已经严重影响了人力资本存量的积累，成为西部经济社会发展的重要制约因素。

表4—3　2004年西部男性受教育程度人口及文化素质指数

（单位：人、年）

省份	不识字（I）	小学（L）	初中（M）	高中（H）	大专以上（U）	文化素质指数C
内蒙古	715	3223	4772	1806	806	8.62
广西	854	7610	9819	3090	1433	8.55
重庆	975	6367	4787	1499	587	7.71
四川	2568	15994	15307	4631	1660	7.78
贵州	1598	7455	6352	1556	909	7.38
云南	1848	9202	6301	1559	868	9.53
西藏	339	641	164	32	15	5.28
陕西	958	5015	7042	3008	1470	8.81
甘肃	1395	4159	4058	1833	786	7.90
青海	308	917	800	299	127	7.98
宁夏	214	853	931	382	216	8.38
新疆	484	2961	3290	1232	928	8.71

注：这里的不识字人口是指6岁及6岁以上人口。

资料来源：《2005年中国统计年鉴》，中国统计出版社2005年版，经计算整理。

三、分性别预期寿命指数比较

人口预期寿命是指在一定年龄组死亡率水平下，对某一确定的年龄日后平均还能继续生存的年数（或该年龄组未来的平均寿命）。预期寿命指数是人文发展指数[1]中很重要的指标，它是衡量

---

[1] 人文发展指数由预期寿命指数、教育指数和GDP指数三个分项指数构成。

一个国家或地区人民生活水平、健康发展水平、营养状况和医疗卫生条件的重要条件。我国目前在预期寿命指数、教育指数和 GDP 指数三个分项指数方面与最高的国家相比,还存在一定差距。分析 1990 年和 2000 年我国西部地区男女两性的预期寿命指数,这是衡量西部两性生活质量和享受医疗卫生服务水平的重要标志。

　　表 4—4 可看出,无论男女,西部预期寿命与预期寿命指数都不及全国平均水平,这说明我国西部地区的经济发展水平、人民生活质量及医疗卫生条件都不如全国平均水平。分性别来看,1990年和 2000 年,全国女性人口平均预期寿命分别高出男性 3.65 和 3.7 岁,西部女性人口平均预期寿命仅高出男子 2.58 和 3.25 岁,指数差也低于全国平均水平。这样,一定程度上反映出在同一时期内,西部女性的生活质量以及所获得医疗健康投资不如全国女性平均水平,说明在西部地区女性所获得的生活资料和卫生健康不如男性,存在着性别差异。

表 4—4　1990 年和 2000 年我国西部地区男女预期寿命和预期寿命指数

省份	1990 年预期寿命		1990 年预期寿命指数		2000 年预期寿命		2000 年预期寿命指数	
	男	女	男	女	男	女	男	女
内蒙古	64.47	67.22	0.66	0.70	68.29	71.79	0.72	0.78
广西	67.17	70.34	0.70	0.76	69.07	73.75	0.73	0.81
重庆	——	——	——	——	69.84	73.89	0.75	0.81
四川	65.06	67.70	0.67	0.71	69.25	73.39	0.74	0.81
贵州	63.04	65.63	0.63	0.67	64.54	67.57	0.66	0.71
云南	62.08	64.98	0.62	0.67	64.24	66.89	0.65	0.70
西藏	57.64	61.57	0.54	0.61	62.52	66.15	0.63	0.69
陕西	66.23	68.79	0.69	0.73	68.92	71.30	0.73	0.77

省份	1990 年预期寿命		1990 年预期寿命指数		2000 年预期寿命		2000 年预期寿命指数	
	男	女	男	女	男	女	男	女
甘肃	66.35	68.25	0.69	0.72	66.77	68.26	0.70	0.72
青海	59.29	61.96	0.57	0.62	64.55	67.70	0.66	0.71
宁夏	65.95	68.05	0.68	0.72	68.71	71.84	0.73	0.78
新疆	61.95	63.26	0.62	0.64	65.98	69.14	0.68	0.74
西部	63.58	66.16	0.64	0.69	66.89	70.14	0.70	0.75
全国	66.84	70.49	0.70	0.76	69.63	73.33	0.74	0.81

资料来源:人口平均预期寿命引自《2005 年中国统计年鉴》,中国统计出版社 2005 年版,指数经计算获得。

以上比较分析可看出,从受教育年限、文化教育指数、人口预期寿命和健康指数等方面看,我国东、西部女性人力资本存量差异较大,西部女性人力资本存量普遍偏低。同样在经济欠发达的西部地区,男性人力资本存量普遍高于女性。这说明在经济较发达地区,倾向于女性人力资本投资较经济欠发达地区投资大,在经济欠发达地区,人们往往把有限的资本更倾向于投资男性,即使在经济较发达地区也如此。

第二节 我国女性人力资本存量较低的原因

一、女性劳动力文化素质较低

(一)女性人口文盲率较高

一般地说,贫穷国家是教育设施和基础设施不足的国家,也是成人识字率有限的国家。资料显示,在低收入国家,除中国和印度之外,1995 年,男性成人文盲率达 37% ,女性成人文盲率达 55% ;

高收入国家成人文盲率不足 5%；在发展中国家，人均教育支出只及发达国家水平的 10%。

西部地区劳动力状况从整体看素质低，特别是文化程度低，文盲、半文盲人口比例较高，尤其是女性人口的文盲与半文盲率高，与全国和东部地区受教育水平相比有较大的差距。据"五普"资料显示，中国总人口文盲率已经下降到 7% 左右，但各个地区的文盲率却存在着显著的差异。东部地区文盲率较低，绝大多数省份都在 5% 以下，西部地区文盲率较高，西藏的文盲率甚至在 32.50% 左右。其他如青海、甘肃、宁夏、贵州、云南、安徽的文盲率都在 10% 以上。表 4—5 可看出，西部地区文盲率高达 16.21%，比全国平均水平高出近 6 个百分点，同时，在分性别的文盲率中也可看出，西部地区女性的文盲率高出全国平均水平近 7 个百分点，而东部地区的女性文盲人口比重低于全国平均水平 1.63 个百分点，呈现明显的东、西差异。由此可分析出西部地区女青壮年人口的受教育水平严重低于东部女性，也低于全国平均水平。

表 4—5　2004 年东、西部 15 岁及 15 岁以上文盲人口及分性别文盲率

地区	15 岁及其以上人口数(万)			文盲人口数(万)			文盲人口所占比重(%)		
	合计	男	女	合计	男	女	合计	男	女
全国	101.1	50.7	50.4	10.4	2.9	7.5	10.32	5.79	14.86
东部	39.0	19.4	19.6	3.8	1.0	2.8	8.74	4.25	13.23
西部	28.4	14.3	14.1	3.6	1.1	2.5	16.21	10.63	21.79

资料来源：《2005 年中国统计年鉴》，中国统计出版社 2005 年版，经计算获得。

（二）女性从业人员受教育水平较低

一个国家或地区人口的受教育程度是这个国家或地区人口的文化素质的反映，说明该国或该地区对教育的投入情况以及各级

教育的普及水平。表4—6可看出,西部地区人口受教育水平明显落后于东部,在小学以下人口中几乎占了一半,学历越高比重越低,到大学本科学历,只占0.93%,与东部地区相差近7个百分点,低于全国平均水平3个百分点。

表4—6 2000年我国东、西部地区6岁及以上人口的受教育状况

(单位:%)

	未上过学	扫盲班	小学	初中	高中	中专	专科	大学本科	研究生
全国	7.75	1.80	38.18	36.52	8.57	3.39	2.51	1.22	0.08
东部	6.63	1.74	34.46	38.97	9.68	3.72	2.89	1.60	0.12
西部	10.55	2.19	44.02	30.36	6.68	3.12	2.10	0.93	0.04

资料来源:国务院人口普查办公室、国家统计局人口统计司编:《中国2000年人口普查资料》,中国统计出版社2002年版,经计算得出。

表4—7反映出我国东、西部女性从业人员受教育状况:不识字人口比例西部女性明显高出全国平均水平,远远高出东部平均水平,分别高出12.95和17.1个百分点;在小学文化程度中,与全国平均水平差距不大,只高出东部6.19个百分点;在初中以后文化程度中,与东部地区差距非常明显。可见西部女性从业人员接受教育程度不如东部地区女性从业人员,与全国平均水平也有一定差距。

表4—7 1999年我国东、西部女性从业人员受教育状况

(单位:%)

地区	不识字	小学	初中	高中	大专以上	地区	不识字	小学	初中	高中	大专以上
北京	1.8	8.1	35.2	31.6	23.3	内蒙古	17.8	30.3	31.5	15.8	4.6
上海	5.5	11.9	39.5	30.5	12.6	广西	12.8	46.7	33.5	6.3	0.7

地区	不识字	小学	初中	高中	大专以上	地区	不识字	小学	初中	高中	大专以上
天津	3.9	19.0	38.4	27.2	11.4	四川	18.2	44.5	29.1	6.4	1.8
辽宁	3.8	29.1	47.5	13.1	6.5	贵州	35.1	38.6	18.2	6.1	2.0
广东	5.9	37.2	41.3	11.9	3.7	云南	28.2	45.4	20.7	4.5	1.2
江苏	18.1	32.3	34.6	11.6	3.5	西藏	75.7	20.6	3.7	—	—
浙江	14.3	36.0	35.7	11.6	2.4	陕西	19.0	29.7	35.4	12.7	3.1
福建	19.3	44.4	24.5	9.7	2.1	甘肃	32.8	32.2	24.0	8.8	2.2
山东	20.0	32.6	38.4	7.5	1.5	青海	41.4	26.7	16.7	10.9	4.2
海南	18.0	33.4	35.6	10.1	3.0	宁夏	30.7	26.2	29.8	10.2	3.1
河北	8.7	34.3	42.4	13.1	4.9	新疆	8.2	35.0	29.3	16.9	10.6
东部	10.85	28.94	37.55	16.02	6.65	重庆	15.5	45.6	29.0	7.8	2.0
全国	15.8	36.1	34.8	10.2	3.1	西部	27.95	35.13	25.08	8.87	2.96

资料来源:《2000 年中国统计年鉴》,中国统计出版社 2000 年版,经计算整理。

平均受教育年限是衡量一个国家或地区受教育水平的一项重要指标。据联合国教科文组织 1991 年《世界教育报告》,在有数据可查的 169 个国家中,义务教育中值年限为 7—8 年。1998 年的《世界教育报告》显示:在有数据可查的 171 个国家中,义务教育的平均年限为 8 年,非洲的平均年限达 7.2 年,北美、欧洲主要发达国家的平均年限为 10—12 年。到 2002 年底,中国普及九年义务教育人口覆盖率达到 91%,初中入学率达到 90%,中国人均受教育年限达到 8 年,超过世界平均水平,位居九个发展中人口大国前列。报告还指出,农村教育还比较落后,目前中国农村 15 岁及以上人口平均受教育年限不足 7 年,与城市平均水平相差近 3 年。在农村劳动力人口中,受过大专以上教育的不足 1%,比城市低 13 个百分点。全国现有 8500 万文盲半文盲,3/4 以上集中在西部农村、少数民族地区和国家级贫困县。从表4—8可以看出，整体水平来看，西部男女受教育年限比全国平均水平分别低0.77年、0.86年，西部女性还没有达到《世界教育报告》中规定的义务教育中值年限。分性别来看，西部女性受教育程度低于男性1年多，特别是宁夏，男女受教育年限差距为2.44年，是西部两性差别最大的省份，与全国平均受教育年限的8年相差实在太远了。另外，西藏女性为4.19年、云南为5.70年、青海为5.90年，这些省份的女性人口受教育年限还不到5年或6年，这说明当地女性享受教育资源存在着明显不足。

表4—8　2002年西部地区分性别6岁及以上人口的平均受教育年限

（单位：年）

	男	女		男	女		男	女		男	女
内蒙古	8.46	7.51	四川	7.83	6.99	西藏	5.15	4.19	青海	7.20	5.90
广西	8.15	7.24	贵州	7.47	6.28	陕西	8.07	7.09	宁夏	7.44	5.00
重庆	7.91	7.14	云南	6.91	5.70	甘肃	7.52	6.37	新疆	8.60	8.28
全国	8.33	7.33	西部	7.56	6.47						

资料来源：国家统计局人口和社会科技统计司：《中国人口统计年鉴2003》，中国统计出版社2003年版，经计算获得。

表4—9可看出西部农村劳动力文化程度与全国水平的差距。文盲或半文盲只有内蒙古、重庆、陕西与新疆接近或稍低于全国水平，其中广西每百个劳动力人口中的文盲与半文盲低于全国2.89人，在小学与初中程度人数比较中基本接近全国水平。此外学历越高，差距越大。贵州、云南、西藏、甘肃、青海和宁夏等省份的文盲与半文盲人口很多，其中西藏为58.42人，高出全国水平50.83人，即西藏农村人口一半以上是文盲或半文盲。高中、中专和大专

以上学历,整个西部地区比全国平均水平分别低出 2.38 人、0.54 人和 0.2 人,其中内蒙古和陕西大专及大专以上人口高出全国同期平均水平, 分别高出 0.21 人和 0.16 人, 除西藏从高中学历开始就为零外, 别的省市在大专及以上学历中, 广西与青海是最低的 (缺西藏数据), 分别只拥有 0.18 人和 0.16 人, 远低于全国平均水平。

表 4—9　西部地区农村居民家庭劳动力文化程度

(平均每百个劳动力中)

(单位:人)

	文盲或半文盲	小学程度	初中程度	高中程度	中专程度	大专及以上
全国	7.59	30.63	49.32	9.81	2.09	0.56
西部	12.73	36.28	41.65	7.43	1.55	0.36
内蒙古	6.55	30.11	50.10	10.61	1.87	0.77
广西	4.70	33.57	49.66	9.48	2.42	0.18
重庆	6.57	41.25	44.28	6.04	1.57	0.30
四川	8.62	38.87	44.96	5.91	1.42	0.22
贵州	19.67	39.42	35.33	3.66	1.66	0.26
云南	17.37	44.13	32.29	4.92	1.19	0.09
西藏	58.42	41.00	0.58			
陕西	8.70	26.71	51.24	11.46	1.17	0.72
甘肃	19.66	27.90	38.61	11.96	1.25	0.62
青海	32.56	33.07	28.20	5.24	0.78	0.16
宁夏	16.89	30.30	41.94	8.74	1.65	0.47
新疆	7.08	44.39	39.40	6.70	1.98	0.45

资料来源:国家统计局农村社会经济调查总队:《2003 年中国西部农村统计资料》,中国统计出版社 2004 年版。

（三）女性劳动力人口就业水平较低和就业结构不合理

首先,从西部地区农村从业人员来看,从 1990 年至 2002 年,西部农村从业人数女性高于男性,男性出现逐年增长趋势,而女性较平稳。从表 4—10 中显示:男性乡村从业人员 1990 年占全国比重为 29.9%,2002 年上升到 30.8%,增长近 1 个百分点,女性 1990 年占 31.8%,高出男性同期 1.9 个百分点,2002 年,女性乡村从业人员为 31.1%,下降 0.7 个百分点,高出男性同期水平 0.3 个百分点。从事第一产业的人数远远高出第二、三产业,主要从事农林牧渔业,其次是工业、建筑业和其他非农行业,从事建筑业人员呈上升趋势,同时其他非农行业上升幅度较大。按行业分组中,工业所占的比重是最低的,从四个年度看,分别只占有 12.8%、13.6%、13.4%、13.3%,不到农林牧渔业的 1/2。

表 4—10　1990、1995、2000、2002 年西部农村地区基本情况

	单位	1990	1995	2000	2002
占全国的比重					
一、农村基层组织					
乡镇个数	%	42.0	39.9	41.4	43.3
乡个数	%	46.5	46.3	49.8	53.0
镇个数	%	24.5	28.9	31.1	33.7
村民委员会个数	%	29.2	29.3	29.3	29.6
二、乡村户数和人口					
乡村户数	%	28.5	28.8	29.1	29.0
乡村人口数	%	29.8	29.9	30.2	30.2
三、乡村从业人员	%	30.8	31.3	30.8	28.7
（一）按性别分组					

	单位	1990	1995	2000	2002
1. 男	%	29.9	31.0	30.7	30.8
2. 女	%	31.8	31.6	31.0	31.1
(二)按行业分组					
1. 农林牧渔业	%	34.1	35.2	33.8	34.2
2. 工业	%	12.8	13.6	13.4	13.3
3. 建筑业	%	18.9	21.3	23.1	24.0
4. 交通运输、仓储及邮电通信业	%	18.7	19.5	21.2	21.5
5. 批发零售贸易、餐饮业	%	21.1	20.9	21.4	21.8
6. 其他非农行业	%	22.7	28.2	34.9	35.3

资料来源:国家统计局农村社会调查总队:《2003 年中国西部农村统计资料》,中国统计出版社 2003 年版,第 19 页。

　　其次,从西部地区就业人口与全国同期水平相比较可看出(见表4—11),西部地区从事第一产业的人员所占比重(75.23%)远远超出全国或东部地区,超出东部23.98 个百分点,超出全国平均水平10.85 个百分点,属典型的以第一产业为主,从事第二产业和第三产业人员所占比重逐渐降低。由于西部地区大量劳动力集中在农业部门,而相对回报更高的就业部门所占比重又较低,加上就业人员文化素质和所具有的科技知识水平较东部地区低,故进入较高层次的部门就业更难。第二产业结构中,西部地区从业人员差不多是东部地区所占比重的1/3,由于西部地区特殊的地理环境条件,从事采掘业与地质勘查和水利管理人员相对东部要高,由此看来,劳动力就业时,其就业条件与所在地区的环境非常重要。第三产业从业人员中,西部地区没有任何部门的就业人口超出全国同期水平。

表 4—11　2000 年我国东、西部就业人口的
行业结构和产业结构比重　　（单位：%）

行业和产业	全国	东部	西部
第一产业	64.38	51.25	75.23
农、林、牧、渔业	64.38	51.25	75.23
第二产业	16.94	26.39	9.43
采掘业	1.04	0.88	0.90
制造业	12.46	20.90	5.96
电力、燃气和水的生产和供应业	0.63	0.67	0.55
建筑业	2.68	3.83	1.88
地质勘查业、水利管理业	0.13	0.11	0.14
第三产业	18.68	22.36	15.34
交通运输、仓储及邮电通信业	2.58	3.01	2.08
批发和零售贸易、餐饮业	6.69	8.51	5.26
金融、保险业	0.59	0.69	0.47
房地产业	0.23	0.38	0.12
社会服务业	2.15	2.88	1.61
卫生、体育和社会福利业	1.06	1.14	0.93
教育、文化艺术及广播电影电视业	2.56	2.64	2.42
科学研究和综合技术服务业	0.22	0.29	0.18
国家机关、党政机关和社会团体	2.35	2.59	2.05
其他行业	0.25	0.23	0.20

资料来源：国务院人口普查办公室、国家统计局人口和社会科技统计司
编：《中国 2000 年人口普查资料》，中国统计出版社 2002 年版。

最后，从从业人员的科技文化素质状况来看，国外部分国家
基本情况是：2000 年，每万名劳动者中从事研究和开发活动的

科学家和工程师，日本是 79.6 人，美国是 73.3 人，法国是 56.9
人，韩国是 41.8 人，新加坡是 41.9 人。我国只有 6.8 人，而且
人才结构与地区分布极不合理，专业技术人员主要集中在东部地
区，西部仅占全国总数 15.4%。[①] 表 4—12 明显看出我国东、西
部地区从业技术人员差距，西部地区第一产业的专业技术人员比
重明显高于东部地区及全国平均水平，高出全国同期平均水平
2.04 个百分点，高出东部 3.05 个百分点。从事第二产业的专业
技术人员比重西部最小，而从事第三产业的专业技术人员所占比
重东、西部和全国水平基本持平，而在交通运输、通信、金融保
险和房地产等第三产业中较高级行业的专业技术人员中，西部
最少。

表 4—12　2000 年我国东、西部专业技术人员产业结构

(单位:%)

产业	全国	东部	西部
第一产业	2.61	1.60	4.65
第二产业	24.65	25.56	22.66
第三产业	72.74	72.84	72.69

资料来源:中国国家统计局编:《2001 年中国统计年鉴》。

　　另外，表 4—13 表明,2000 年西部各省都以第一产业为主,云
南最高,占到三次产业的 73.9%,其次是西藏,达 73.8%,最低是
内蒙古,达 54.5%,也超过一半。第二产业比重相对第三产业要
轻,平均为 13.02%,第三产业平均为 25.43%,高出第二产业

　　① 李小林:《促进教育发展和人力资本开发的财政政策》,《事业财会》2001
年第 3 期。

12.41个百分点。与表4—14比较,西部地区第一产业各个省份均有不同程度的下降,最高的是西藏(73.8%),比重最低的是甘肃和青海,同为49.9%,比同期全国平均水平(46.9%)高出3个百分点,可见西部地区第一产业,仍远远高出全国平均水平,第二产业变化不是很大,第三产业中,除了西藏和甘肃有所下降,其余省份均有所上升。在变化的产业结构调整过程中,需要从业人员也随时提高素质与相应的能力,才能跟上变化的步伐。与表4—14比较,西部地区占比重超过一半的第一产业只占有4.65%的专业技术人员,在25.43%的第二产业结构中,拥有72.69%的专业技术人员。不过从全国水平看,第一产业专业技术人员比重低,专业技术人员集中在第三产业。

表4—13　2000年西部地区三次产业从业人员构成　(单位:%)

	广西	重庆	四川	贵州	云南	西藏	陕西	甘肃	青海	宁夏	新疆	内蒙古
第一产业	62.2	56.5	59.6	67.3	73.9	73.8	55.7	59.7	60.9	57.8	57.7	54.5
第二产业	10.2	15.3	14.5	9.3	9.1	5.7	16.5	13.8	13.4	18.1	13.8	16.5
第三产业	27.6	28.2	25.9	23.4	17.0	20.5	27.8	26.5	26.7	24.1	28.5	29.0

资料来源:《2001年中国统计年鉴》,中国统计出版社2001年版。

表4—14　2004年西部地区三次产业从业人员构成　(单位:%)

	广西	重庆	四川	贵州	云南	西藏	陕西	甘肃	青海	宁夏	新疆	内蒙古
第一产业	57.8	47.6	52.8	59.6	71.3	73.8	51.2	58.5	49.9	49.9	54.2	54.5
第二产业	10.8	20.1	17.5	9.8	9.1	9.1	17.3	13.8	21.4	21.4	13.2	14.9
第三产业	31.3	32.3	29.6	30.6	17.0	19.6	31.5	16.5	28.7	28.7	32.6	30.6

资料来源:《2005年中国统计年鉴》,中国统计出版社2005年版。

二、劳动力健康状况不乐观

(一)整体健康水平在提高,问题日益突出

建国以来,我国政府通过多种途径改进医疗卫生状况,努力开展医疗合作,极大地促进了我国卫生状况的显著改善和居民期望寿命的显著增加。收入增加、医疗技术改进和实施公共卫生计划,是二战以来发展中国家居民健康状况得到显著改善的三个基本因素。[①] 我国也正是由于经济发展带来了人民生活水平的整体提高,从而进行了多方医疗卫生改革与实施公共卫生计划,使全国人民整体健康水平得到了较大提高。按照世界卫生组织确定的标准,衡量一个国家人民健康水平主要有三大指标:一是人均期望寿命;二是婴儿死亡率;三是孕产妇死亡率。新中国成立初期,我国人均期望寿命为 35 岁,2005 年提高到 71.8 岁;在我国对总体卫生投入不足的状况下,大幅度降低了死亡率,其中婴儿死亡率是衡量一个国家或地区社会发展水平的重要标志。婴儿死亡率,建国初期为 200‰,下降到 2005 年的 25.5‰,基本控制在 33‰左右;孕产妇死亡率,从建国初期的 1500/10 万,下降到 2005 年的 50.2/10 万。这三大指标的变化,标志着我国国民的健康水平已经达到了发展中国家的较高水平。2005 年,城镇职工参加基本医疗保险的约有 1.3 亿人,享受公费医疗的职工约有 5000 万人。从 2003 年开始,全国 31 个省、自治区、直辖市的部分县,开展了由中央财政、地方财政和农民自愿参加筹资,以大病补助为主的新型农村合作医疗试点。2005 年参加试点的农民人数为 1.56 亿人。另外,从

---

① 世界银行:《1993 年世界发展报告:投资于健康》,中国财政经济出版社1994 年版。

图 4—1 可看出,农村地区孕产妇死亡率高于全国平均水平,远远超出城市,这说明经济欠发达地区,女性健康保障措施远不及城市。从以上数据可看出,我国整体医疗水平在提高,但西部农村地区农民参保人员少,孕产妇死亡率、婴儿死亡率相对较高,与全国水平相比还有一定差距。

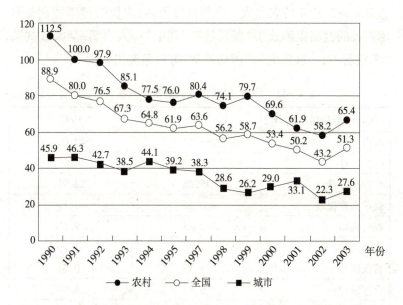

图 4—1　1990—2003 年全国、城市、农村孕产妇死亡率(单位:1/10 万)

资料来源:国务院妇儿工委《九十年代中国儿童发展状况报告》;国家统计局《2002、2003 年两纲监测统计年报数》。

　　因此,在关注所取得的成绩时,还必须关注隐含的问题:

　　第一,我国 80% 医药卫生资源主要集中在城市,而城市卫生资源利用效率低,闲置浪费严重。我国农村卫生资源严重缺乏,尚不足以应对公共服务和基本医疗服务的需求,使农村卫生服务效益的提高受到严重制约。我国实行的医疗保障体系把农民基本排除在外(表4—15),尽管各级政府逐年在采取多种措施提高农村的医疗保障,但迄今为止,农村绝大多数家庭依然是家庭一家一户的内部保障方式,农民得到的医疗服务水平远远低于城镇居民,而就医时需要承担的成本却远远高出城镇居民,经济风险也大大增加。2003年,甘肃省在山丹等5个新型农村合作医疗试点县的调查显示,93.52%的农民成了自费医疗群体,农民的健康特别是贫困农民的健康保障处于"断层带"。其中"一人得病,全家致贫","无钱看病,小病熬大","因病返贫"等现象突出。

表4—15　1993、1998年我国健康保险覆盖情况　（单位:%）

保险计划和覆盖人群	1993	1998
城市人口	53.73	42.09
公费医疗	18.22	16.01
劳保医疗	35.26	22.91
商业医疗保险	0.25	3.17
农村人口	12.83	9.58
公费医疗	1.56	1.16
劳保医疗	1.13	0.51
合作医疗	9.81	6.50
商业医疗保险	0.33	1.41

资料来源:卫生部1993年和1998年卫生服务总调查相关数据。

第二,我国社会医疗保险构建于城乡社会分割基础上,绝大多数农村人口及在城市从业的乡村迁移人口被排除在外。即便是目前试点的新型合作医疗,由于服从属地原则,因而远远不能满足工业化、城市化对促进和保护劳动力流动的社会健康保障需求。

第三,公共支持不足与制度设计"缺陷"等,使农村合作医疗难以根本解决农村居民的健康保障问题。农村健康保障制度的缺失,实际上等于提高了农民的疾病负担和风险,降低了卫生服务福利,形成反贫困或扶贫重要障碍。在城市,截至 2006 年 11 月底,全国97.4%的地级以上城市和92.8%的市辖区开展了社区卫生服务,已有城市社区卫生服务中心 5059 个,社区卫生服务站 17967 个。随着我国经济市场化的推进,政府为了减轻财政负担,政府与社会的筹资比例在不断下降。2000 年,政府卫生投入占 15%,社会筹资占 25%,个人筹资占 60%,而 1990 年的结构正好相反,个人只负担37%。①

不过,从 2007 年起,中央财政对我国中、西部地区分别按社区服务人口人均 3 元、4 元并结合各地社区公共卫生服务绩效考核情况给予补助,除了中央财政,省、市、区三级财政也有投入。随着经济发展,财政经费还会增加,有可能增加到 10 元或 20 元,公共卫生服务的范围也会扩展。

(二)西部地区基本医疗卫生条件尤为落后

经济发展所带来健康条件的改善非常明显。目前,我国已基本完成疾病模式的转变,世界银行估算我国的疾病负担,25.3%归因于传染性疾病,58.0%归因于慢性非传染性疾病,16.7%则归因于各种伤害等。② 这标志着我国疾病的流行病学模式以慢性非传染性疾病为主。我国东部地区医疗卫生投入与卫生条件明显优越于西部地区,同样,我国城乡也存在着较大差别,表4—16 就可明显看出城乡差距。在农村,呼吸系统疾病是死亡的主要元凶,而相

---

① 陈英耀、吕军:《控制卫生费用还是投资于健康——兼论健康产业模式》,《中国医院管理》2003 年第 4 期。

② World bank.（1993）World Development Report. Investing in Health, New York：Oxford University Press,1994.

对于城市,农村空气与污染更小的情况下,医疗卫生条件差与农户的卫生资源投入低应该是主要的原因。在城市,最高死亡原因归因于目前医学手段难以克服的恶性肿瘤,而新生儿疾病与肺结核在城市中影响极小或忽略不计,而在农村却占到 1.26% 和 1.24%,在目前能够克服与治愈的医疗手段下却出现死亡现象,这应该说是一个不可忽视的问题。

表4—16　我国城市与农村前 10 位主要疾病死亡原因构成

疾　病	城　市		农　村	
	占总死亡百分比(%)	排位	占总死亡百分比(%)	排位
恶性肿瘤	24.93	1	17.73	3
胸血管病	20.41	2	18.95	2
心脏病	17.61	3	13.08	4
呼吸系统疾病	13.36	4	22.46	1
损伤和中毒	5.87	5	10.72	5
内分泌、营养、代谢及免疫性疾病	3.16	6	1.11	10
消化系统疾病	3.14	7	4.06	6
泌尿、生殖系统疾病	1.57	8	1.53	7
精神疾病	0.99	9	—	—
神经疾病	0.96	10	—	—
新生儿疾病	—	—	1.26	8
肺结核	—	—	1.24	9
合计	92.00		92.14	

资料来源:陈英耀、吕军:《控制卫生费用还是投资于健康——兼论健康产业模式》,《中国医院管理》2003 年第 4 期。

　　据《2004 年中国统计年鉴》数据分析,全国人口平均预期寿命为 71.4 岁,最高为上海,达 78.14 岁。西部地区平均为 68.42 岁,比全国同期人口预期寿命低 2.98 岁,最低的是西藏、云南、贵州,三省平均预期寿命分别为 64.37 岁、65.49 岁和 65.96 岁,分别比全国平均水平少 7.03 岁、5.91 岁和 5.44 岁。从这些数据,可以粗浅地反映出我国西部地区健康状况整体低于全国水平。我国公共卫生资源和基本医疗卫生服务在西部经济落后与地处偏远的地区可得性较差,其产出效果存在着明显的地区差异。以 2003 年为例(表 4—17),北京和上海每千人口拥有医院卫生床位数分别为 4.86 张和 4.37 张,与美国处于同一水平;而贵州、广西、重庆则不足 2 张,低于全国同期平均的 2.29 张,拥有床位数最多的是新疆,超过全国同期水平 1.31 张。其实我国在 2000 年时平均每千人口床位数就有 2.38 张,从 1990 年到 2000 年全国卫生床位数平均保持在 2.30 张至 2.40 张,[①]这说明在我国,西部地区的医疗卫生投入明显呈现出地区差异。另外,北京和上海每千人口拥有卫生技术人员分别为 7.70 人和 5.97 人,而西部地区大部分省份不足 4 人。就贵州省农村医疗卫生来说,每千人拥有乡村医生和卫生人员才 1.17 人,而且在农村,医疗卫生技术人员素质很低,全省具有大专及以上学历的占 27.2%,中专学历占 59.7%,乡镇卫生技术人员中获得中级以上技术职称的比重仅为 4.48%,比全国低了近 2 个百分点。[②]

---

　　①　Ministry of Health China. Chinese Health Statistical Digest. www. goh. gov. com.

　　②　杨琦、洪名勇、董景奎:《健康投资与农村卫生事业的发展》,《山地农业生物学报》2006 年第 2 期。

表4—17　2003年我国西部地区医疗卫生基本情况

地区	各地区总人口数(万人)	医院、卫生床位数		卫生技术人员数	
		地区总数(人)	人均数(张/千人)	地区总数(人)	人均数(人/千人)
全国	129227	2955160	2.29	4306471	3.33
内蒙古	2380	60530	2.54	101153	4.25
广西	4857	82206	1.69	118181	2.43
重庆	3130	59794	1.91	77449	2.47
四川	8700	176616	2.03	240898	2.77
贵州	3870	56199	1.45	77557	2.00
云南	4376	89677	2.05	112396	2.57
西藏	270	5859	2.17	8287	3.07
陕西	3690	95712	2.59	134732	3.65
甘肃	2603	56946	2.19	82306	3.16
青海	534	15001	2.81	19822	3.71
宁夏	580	14851	2.55	23126	3.99
新疆	1934	69681	3.60	95769	4.96

　　资料来源:《2004年中国统计年鉴》,西部数据经计算获得。

　　目前,北京和上海农村饮用自来水覆盖率已经接近或达到100%,但全国最低水平的西藏只有16%的农村人口饮用自来水。北京、上海的农村家庭人均医疗保健支出均超过300元,西部地区中除个别省区市高于全国平均水平以外,其余各地均低于全国平均水平,其中西藏为全国最低,仅为21.27元,不足全国平均水平的1/5,约为全国最高水平的1/18。[1]　由此可见,西部地区医疗卫

————

　　[1]　李澜:《潜藏的力量:西部地区农村女性人力资源开发》,中国经济出版社2006年版,第92页。

生资源的投入与农户可支付医疗费用与全国平均水平相比差距较大。这表示今后一段时期里,我国对农村医疗卫生的投入与农户对医疗卫生的投资还有艰难的历程。

(三)政府医疗投资不足

1990 年,我国医疗卫生支出占 GDP 的 3.5%,人均医疗费为 11 美元,分别只有世界平均水平的 44% 和 3% 左右,甚至低于印度等许多发展中国家的医疗卫生支出。[①] 2000 年,我国卫生费用达到 4764 亿元, 人均 376.4 元。在不考虑物价指数的情况下, 2000 年卫生总费用是 1990 年的 5.4 倍, GDP 为 3.8 倍, 如果以不变价格计算, 2000 年卫生费用是 1990 年的 2.2 倍, GDP 是 1990 年的 1.4 倍。因此, 在考虑了物价指数后, 我国卫生费用的增长趋向于相对平稳上升。另外, 考虑到人口基数的扩大, 2000 年人均卫生费用是 1990 年的 4.8 倍, 考虑物价指数, 2000 年人均卫生费用是 1990 年的 1.9 倍。[②] 2003 年全国卫生总费用为 6598 亿元, 占 GDP 的 5.6%, 达到发展中国家的较高水平。但其中政府投入仅占 17%, 企业、社会单位负担占 27%, 其余 56% 由居民个人支付。在欧洲发达国家, 医疗卫生费用约占 GDP 的 10%, 其中的 80% ~90% 由政府负担。即使是市场经济高度发达、医疗卫生服务高度市场化的美国, 政府卫生支出也占到整个社会医疗卫生支出的 45.6% (2003 年)。与我国经济发展水平相近国家相比, 泰国政府投入占 56.3% (2000 年), 墨西哥占 33% (2002 年), 都大大高出我国平均水平。由于政府

---

① 　世界银行:《1993 年世界发展报告:投资于健康》,中国财政经济出版社 1994 年版。

② 　陈英耀、吕军:《控制卫生费用还是投资于健康——兼论健康产业模式》,《中国医院管理》2003 年第 4 期。

投入水平过低，医院运行主要靠向患者收费，从机制上出现了市场化导向。群众医疗交费，不仅要负担医药成本，还要负担医务人员的工资、补贴，一些医院靠贷款、融资购买高级医疗设备、修建病房大楼，相当一部分要患者负担的医疗费用来偿还。[1] 过去十几年时间，我国卫生费用投入较低，至少低于世界卫生组织所建议的发展中国家应为5%的参考水平，这说明我国医疗卫生费用投入还不足。

三、迁移流动较缓慢
(一)迁移人口总体态势

20世纪90年代，我国市场经济得到了更为全面的发展与完善，经济社会的快速发展和各地经济社会发展呈现的多样性，进一步刺激了我国人口迁移流动。首先从"五普"资料看出西部地区省际迁出人口达1173.8万人（表4—18），其中流向东部地区816.9万人，占西部总省际迁出人口的69.6%，这说明经济较为发达的东部地区吸引了大量西部地区的迁移人口，东部地区也就成为了西部迁移人口的主要流入地。从省际迁入人口的来源地分析来看，从东部地区迁入西部地区仅为95万人，占整个迁入人口的19.2%，一半多以上人口是西部迁移人口在省内流动，还有少部分流向中部地区。从迁入与迁出人口分析来看，西部向东部净迁入人口达721.9万人次。

***

① 《卫生部长作关于医疗卫生事业改革和发展报告》，人民网2005年8月3日。

表4—18　2000年我国东、西部人口迁移流动总态势

（单位:万人）

迁出地	总计	流向		流向比例(%)		迁入地	总计	来源地		来源比例(%)	
		东部	西部	东部	西部			东部	西部	东部	西部
西部	1173.8	816.9	267.4	69.6	22.8	西部	493.7	95.0	267.4	19.2	54.2

资料来源:国务院人口普查办公室、国家统计局人口和社会科技统计司编:《中国2000年人口普查资料》,中国统计出版社2002年版。

　　西部地区由于各省人口状况、自然环境、经济状况和社会发展状况有较大差异,在人口迁移流动中各省情况都不尽相同。西部省际人口迁入中,规模最大的是新疆,省际迁入人口达120.23万人。人口迁出最多的是人口大省四川省,净迁出人口达469.69万人。其次是自然条件较差、环境承载能力弱、生活较艰苦的广西和贵州,分别有163.23万人和102.16万人;新疆和云南是西部两个净迁入人口多的省份,新疆净迁入人口接近100万人,云南也有35.22万人,作为民族自治区的宁夏和西藏,人口规模本来就小,其迁移规模也相对较小,呈现净迁入状态,见表4—19。

表4—19　我国西部各省、区、市省际人口迁移状况

（单位:万人）

省份	迁入	迁出	净迁出
广西	30.26	193.49	163.23
重庆	47.13	116.12	69.07
四川	62.06	462.68	400.62
贵州	27.52	129.68	102.16
云南	77.13	41.91	−35.22
西藏	7.44	3.72	−3.72
内蒙古	34.26	46.43	12.17

省份	迁入	迁出	净迁出
陕西	44.53	75.72	31.19
甘肃	21.44	59.03	37.59
青海	8.10	12.96	4.86
宁夏	13.26	9.20	−4.36
新疆	120.23	22.82	−97.41

资料来源:转引自蔡新会、巩刚军:《90 年代中后期西部地区迁移人口特征分析》,《社科纵横》2004 年第 2 期。

(二)迁移人口的年龄性别特征与迁移原因

迁移流动中的人口年龄与性别是分析人口迁移的重要指标。"四普"资料显示:全部迁移人口的性别比为 123.1,其中省内迁移为 119.3,省际迁移为 139.1,男性都高出女性。据"五普"0.1% 抽样数据推算,全国女性省际迁移约为 1600 万人,比"四普"时增长2.5 倍,而男性只增长了 1.85 倍,说明女性人口迁移的速度超过了男性。表 4—20 可看出,迁入比例男性高于女性,且差距逐渐缩小,女性迁入比例增加了 5.1 个百分点。在迁出人口比例中,女性高于男性,差距也在缩小,1990 年两者相差 9.2 个百分点,2000 年缩小为 2 个百分点。在西部省际迁移中, 迁入西部的人口平均年

表 4—20 1990 年、2000 年我国西部地区省际迁移人口性别构成

(单位:%)

西部地区	1990 年				2000 年			
	迁入		迁出		迁入		迁出	
	男性	女性	男性	女性	男性	女性	男性	女性
	64.7	35.3	45.4	54.6	59.6	40.4	49.0	51.0

资料来源:1990 年人口普查 1% 抽样数据,2000 年人口普查 1‰抽样数据。

龄为 25.37 岁,迁出人口中绝大多数也在 25 岁左右,说明迁移人口以年轻人为主。

女性人口迁移原因,女性人口迁移数量扩张,男性优势的消失,从一个侧面反映出社会的进步,它说明我国女性社会经济地位有了显著提高。随着我国经济社会发展,女性承担起越来越重要的角色。同时,外出务工也提供给了女性远嫁他乡更多的机会,随着女性通婚圈的扩展,婚姻迁入的规模也逐渐在扩大。在迁出人口中,女性人口迁移增长速度高于男性有很大一部分原因是女性外嫁,在我国传统婚嫁模式里,男性外嫁几率很少。近年来男女迁出比例缩小趋势不是因为婚居模式发生了较大变化,而是经济社会的快速发展,外出自我发展女性越来越多。据推算,"五普"时务工经商的女性迁移人口比"四普"增长了 2.1 倍,增幅大大超过其他迁移原因,也显著超过男性;在女性省际迁移总量中,务工经商的比重竟高达 60%,而"四普"尚不到 20%(表 4—21),这一点无疑是促成女性人口迁移的主要推动力。

表 4—21　女性人口迁移原因构成　　　（单位:%）

原因	五普					四普	
	总计	省内	省际	汉族	少数民族	省内	省际
务工经商	25.3	14.5	59.9	25.9	18.2	16.4	19.4
工作调动	24	28	1.4	2.4	3.0	6.9	7.9
分配录用	25	3.0	0.9	25	29	4.6	24
学习培训	10.6	12.4	4.8	10.5	10.9	11.9	5.7
婚姻潜入	20.7	24.0	10.4	20.2	28.3	27.6	29.9
其他	38.4	43.5	22.5	38.6	36.7	32.6	34.7

资料来源:转引自张善余、俞路、彭际作:《当代中国女性人口迁移的发展及其结构特征》,《市场与人口分析》2005 年第 2 期。

　　另外,从男女迁移分析,在省际流动中,两性都是以务工经商为主,男女分别占到了68.62%和59.3%(表4—22),男性高于女性;婚姻迁入中,男女比例分别为1.13%和10.47%,女性比例大大高于男性;随迁家属的情况与婚迁一样,女性高出男性,高出4.83个百分点。而在省内流动人口的流动原因是比较分散的,"非务工经商"的原因占81.42%。在婚姻迁入中,男女比例与省际迁移不一样,省内婚姻男女迁移比例分别为3.49%和23.65%。

表4—22　2000年分性别迁移流动人口迁移原因　　(单位:%)

迁移原因	省内			省际		
	合计	男	女	合计	男	女
务工经商	18.58	23.52	14.36	64.17	68.62	59.30
工作调动	4.81	6.97	2.97	2.83	3.94	1.61
分配录用	3.65	4.52	2.91	1.61	2.11	1.06
学习培训	13.52	14.99	12.27	6.56	7.76	5.25
婚姻迁入	14.36	3.49	23.65	5.59	1.13	10.47
拆迁搬家	19.48	22.08	17.26	0.89	0.87	0.90
随迁家属	14.12	12.17	15.78	9.35	7.05	11.88
投亲靠友	5.01	4.89	5.11	5.09	4.43	5.81
其他	6.47	7.38	5.69	3.91	4.10	3.72

　　资料来源:转引自张为民、马京奎、于弘文:《我国劳动力迁移流动的特征》,《统计研究》2004年第6期。

(三)迁移人口的受教育程度

　　"五普"资料与表4—23看出,西部地区迁出人口中,初中及以下文化程度占到了迁出人口总量的82.4%,其中小学及以下文化程度占27.7%,初中文化程度为54.7%。这说明西部地区输出了大量文化程度较低,所从事的行业层次相对较低的劳动力。高中学历占 12.1%,大专仅占 1.7%,本科及本科以上为 3.7%,可见,大量外出人口中文化层次低下。在迁入人口中同样是以小学及以下和初中文化程度为主,只是比例有所降低,三者相加占总迁入人口的 71.4%。其次是高中学历占 13.9%,与迁出人口不相上下,大专及以上占 14.6%,与迁出人口相比,迁入人口中,受高等教育人口明显高于迁出人口的比例,高出了近 10 个百分点。

表4—23　2000 年西部地区迁移人口受教育状况　（单位:%）

西部地区		文盲半文盲	小学	初中	高中(中专)	大专	本科及以上
	迁出人口	2.4	25.3	54.7	12.1	1.7	3.7
	迁入人口	5.2	25	41.2	13.9	3.8	10.8

　资料来源:国务院人口普查办公室、国家统计局人口和社会科技统计司编:《中国 2000 年人口普查资料》,中国统计出版社 2002 年版。

（四）劳动力外出基本情况

据 2002 年 11 月至 12 月,农业部对全国 31 个省、自治区、直辖市所属近 300 个农村固定观察点村庄大约 2 万个农村住户,进行的农村劳动力外出就业情况的问卷调查来看,西部地区农村劳动力外出就业的占总劳动力的 19.87%,比 2000 年的 18.1%增长了 1.8 个百分点,比东部地区高出 3.6 个百分点。外出劳动力主要集中在建筑业、工业和餐饮业 3 个行业,分别占总就业人口的 25%、22%和 18.6%,在家政和护理业就业的只占 1.6%。西部地区外出劳动力大多以省内为主,在乡外、县内就业的占 35.3%,县外、省内就业的为 29.2%,跨省流动的占 35.5%,远高于东部的 14%,但低于中部地区的 53.7%。西部地区外出劳动力中,男性占 73.4%，高出东部地区 4.4 个百分点。① 外出劳动者大多要忍受工作辛苦、就业环境差、工资低、受到歧视且没有安全保障等艰辛。

(五)制度变迁中的人口迁移流动

当前，我国社会人口迁移流动特点主要有三个：一是"二元"社会结构壁垒森严，现代化中必然发生的城乡关联与人口几乎无涉；二是数次发生逆城镇化事件，成为非常独特的人口迁移现象；三是改革开放以来城乡人口迁移模式多样化。几种人口迁移的特点都与当代中国社会的制度变迁有直接的关系。② 下面分析有哪些制度阻碍我国农村人口向城市迁移。

首先是户籍制度。户籍制度并不直接对农村人口的城乡迁移产生作用，而是作为各种政策制度实施的载体对城乡人口迁移发挥约束作用，并因此而成为城乡之间各种社会矛盾积聚的焦点。在目前农村土地制度下，由于农民拥有土地权利，流动性相对较小，农民要想真正实现向城市的永久性迁移，就必须放弃所拥有的土地承包权，这样，我国农村土地制度就把农民的身份权与土地权利捆绑在一起，如果转变农民身份就失去土地权利，且得不到相应的补偿，这在一定程度上加大了农村人口向城市永久性迁移的成本。

其次是社会保障制度。农村人口迁移城市虽可成为城市劳动者，但被排斥在城市社会保障体系之外，缺乏社会保障使迁移进程的农民处于"随时面临生活无着"的状况，缺乏社会安全感，这无

---

① 张晓辉：《西部农民工流动趋势》，《发展》2003 年第 7 期。
② 吕昭河：《制度变迁与人口发展——兼论当代中国人口发展的制度约束》，中国社会科学出版社 1999 年版，第 221~223 页。

疑加大了农村迁移人口的心理成本;城市用工政策,城市劳动力市场上存在的对农村劳动力的用工歧视,降低了进城农民在城市的发展空间和就业预期。

再次是城乡教育体制的差异。由于目前我国城乡教育投入是由不同级别的政府负责,城乡义务教育投入政府主体的差异,使大量迁移进城的农民工子女被排斥在城市公办学校之外,高考制度的户籍限制,必须使农民工子女返回原户籍地考试,这种教育"二元"结构特征,大大阻碍了农民工进城的积极性。

此外,在我国人口迁移流动中,随着经济发展与国际化流动越来越频繁,我国国际迁移流动也呈现逐年上升趋势。

第三节　我国女性劳动力人口投资现状

一、我国女性人口经济社会现状

在我国,目前女性所呈现的社会地位、家庭地位现状,与女性在整个经济社会发展中所起的作用有些不相符。首先表现为社会地位与家庭地位低下。由于受经济条件、自然环境约束和传统文化等因素影响,女孩不能和男孩一样较为完整与平等地完成学校正规教育,这预示着女性相对男性接受的教育程度要低,加上传统的"男主外女主内"的思想熏陶,女性在学习料理家务、照顾家庭与从事农作物生产等方面投入的时间明显要多,这样在依靠知识与技能参与竞争的市场中,女性怎么也不占有优势。全国妇联1990年的调查,农村男性年收入平均为1518元,而女性则为1235元,相差了283元。另根据第二期中国妇女社会地位抽样调查主要数据报告结果显示:1999年城镇在业女性包括各种收入在内的年均收入占男性的70.1%,男女两性的收入差距比1990年扩大了 7.4 个百分点,实际数字差额为 303.94 元。以农牧渔业为主的女性 1999 年的年均收入为男性的 59.6%,差距比 1990 年扩大了 19.4 个百分点。尽管数据显示女性中各级负责人有所增加,各类专业技术人员的比例高于男性,但这两类职业中,女性收入占同类男性收入比例仅为 67.9% 和 68.3%,低于平均水平。由此可见,如果说存在贫困人口,女性是其中最贫困的人口。

　　随着市场经济日益完善,岗位采取竞争而不是政策分配的前提下,不具有市场竞争能力的人就被淘汰,女性在同样的竞争条件下,自然比不过接受教育资源更为丰富的男性。加上企业普遍在就业、加薪、提升等多方面对女性员工采取性别歧视的做法,使得女性不仅找工作难,而且在收入、福利与待遇方面都受到一定歧视。① 全国妇联 2000 年第二次妇女地位调查结果表明:从 1990 到 1999 年,城市女性与男性的工资比率从 77.5:100 下降到 70.1:100,而在农村则从 79:100 下降到 59.6:100。② 随着城市越来越多的女性被迫离开职场、"暂避"家庭,城市失业者中下岗女工越来越多。那些暂时退回家中的女性一方面承受着收入的减少,另一方面所承受的心理压力也在增加,如果一旦失去了经济独立,她们在社会与家庭中的地位会随之下降。因此,那些依旧在工作岗位上的女性则不得不降格以求,被迫接受低工资、少福利歧视,接受粗活累活的工作。

---

　　① 国家统计局 1999 年的统计资料显示,男女收入差别的大小与受教育程度的高低有明显的相关关系,学历越高男女收入差别就越小,大学及以上学历的就业者男女收入差别为 1:0.87,大专为 1:0.84,高中为 1:0.76,初中和小学为 1:0.73。北京大学教育经济研究所的研究结果也显示,同等教育程度的男性收入普遍高于女性,其中,初中程度高 25.89%,高中程度高 17.35%,本科高 16.1%。
　　② 石彤:《中国社会转型时期的社会排斥——以国企下岗女工为视角》,北京大学出版社 2004 年版,第 107~127 页。

　　在农村,由于受文化教育的局限,女性享受社会资源少于男性。例如在政府实施免费的农业技术培训和科技推广等项目中,由于女性自身条件的限制,她们所获取此类资源就要滞后于男性。在同等条件下能够获取有效资源并能带来经济效益时却因素质等原因而不能享受时,所造成的潜在影响不是短期的经济问题,更重要的是人力资本积累问题。加上女性下岗职工的岗位挤对,①有可能导致农村女性的就业生存空间更为狭小。同时,在我国实施家庭联产承包责任制后,农村家庭普遍需要男性强劳力承担重体力活,使家庭成为一个独立的经济单位,而这个单位的代表,即户主,大多数为男性。在如农户间的互助、借贷、庆典活动和相关培训等事件中,都是户主之间打交道,户主出面主事。而女性很难拥有家长所拥有的社会资本。我国传统婚嫁模式决定了女性在结婚后要搬到丈夫家居住,这样就切断了她们与原来娘家伙伴、同学的关系,即新娘一旦入了夫家,她与以前的朋友关系也就很难再像婚前那样亲密。而她们新建立起来的社会关系也是依附于其丈夫建立,如要建立新的、满足自己需求的那种伙伴关系,需要付出更大成本,所以出嫁后的女性所建立的新的人际关系主要地被局限于家庭内部。同时,在我国现行农村社会保障体系和养老体系还不健全的情形下,农村家庭绝大多数只能靠家庭养儿防老。故女性在生育方面难有选择权,有的家庭受"传宗接代"的传统观念影响较大,女性还有可能成为丈夫家里生育儿子的机器。

---

　　① 这里说的就业岗位挤对是指有一定劳动技能与知识的下岗女性,在再就业过程中有可能挤掉本来是农村女性在从事的岗位,如开小卖部、美容美发等,使得行业竞争加大。

　　另外，家庭暴力不可忽视。由于在经济上，女性对丈夫的依赖，导致有的女性只能选择忍耐，根本无法反抗，这就使得家庭暴力时有发生。据中国社会科学院人口研究所调查，女性的经济自主权大小与被丈夫殴打的概率成正比例关系，也就是说，女性经济自主程度越低，被丈夫殴打的可能性越大。如被丈夫殴打的女性当中，每月在家中可以支配50元上下的人分别是52.63%（上海）、48%（济南）、52%（西安），可以支配51元至100元的比例为36.84%（上海）、44%（济南）、36%（西安），而每月可以支配450元以上的女性，只占10.53%（上海）和12%（西安）。家务劳动方面几乎全部由妇女来承担，根据第二期中国妇女社会地位抽样调查结果显示（图4—3）：有85%以上家庭做饭、洗衣、打扫卫生等日常家务劳动主要由妻子承担。女性平均每天用于家务劳动时间4.01小时，比男性多2.7小时，其差距仅比1990年缩短6分钟。城镇在业女性每天家务劳动时间平均为2.9小时，比1990年缩短0.85小时，仍比男性多1.6小时；农村女性每天的家务劳动时间平均为4.46小时，比城市女性多1.56小时，比1990年缩短0.72小时，比男性（1.58小时）多2.88小时。可看出农村女性比城市女性的家务劳动时间长，远远超出男性家务劳动时间。

　　由于资源有限性、传统文化对女性教化及家务劳动的难以量化，很多女性没有正确证明她们在家务劳动上的价值，使得女性所接受的教育、文化知识与技能低于男性，从而导致她们的劳动收益也低于男性，这种被社会长久认可的模式普遍决定了妇女处于从属的受支配地位，在为数不多的对民族地区女性社会地位的调研中反映，妇女在家庭决策权主要体现在处理家庭日常事务，绝大多数妇女在家庭财产权分配与处理上大都是没有多大权力的，更不用说对村上、乡镇上重大经济事务的知情权与决策权，妇女在家庭中的地位，客观上决定了女性在整个社会经济发展中所扮演的角色。

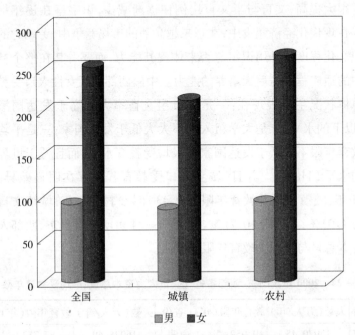

图4—2 男女两性每天家务劳动时间比较（单位：分钟）

二、我国女性人口获取文化教育投入现状

伴随着市场经济快速发展、社会进步与经济发展方式的转变，建设社会的力量不单依靠男人，在竞争社会里，女性在社会经济发展过程中需要真正起到"半边天"的作用，女性力量绝不可忽视。经济的发展有赖于文化素质、教育水平的提高和全社会对教育的普及与认同，因此有必要分析我国女性受教育及投资基本情况。

(一)东、西部各省、区、市女性受教育状况

改革开放以来,随着我国"两基"①的全面推进,整体文化程度有了很大提高,文盲与半文盲比例在逐渐减少,识字率在逐年提高。在现代化经济建设中,在越来越激烈的市场竞争中,劳动力的知识文化程度不是用识字与否来体现其能力,而要看其在整个社会中的适应程度与后天培养的能力。中国西部地区女性人口受教育总体状况主要表现在:一是人口粗文盲率大大高于发达国家2%以下的水平;二是大学粗入学率大大低于发达国家;三是平均受教育年限不仅低于发达国家的人均受教育水平,而且低于世界平均水平(11 年)。并且,城乡人口受教育程度存在明显差异。2004 年,城镇人均受教育年限为 9.43 年,乡村为 7 年;城镇文盲率为 4.91%,乡村为 10.71%。从表 4—24 可明显看出东、西部人力资本总量与平均受教育年限的差距。

表4—24　2000 年我国东、西部各省、区、市人力资本总量、平均受教育年限

省份	人数(万人/年)	教育年限(年)	省份	人数(万人/年)	教育年限(年)
北京	12970.45	9.959	内蒙古	16928.49	7.753
上海	14696.97	9.298	广西	30688.35	7.596
天津	8402.65	8.956	四川	54194.54	7.114
辽宁	33225.80	8.383	贵州	19408.43	6.204
广东	63199.05	8.079	云南	24589.25	6.432
江苏	54683.75	7.900	西藏	835.10	3.615
浙江	32493.84	7.536	陕西	25565.40	7.743
福建	24136.92	7.535	甘肃	15206.21	6.608
山东	64357.32	7.614	青海	2703.06	6.198

①　"两基"就是指全面普及九年义务教育,全面扫除青壮年文盲。

省份	人数(万人/年)	教育年限(年)	省份	人数(万人/年)	教育年限(年)
海南	5293.72	7.683	宁夏	3512.83	7.123
河北	48544.03	7.788	新疆	13010.39	7.740
东部	32893.136	8.248	西部	18785.64	6.739
全国	885095.41	7.652(平均)			

数据来源:《中国统计年鉴》(1991,1992,1997,1998,1999,2001),经计算得出。

(二)教育投资现状

教育经费支出占国内生产总值比重可以衡量一个国家或地区对人力资本投资的基本情况,表4—25说明,在经济发达的北京,政府每年的教育拨款所占GDP比例最高,其次是经济欠发达的西藏,但与政府对北京市的教育拨款相比还是有一定距离。东部地区政府投入排第二的是上海,高于全国同期平均水平。尽管政府教育拨款占GDP比例西部地区整体不比东部地区低,但由于西部地区GDP远远落后于东部地区,在地方财政占教育投入比例1998年占87.2%的情况下,西部地区的教育投资还是远远落后于东部地区。

表4—25 1998—2001年我国东、西部政府教育拨款占GDP比例

(单位:%)

年份\地区	1998	1999	2000	2001	年份\地区	1998	1999	2000	2001
北京	5.403	6.213	6.851	7.594	内蒙古	3.172	3.350	3.184	3.615
天津	2.576	2.607	2.629	2.907	广西	2.808	2.951	3.073	3.507
河北	2.074	2.143	2.101	2.173	重庆	2.501	2.616	2.771	3.091
辽宁	2.203	2.219	2.199	2.247	四川	2.426	2.606	2.702	3.026
上海	2.880	3.002	3.157	3.098	贵州	3.517	3.820	4.140	4.671

年份\地区	1998	1999	2000	2001	年份\地区	1998	1999	2000	2001
江苏	2.115	2.205	2.122	2.091	云南	3.799	4.070	4.233	4.705
浙江	1.884	2.073	2.120	2.541	西藏	6.412	7.017	6.566	6.916
福建	1.929	2.072	2.148	2.314	陕西	3.756	4.073	4.023	4.689
山东	1.874	1.935	1.980	2.022	甘肃	3.644	4.133	4.322	4.857
广东	2.175	2.207	2.233	2.411	青海	3.858	3.893	4.182	4.649
海南	2.813	3.033	2.822	3.165	宁夏	3.933	4.233	4.356	5.114
西部	3.67	3.93	3.98	4.50	新疆	4.174	4.399	4.190	5.182

资料来源:[美]詹姆士·J.海克曼:《提升人力资本投资的政策》,曾湘泉译,复旦大学出版社2003年版,第73~74页,西部数据经计算获得。

另外,从教育经费的部分构成来看,东、西部存在着明显差距。西部地区的教育经费只占东部的38.89%,是全国总量的20.70%。尽管在国家财政性教育经费中西部财政支出更多,但后两项支出明显减少(表4—26)。

表4—26　2000年我国东、西部教育经费的部分构成

地区	教育经费合计（亿元）	构成		
		国家财政性教育经费	社会团体和公民个人办学经费	社会捐资和集资费
东部地区	1782.14	66.68	2.61	3.99
西部地区	693.15	75.50	0.90	2.46
全国	3349.04	68.29	1.88	3.76

资料来源:国家统计局编:《2000年中国统计年鉴》,中国统计出版社2000年版。

(三)东、西部地区各级各类学校招生情况

教育人力资本投资情况除了分析投入能力外,还应分析当地

学校的招生情况,因为"各级教育程度的学生入学数量能够反映我国在人力资本投资尤其是在教育投资方面的力度和强度"。从表4—27可看出,改革开放以来西部地区的教育事业有了快速的发展,特别是小学、初中招生数量的增多,为该地区的基础教育事业的发展打下了基础。但是,也应看到西部地区生师比一般都高于东部地区,除特殊教育外,这说明西部师资投入不如东部地区;其次,西部地区12省、区、市在学校数、招生数和在校学生人数上都不如东部11省市。从2005年人口统计年鉴数据显示:西部文盲半文盲比例还很高,其中绝大多数是女性,在大学招生人数中,西部女性升学率不及全国平均水平,而且招生人数也不及西部以外的省份。

表4—27　2004年东、西部各级各类学校招生情况

(单位:万人,%)

	东部	西部		东部	西部		东部	西部
普通高校			中等职业学校			普通初中		
学校数(所)	770	409	学校数(所)	4559	3253	学校数	20402	19100
招生数	201.5	96.3	招生数	200.3	103.9	招生数	743.4	598.1
在校学生数	610.6	283.1	在校学生数	539.7	263.1	在校学生	2368.7	1764.9
生师比	16.48	14.63	生师比	13.64	12.07	生师比	17.04	18.79
普通高中			特殊教育			小学		
学校数(所)	6222	4728	学校数(所)	705	326	学校数	103658	139283
招生数	327.4	213.6	招生数	2.0	1.5	招生数	590.2	579.5
在校学生数	896.7	966.6	在校学生数	16.7	10.6	在校学生	3924.9	3625.0
生师比	17.21	18.27	生师比	12.88	6.35	生师比	17.53	21.19

资料来源:《2005年中国统计年鉴》,中国统计出版社2005年版,经计算整理。

三、女性健康投资状况

(一)我国西部女性人口卫生基本状况

随着我国妇幼保健事业发展和计划生育优质服务工作的开展,女性生育健康水平有了较大提高。从第二期全国妇女地位调查结果来看,城市女性在妇幼健康意识、产前检查与住院分娩等方面都要高于农村,有了病去医院接受治疗也是城市高于农村地区,可见,妇女的医疗卫生状况与她们的经济支出能力和文化素质有着很大的联系。如图 4—3 也可看出,2003 年,农村自来水普及率为 58.18%,比 2002 年提高了 1.54 个百分点;农村卫生厕所普及率为 50.92%,比 2002 年提高了 2.26 个百分点(图 4—4)。虽较以前有所提高,但相对城市 100% 还相差甚远。

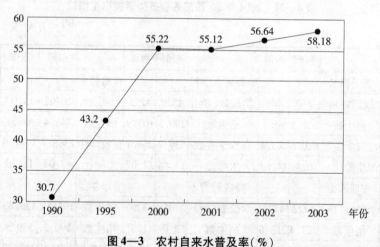

图 4—3　农村自来水普及率(%)

资料来源:《2003 年中国统计年鉴》;《2002、2003 年两纲监测统计年报数》,国家统计局。

　　另据国家统计局服务业调查中心 2005 年对城市农民工生活质量状况专项调查结果表明:进城就业的农民工工资收入较低,生活质量较差。进城务工经商的农民工的平均月收入为 966 元,一半以上的农民工月收入在 800 元以下,其中月收入在 500 元以下的占 19.67%,月收入在 500 元至 800 元的占了被调查的农民工总数的 33.66%,只有一成的农民工的月收入超过了 1500 元。分地区看,东部地区的农民工平均月收入为 1090 元,中部地区农民工平均月收入为 880 元,西部地区农民工平均月收入为 835 元,东部地区比西部地区农民工平均月收入高出了 255 元;分性别来看,男性农民工平均月收入为 1068 元,女性农民工平均月收入为 777 元,女性农民工比男性农民工平均月收入低了 291 元。农民工每月个人的平均支出为 463 元。其中,用于住宿费用的平均支出为 72 元,用于食品费用的平均支出为 235 元,用于文化娱乐的平均支出为 47 元。有一半左右农民工每月支出占月收入的比重达 40% 以上,有 14.01% 农民工每月支出占月收入的比重达 70% 以上,2.42% 农民工挣的钱全部花光。

（二）进城农民工医疗状况

　　据国家统计局服务业调查中心 2005 年就城市农民工的生活质量状况的调查结果显示,城市农民工的医疗条件得不到保障。

　　在调查的农民工中,有 1369 名农民工感觉自己身体状况不太好,有 9127 名农民工感觉自己身体状况一般,有 18929 名农民工感觉自己身体状况良好,分别占被调查的农民工数的 4.66%、31.02%、64.32%。农民工在务工经商期间生病时,有 37.79% 的农民工会自己根据病情到药店买点药吃,32.01% 的农民工是去正规医院看病,20.45% 的农民工是去个体诊所看病,女农民工更是硬撑。在对近 2/3 不上正规医院看病的农民工调查时了解到,不

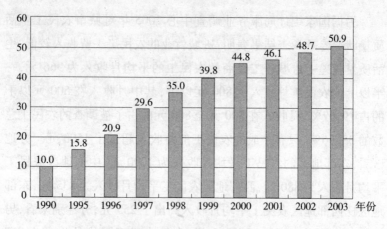

图4—4　农村卫生厕所普及率(%)

资料来源:《2003 年中国统计年鉴》;《中国卫生统计提要》(1999),卫生部;《2002、2003 年两纲监测统计年报数》,国家统计局。

上正规医院看病的主要原因,一是费用太高,二是没有去医院看病习惯,三是没钱看病。针对发生工伤情况所在单位是否提供医疗费用问题,有 26.54% 的农民工不太清楚,有 25.92% 农民工认为单位会提供全部费用,20.23% 的农民工认为单位会提供大部分费用,13.33% 的农民工认为单位会提供小部分费用,13.98% 的农民工认为所在单位不提供费用。

(三)西部地区卫生防疫与妇幼保健机构设置情况

一个地区的卫生防疫部门与妇幼保健机构的设置状况,是反映当地政府对女性医疗卫生投资的硬指标。从 1999 年至 2004 年的几年(表4—28、表4—29)中可看出:6 年时间医疗卫生硬件设置有一定的变化,普遍体现在医院、卫生床位数、卫生技术人员、医生数和护士数等都有所增加,其他如卫生机构数、妇幼保健机构数有所减少,卫生防疫机构的基本现状维持。在妇女健康保障的第一道防线里，妇幼保健机构和卫生防疫机构的设置，还没有足够引起当地政府的重视。妇幼保健站方面，贵州和宁夏分别下降了 4 个和 3 个，别的省份都有不同程度的上升，其中增长最多的是广西，增加了 87 个站所。另外在医院床位数和卫生技术人员数来看，有小幅的增长，但涨幅不如东部地区。

表4—28　1999 年西部地区卫生事业基本状况

省份	卫生机构数（个）				医院床数（万张）	卫生机构人员数（万人）		
	医院卫生院	门诊部、所	卫生防疫机构	妇幼保健机构		卫生技术人员数	执业（助理）医师	注册护士
内蒙古	1982	4817	145	107	6.6	10.7	9.6	2.7
广西	1864	10956	112	16	8.5	12.5	10.6	4.0
重庆	2351	6545	51	41	6.6	8.9	7.6	2.0
四川	7669	22507	209	187	19.1	25.4	21.9	5.9
贵州	1874	7185	101	86	5.9	8.6	7.7	2.1
云南	2144	8853	151	140	9.7	12.1	10.5	3.5
西藏	824	303	82	32	0.6	0.9	0.8	0.2
陕西	2753	7161	123	84	9.7	13.2	11.2	3.5
甘肃	1873	6561	102	90	5.9	8.3	6.7	2.1
青海	586	1681	58	45	2.2	2.2	1.8	0.7
宁夏	382	954	28	25	1.3	2.2	1.8	0.7
新疆	1357	4683	206	71	6.7	9.8	7.6	3.0

资料来源：《2000 年中国统计年鉴》，中国统计出版社 2000 年版。

表4—29　2004年西部地区卫生事业基本状况

省份	卫生机构数（个）					医院床数（万张）	卫生机构人员数（万人）		
	医院	卫生院	门诊部、所	卫生防疫机构	妇幼保健机构		卫生技术人员数	执业（助理）医师	注册护士
内蒙古	472	1359	4669	147	117	6.6	10.2	5.0	2.7
广西	449	1322	6695	104	103	9.2	12.5	5.3	4.3
重庆	364	1210	4720	46	44	6.3	7.8	3.7	2.0
四川	1144	5369	16934	209	196	18.9	23.6	11.3	6.1
贵州	391	1459	4321	106	82	6.1	7.7	3.7	2.2
云南	594	1485	6695	150	146	10.2	11.4	5.3	3.7
西藏	97	667	414	79	55	0.6	0.9	0.4	0.2
陕西	823	1818	8431	126	116	10.3	13.5	6.0	3.7
甘肃	376	1442	9055	105	100	6.1	8.2	3.4	2.2
青海	130	412	631	56	18	1.5	2.0	0.9	0.6
宁夏	132	268	921	25	22	1.7	2.3	1.1	0.7
新疆	682	843	6931	193	85	7.8	10.0	4.3	3.1

资料来源：《2005年中国统计年鉴》，中国统计出版社2005年版。

四、女性人口迁移流动与就业投资状况

（一）女性人口迁移流动

对于劳动者而言，无论是男性还是女性劳动力，迁移流动也是一种人力资本投资，劳动者通过从低收入地区（行业或者职业）向高收入地区（行业或者职业）流动而实现收益最大化目的，整个经济也就在劳动力的这种流动中实现人与物、人与人的有效结合，从而产生经济效率。人口的迁移流动在经济社会发展中具有非常重要的作用。表4—22显示，我国1990年迁移流动中，婚姻迁入是女性流动的第二大原因，省际与省内迁移分别占到了29.9%和

27.6%;在2000年的人口迁移流动中,务工经商占第一,占整个迁移人口的59.9%,婚姻迁入在女性人口流动中也占了一定比例,尤其在跨省流动的女性人口中,女性占到了23.65%,而男性只占3.49%。说明在经济社会发展中,女性相对男性,婚姻迁移占多数,但在女性迁移人口比例中,她们已经没有把婚嫁当做是自己永久迁出去的跳板。

不过,对于目前城乡二元结构明显的经济社会条件下,在富裕生活的诱惑和地区间经济发展很不平衡的驱动下,还是有一批又一批的经济落后省区的农村女性青年纷纷依托婚姻为渠道迁移到相对发达的东部农村地区。"四普"资料显示:全国婚姻迁移人口中,女性占90.8%,婚姻迁移表现出高度的性别选择性,而且这种选择性还表现在流向上,即主要由中、西部向东部流动,全国11个女性净迁入省区中就有9个位于沿海,它们合计竟占女性净迁入省区净迁入量的97%。正是由于这种迁移的高度选择性,使得女性婚姻人口的迁移有可能对迁入、迁出地的社会发展产生深远的影响,女性婚姻迁移中,有很大比例是来自于不同地区的农村之间的流动,对我国农村相对稳定的婚姻结构产生了较大的影响。①

在2007年1月10日中国青少年研究中心发布的《"十五"期间中国青年发展状况与"十一五"期间中国青年发展趋势研究报告》显示:"十五"期间青年人口流动规模持续增大,务工经商、学习培训和婚姻迁入是青年流动的三大原因。报告引用有关数据表明,15~19岁的青年流动的原因以学习培训和务工经商为主,比例分别为50.2%和29.7%,学习培训是这一年龄段青年流动的第

---

① 程广帅、万能:《农村女性婚姻迁移人口的成因及影响》,《西北人口》2003年第4期。

一原因;在20~35岁的各个年龄段中务工经商占首位流动原因;在20~24岁青年中迁移原因则以婚姻迁入和学习培训为主。随着法定结婚年龄的到来,由婚姻造成的人口迁移和流动呈上升趋势,在25~29岁年龄段的青年中,由于婚姻造成的迁移流动达到了30.5%。流动人口婚姻迁移有上升趋势。

(二)女性人口就业结构状况

从表4—30可看出,全国各省份都是男性就业比例高于女性,其中西部地区女性平均就业率高出全国平均水平0.3个百分点,最高省份为西藏,占49.1%。高出全国平均水平的有广西、重庆、四川、贵州、云南、甘肃、青海和宁夏,只有内蒙古、陕西和新疆三个省的乡村女性就业人口低于全国平均水平,说明西部女性勤劳苦干,也说明西部地区的经济发展相对落后。

表4—30　2003年我国西部地区乡村从业人员及分性别构成

	乡村从业人员			构　成		
	合计	男	女	合计	男	女
全国	48526.9	25850.1	22676.7	100.0	53.3	46.7
西部	15004.5	7956.0	7048.4	100.0	53.0	47.0
内蒙古	650.5	366.1	284.4	100.0	56.3	43.7
广西	2189.0	1153.6	1035.4	100.0	52.7	47.3
重庆	1342.2	714.2	628.0	100.0	53.2	46.8
四川	3762.3	1990.6	1771.7	100.0	52.9	47.1
贵州	1841.8	972.1	869.7	100.0	52.8	47.2
云南	1990.4	1033.2	957.1	100.0	51.9	48.1
西藏	103.5	52.6	50.9	100.0	50.9	49.1
陕西	1362.6	739.4	623.1	100.0	54.3	45.7
甘肃	1008.2	530.4	477.8	100.0	52.6	47.4

	乡村从业人员			构　成		
	合计	男	女	合计	男	女
青海	177.4	91.7	85.7	100.0	51.7	48.3
宁夏	203.2	106.1	97.1	100.0	52.2	47.8
新疆	373.4	206.0	167.4	100.0	55.2	44.8

资料来源:国家统计局农村社会经济调查总队:《2003 年中国西部农村统计资料》,中国统计出版社 2003 年版。

(三)进城农民工经济回报

据国家统计局服务业调查中心 2005 年城市农民工生活质量状况专项调查显示:进城务工农民收入普遍比在家务农收入高出很多,外出务工家庭最主要的收入来源,是提高农民收入的重要途径之一,也是留守孩子、老人的基本生活来源。调查的 12 个行业中,采矿业农民工平均月收入最高,为 1327 元,其次是建筑业,平均月收入为 1178 元,而后是交通运输、仓储和邮政业,平均月收入为 1104 元。平均月收入较低的行业为居民服务和其他服务业,住宿和餐饮业,水利、环境和公共设施管理业,分别为 856 元、796 元和 771 元。从行业上看,最高月收入比最低月收入高出 556 元。男性农民工比女性农民工平均月收入高出 291 元。

据调查,2004 年农民工平均寄(带)回家乡的钱为 4485 元,其中,18.78% 的农民工没有寄(带)钱回家,12.90% 的农民工寄(带)回家乡的钱为 4000～5000 元,10.88% 的农民工寄(带)回家乡的钱为 2000～3000 元,10.41% 的农民工寄(带)回家乡的钱为 1000～2000 元。从农民工寄(带)回家的钱数占总收入的比重看,有一半农民工把自己收入的一半寄(带)回家乡。其中 9.96% 的农民工把收入的 30%～40% 寄(带)回家乡,有 15.33% 农民工把收入的 40%～50% 寄(带)回了家乡,有 11.16% 的农民工把收入的50%～60%寄(带)回了家乡,有12.47%的农民工把收入的60%～70%寄(带)回了家乡,有9.16%的农民工把收入的70%～80%寄(带)回了家乡。由此可见,进城务工是农村人口的主要经济收入来源,西部地区女性的乡村从业人员高出全国平均水平,应该说这是主要原因。

　　综上所述,我国女性人力资本在教育、健康、培训与迁移流动等方面获取的人力资本投资都相对较低,不仅低于发达国家女性人力资本投资,而且明显低于我国男性人口所获取的各项投资。

第五章　影响女性人力资本
投资的制约因素

在有些公共产品或半公共产品的投资中,个人、企业或社会团体不愿或根本无力进行这样的投资,如贫困地区基础教育、大型基础设施建设、医疗卫生保健和公共卫生等。在劳动力迁移中的人力资本形成问题上,有些投资个人也无法实现,需要政府支持。为了使妇女在教育、医疗卫生保健、在职培训与各级决策方面获得更广泛的机会对其进行投资,绝不仅仅是对妇女的投资,而是一种使人们摆脱贫穷的方式,是一种控制人口增长速度、提高人口质量、保护生态环境的方式,也是一种踏上合理可持续发展道路的方式。

第一节　教育投资制约因素

经济建设需要有大量资金投入,人力资本投资也同样需要政府、个人和企业的大量资金,由于我国政府财力有限,居民收入少,最终使教育投资资金短缺,地区间发展不平衡,经济发展水平成为制约教育投资的关键因素。

一、经济欠发达

教育的发展与经济发展密不可分,经济不发达势必影响对教育投资限制。而且教育并不仅仅只是个人受益,所带来的外部受益性非常大。如受过良好教育的劳动力所创造出来的新思想、新知识和新技能,不只是受教育的个体将受到由教育所带来的全部收益,更多的是给全社会生产率的提高带来巨大经济效益和社会效益,为将来所掌握该技能的劳动者也同样带来收益。如经济不发达,教育投资短缺,受影响最大的是女孩。由于家庭投资的偏好,政府政策实施过程中的歧视现象与历史传统等因素,导致辍学学生与中断继续教育的女生多大于男生。

据国家统计年鉴 2002 年、2004 年所提供的数据分析(表 5—1),全国 GDP 总值 2001 年为 97314.8 亿元,人均国内生产总值为 7624.94 元;2004 年为 136875.9 亿元,人均国内生产总值为 10529.89 亿元。其中东部地区 2001 年、2004 年 GDP 总值分别为 55715.39 亿元、86536.96 亿元,分别占当年全国 GDP 的 43.65% 和 66.58%;人均分别为 13515.61 元和 20389.46 元,是全国人均水平的近 2 倍。西部地区同期 GDP 总值分别为 18248.44 亿元和 27585.17 亿元,分别占全国总值的 18.75% 和 20.15%,分别是东部地区的 32.75% 和 31.88%;人均 GDP 分别为 5006.84 元和 7429.95 元,分别是全国平均水平的 65.66% 和 70.56%,是东部地区的 37.04% 和 36.44%。2004 年东部地区人均 GDP 超过 2 万元的有北京、天津、上海、江苏和浙江 5 省市,其中上海人均 GDP 高达 42768.48 元,东部地区只有海南的人均 GDP 在全国平均水平以下,其余所有省份都高出全国平均水平;同年西部地区人均 GDP 大部分省份是在 1 万元以下,最高内蒙古为 11376.17 元,高出全国平均水平 846.28 元,但也只是东部地区平均水平的 55.79%;最低贵州省为 4077.61 元,相当于全国平均水平的 38.72%,是全国最高水平上海的 9.53%。

表5—1　2001、2004年中国东、中、西部经济（GDP）比较

（GDP：亿元）

地区	2001年			2004年		
	年底人口（万人）	生产总值	人均GDP（元/人）	年底人口（万人）	生产总值	人均GDP（元/人）
全国	127627	97314.8	7624.94	129988	136875.9	10529.89
东部地区	41223	55715.39	13515.61	42442	86536.96	20389.46
北京	1383	2845.65	20575.7	1493	4283.31	28689.28
天津	1004	1740.1	17331.67	1024	2931.88	28631.64
辽宁	4194	5033.08	12000.67	4217	6872.65	16297.49
上海	1614	4950.84	30674.35	1742	7450.27	42768.48
江苏	7355	9511.91	12932.58	7433	15403.16	20722.67
浙江	4613	6748.15	14628.55	4720	11243	24201.27
福建	3440	4253.68	12365.35	3511	6053.14	17189.23
山东	9041	9438.31	10439.45	9180	15490.73	16874.43
广东	7783	10647.71	13680.73	8304	16039.46	19315.34
海南	796	545.96	6858.79	818	769.36	9405.38
中部地区	49113	32702.43	6658.61	49846	49100.3	9850.4
河北	6699	5577.78	8326.29	6809	8768.79	12878.23
山西	3272	1779.97	5440.01	3335	3024.41	9068.7
吉林	2691	2032.48	7552.88	2709	2958.21	10919.93
黑龙江	3811	3561	9344	3817	5303	13893.11
安徽	6328	3290.13	5199.32	6461	4812.68	7448.16
江西	4186	2175.68	5197.52	4284	3495.94	8160.46
河南	9555	5640.11	5902.78	9717	8815.09	9071.82
湖北	5975	4662.28	7802.98	6016	6309.92	10488.56
湖南	6596	3983	6038.51	6698	5612.26	8379
西部地区	36447	18248.44	5006.84	37127	27585.17	7429.95

地区	2001 年			2004 年		
	年底人口（万人）	生产总值	人均 GDP（元/人）	年底人口（万人）	生产总值	人均 GDP（元/人）
内蒙古	2377	1545.79	6503.11	2384	2712.08	11376.17
广西	4788	2231.19	4659.96	4889	3320.1	6790.96
重庆	3097	1749.77	5649.89	3122	2665.39	8537.44
四川	8640	4421.76	5117.78	8725	6556.01	7514.05
贵州	3799	1084.9	2855.75	3904	1591.9	4077.61
云南	4287	2074.71	4839.54	4415	2959.48	5878.78
西藏	263	138.73	5274.9	274	211.54	7720.44
陕西	3659	1844.27	5040.37	3705	2883.51	7782.75
甘肃	2575	1072.51	4165.09	2619	1558.93	5952.39
青海	523	300.95	5754.3	539	465.73	8640.63
宁夏	563	298.38	5299.82	588	460.35	7829.08
新疆	1876	1485.48	7918.34	1963	2200.15	11208.1

　　资料来源:《2002 年中国统计年鉴》,中国统计出版社 2002 年版;《2005年中国统计年鉴》,人民出版社 2005 年版。

　　经济是教育投资发展的基础,是一个国家或地区实现人力资本投资的重要途径。西部地区要想尽快提高文化教育、人口素质、科学技术水平等,就必须努力赶上或缩小与东部地区之间的经济差距。

二、教育投资总体不足

　　从法律角度,基础教育或义务教育属于公共产品,按照义务教育法规定,义务教育是一种典型的强制性教育,每一个适龄儿童都有接受义务教育的权利和义务,每个学生家长不得以任何理由阻碍子女接受义务教育。同时政府应该为每一个适龄儿童提供免费的义务教育,义务教育的资源应该由政府来进行配置,经费的投入必须纳入财政预算与供给范围之内,对没有履行或没有完全履行此规定的应该有相应的行政或法律约束。否则,义务教育就不成其为公共产品,基础教育的发展就缺乏必要的资金保障而无法完成。国家在 2006 年对西部地区农村义务教育阶段学生全部免除学杂费,对其中的贫困家庭学生免费提供课本和补助寄宿生生活费,2007 年在全国农村普遍实行这一政策的做法,是所有女童接受义务教育的坚强后盾。

改革开放以来,我国经济得到快速发展,财政收入在稳步上升,财政一直把教育支出作为必须保证的重点,我国《义务教育法》也明文规定:每年中央、地方政府预算内教育拨款的增长,应高于同期同级财政收入的增长。但教育的总体投入水平较低的状况没有得到根本性的改变。对于这个法律的规定,1997 年有 14 个省、自治区未执行,1997 年我国财政预算收入增长 16.7%,而全国教育预算内教育拨款仅增长了 12.03%,比全国财政收入增长低 4.67 个百分点。[①] 正因为政府对教育投入不足,造成教育经费极度短缺,严重影响了日常教育的维持和教育改革发展的进行。其中最为困难的是公共教育经费,全国中学生人均公用经费为 81 元,小学生为 28 元,农村小学只有 11 元。也正因为国家对教育投入的不足,导致学校特别是农村学校甚至难以维持起码的运转,只好走向乱收费之路,[②]对于贫困家庭来说这就等于给其子女断去了求学之路。

---

① 刘华东:《教育投资促进人力发展的核心》,《高等教育研究》2002 年第 9 期。

② 徐晓:《教育投入少与乱收费无关?》,《燕赵都市报》2006 年 3 月 13 日。

从教育投入占 GDP 的比重来看,我国教育投入占 GDP 的比重与世界上大多数国家相比仍然处于较低水平。根据世界银行 1992 年世界发展报告资料显示,国外教育投入占 GDP 的比重(1990 年),中等收入国家为 4.4%,高收入国家为 5.7%,世界平均水平为 3.6%,而我国自改革开放以来,这一比重一直偏低,长期徘徊在 2%~2.5% 之间。[①] 在《中国教育改革和发展纲要》中,要求"逐步提高国家财政性教育经费支出占国民生产总值的比例,20 世纪末达到 4%"。实际情况是这一比例连续下滑:1991 年为 2.85%,1992 年为 2.73%,1993、1994 年为 2.52%,1995 年为 2.46%,1996 年为 2.44%,1998 年为 2.55%,2001 年则为 2.3%。除了撒哈拉沙漠以南国家以外,没有几个国家的教育投入占 GDP 的比重像我国这么低,如印度为 3.2%(2001 年),美国为 5.3%(2001 年),英国为 6.9%(1999 年),瑞典为 8.7%(1999 年)。目前,中国年度公共教育经费为 1400 亿元人民币,约折合 170 亿美元,仅占世界各国公共教育经费总数 11500 亿美元的 1.5%;而中国现有学龄人口数量为 2.14 亿人,占全球教育总人口的 22%。也就是说,中国用占世界 1.5% 的教育经费教育了占世界 22% 的受教育人口。[②]

三、政府间财力分配与义务教育事权责任的不对称

导致我国基础教育经费短缺的重要原因是政府间财力分配与义务教育事权责任的不对称。从政府间财力分配格局来看,经过

---

① 黄金辉、张衔、邓翔等:《中国西部农村人力资本投资与农民增收问题研究》,西南财经大学出版社 2005 年版,第 117 页。

② 徐晓:《教育投入少与乱收费无关?》,《燕赵都市报》2006 年 3 月 13 日。

1994年的分税制改革,已经初步改变了过去长时期中央财政收入比重过低的状况,上升到50%以上,这标志着宏观调控能力正在不断增强。[①] 否则,很容易给学生上学形成较大的地域差距(下面将论述),由于出生地的不一样,直接关系到孩子一生的发展机会。

但从我国整个教育投入分配来看,依然是地方财政占大头,中央财政占很小的比例,这就是为什么在前面列表中所体现出来的,政府教育拨款占GDP比例中,北京的比例是最高的。1998年,全国教育投入2949.1亿元,其中中央只占12.8%,地方占87.2%,另外,从国家财政性教育经费及预算内教育经费看,地方的教育投入比重高达87.2%和87.3%(表5—2)。这说明地方财政投入关乎教育的存在,一旦当地政府不负责或没有能力承担相应教育经费,受损失的是当地的孩子。

表5—2　1998年中央和地方教育投入

	教育投入合计	国家财政性教育经费	预算内教育经费
全国总计(亿元)	2949.1	2032.5	1565.6
中央(亿元)	392.8	260.8	199.7
地方(亿元)	2556.3	1771.7	1365.9
中央占全国的比重(%)	12.8	12.8	12.7
地方占全国的比重(%)	87.2	87.2	87.3

资料来源:转引自黄金辉、张衔、邓翔等:《中国西部农村人力资本投资与农民增收问题研究》,西南财经大学出版社2005年版,第119页。

依照我国《义务教育法》规定,我国义务教育实行"地方负责,分级管理"的体制,谁办学谁掏钱。2006年9月以前,我国义务教

---

① 黄金辉、张衔、邓翔等:《中国西部农村人力资本投资与农民增收问题研究》,西南财经大学出版社2005年版,第118页。

育的投入中,78%由乡镇负担,9%左右由县财政负担,省财政承担11%,中央财政负担2%左右。中央和省级政府的教育事业费大部分用于高等教育,对义务教育只承担补助贫困地区和少数民族地区的责任①(这也是表5—3中所体现的西部贵州、西藏、新疆、云南、宁夏和甘肃等地的政府教育拨款比例比别的地方高的主要原因)。这意味着乡镇财政就基本掌握了对义务教育的投入水准。

表5—3 西部农村地区家庭平均每人消费支出及其比例与全国平均水平比较 (单位:元/人,%)

	生活消费支出	食品支出	衣着支出	居住支出	家庭设备用品及服务支出	医疗保健支出	交通和通讯支出	文教娱乐用品及服务	其他食品及服务支出
全国	1943.30	886.03	110.27	308.38	81.65	115.75	162.53	235.68	43.01
		45.59	5.67	15.87	4.20	5.96	8.36	12.13	2.21
西部	1524.22	751.12	84.08	233.14	59.07	89.65	103.55	177.05	26.55
		49.28	5.52	15.30	3.88	5.88	6.79	11.62	1.74
内蒙古	1770.56	731.12	121.81	246.85	65.73	124.42	192.00	256.17	32.46
		41.29	6.88	13.94	3.71	7.03	10.84	14.47	1.83
广西	1751.23	899.07	61.12	323.28	63.69	74.81	121.45	175.55	32.26
		51.34	3.49	18.46	3.64	4.28	6.94	10.02	1.84
重庆	1583.31	831.63	70.49	212.38	76.68	89.42	102.40	180.28	20.03
		52.52	4.45	13.41	4.84	5.65	6.47	11.39	1.27
四川	1747.02	941.70	85.94	224.80	64.85	91.36	105.19	202.27	30.92
		53.90	4.91	12.86	3.71	5.23	6.02	11.58	1.77
贵州	1185.17	674.71	54.46	170.56	41.51	46.62	49.59	128.13	19.59
		56.93	4.60	14.39	3.50	3.93	4.18	10.81	1.65

---

① 黄金辉、张衔、邓翔等:《中国西部农村人力资本投资与农民增收问题研究》,西南财经大学出版社2005年版,第119页。

	生活消费支出	食品支出	衣着支出	居住支出	家庭设备用品及服务支出	医疗保健支出	交通和通讯支出	文教娱乐用品及服务	其他食品及服务支出
云南	1405.70	744.58	57.27	257.65	51.42	79.93	59.54	131.49	23.82
		52.97	*4.07*	*18.33*	*3.66*	*5.69*	*4.24*	*9.35*	*1.69*
西藏	1030.13	669.91	114.66	85.99	53.34	21.27	37.06	32.22	15.68
		65.03	*11.13*	*8.34*	*5.18*	*2.06*	*3.60*	*3.13*	*1.52*
陕西	1455.39	572.67	85.15	236.33	63.52	106.66	97.33	267.87	25.86
		39.35	*5.85*	*16.24*	*4.36*	*7.33*	*6.69*	*18.41*	*1.78*
甘肃	1336.85	586.38	74.02	201.57	57.45	96.18	109.34	191.83	20.08
		43.86	*5.53*	*15.08*	*4.30*	*7.20*	*8.18*	*14.35*	*1.50*
青海	1563.15	775.89	113.88	192.17	60.94	115.73	145.85	131.71	26.98
		49.64	*7.29*	*12.29*	*3.90*	*7.40*	*9.33*	*8.43*	*1.73*
宁夏	1637.13	680.15	109.19	286.09	56.09	116.31	170.52	178.34	40.44
		41.55	*6.67*	*17.48*	*3.43*	*7.10*	*10.42*	*10.89*	*2.47*
新疆	1465.31	667.11	135.65	254.63	50.92	116.48	99.04	112.93	28.54
		45.53	*9.25*	*17.38*	*3.48*	*7.95*	*6.76*	*7.71*	*1.95*

注:斜体字是对应上面一行数字所占总消费支出的比例。

资料来源:国家统计局农村社会经济调查总队:《2004 年中国西部农村统计资料》,中国统计出版社 2004 年版。

四、自我投入与其他投入不足

在有限资金与困境下,贫困家庭的现实选择也就限制了对子女的教育投资。这不仅表现在每户家庭在医疗卫生保健和教育投资的绝对量上,还表现在相对值上。据统计,在全国,农村居民家庭平均每人的文教娱乐支出从 1985 年的 12.36 元增加到 2001 年的 192.4 元,但也只占其平均生活消费支出的 11.06%。① 2003

---

① 黄金辉、张衍、邓翔等:《中国西部农村人力资本投资与农民增收问题研究》,西南财经大学出版社 2005 年版,第 121 页。

年西部地区的农村居民生活消费支出及其构成比例与全国平均水平比较(表5—3),从整体看,西部地区食品消费支出高出全国平均水平3.69个百分点,占整个生活消费支出的一半,其他各方面都低于全国水平。其中食品支出最高的是西藏(65.03%),其次是贵州(56.93%)和四川(53.90%),分别高出全国19.44、11.34和8.31个百分点,内蒙古、陕西、甘肃、宁夏和新疆的食品支出稍低于全国平均水平。在文教娱乐、衣着、居住支出等方面西部地区与全国平均水平相差不是很大。在文教娱乐方面,无论是西部还是全国,支出比例都是比较低的,不过在西部地区还有较大的悬殊。最高为陕西,占生活消费支出的18.41%,最低的是西藏,仅占3.13%,两省相差15.28个百分点。医疗保健支出和交通通讯支出还是有较大的差距:西部地区分别比全国平均水平低0.08和1.57个百分点。不过西部各省的差距更大,其中内蒙古支出稍高,分别高出全国平均水平1.07和2.48个百分点。最低是西藏,分别低出全国平均水平3.9和4.76个百分点。

　　另外,对教育投入不足,关键是老百姓收入不足,而且农村居民家庭人均纯收入大大低于城市(表5—4),西部地区农村居民每年的纯收入与城市居民收入的差距还是很大的。

表5—4　西部地区城乡居民家庭人均收入比较　　(单位:元)

年份	1985	1990	1995	1999	2000
农村居民家庭人均纯收入绝对数	326.05	566.47	1130.8	1671.26	1677.83
城镇居民家庭人均可支配收入绝对数	707.4	1391.68	3734.05	5043.33	5419.52

资料来源:《2001年中国西部统计年鉴》,中国统计出版社2001年版。

　　对子女进行教育投资的前提条件是投资的预期收益现值不小

于支出的现值。对投资者而言,只有当贴现率大于或等于货币市场利率时,其才会投资。实际上在农村地区,尤其在我国贫困的农村地区,对劳动力进行人力资本投资的收益率极低,往往小于货币市场利率。这就使得投资者往往不愿意投资,别的社会团体和社会捐资助学也一样。在国家财政性教育经费、社会团体和公民个人办学经费、社会捐资和集资办学经费中,东部与西部所占比例有较大区别,从全国整体来看,教育经费都主要依赖于政府的财政支出,其中政府财政性支出所占比重东部地区比西部地区低出许多,这说明越是贫困落后地区,教育经费的自我投资能力越小,就越需要依赖政府的财政投入,而在社会团体和公民个人办学经费、社会捐资和集资办学经费方面,西部地区只是全国水平的近一半。在贫困家庭里,自然更不愿意把稀少的收入用于自我投资。而对于微观的单个家庭而言,在子女接受义务教育上投资并不能直接带来家庭收入的增加。[①] 因此,家长不愿意送子女上学,结果是,在20世纪70年代末改革开放后,第二代农民的子女大多是文化程度较低的劳动力,这就是在80年代实施义务教育以来,外出务工的人口中80%依然是初中及以下学历者的原因。即使国家实施义务教育20多年,人力资本存量依然没有得到较大的提高,更不用说与经济社会发展同步。

此外,教育在自我投资方面造成不足或民众很不情愿地投资现行教育的另一个重要原因,在于我国教育体制改革的过度市场化,教育的商品性质越来越突出,即使是社会办学或民间办学,已经过多地渗入了商业因素,投资者所期待的是在短时期内能实现

[①]　黄金辉、张衔、邓翔等:《中国西部农村人力资本投资与农民增收问题研究》,西南财经大学出版社2005年版,第122页。

投资收益的最大化,这样就出现了教育尤其是高等教育,趋向于依赖高收费来解决经费不足的困难,出现了教育成本的显著上涨,在贫困人口无力支付高昂的教育经费下,在教育投资很难在短时期内实现自我投资者的较大的经济收益回报的时候,自我投资在短时期内不是增加而是相对减少。

五、地域差距和其他因素

在我国大多数地区教育能够获得的公共支持较低。现有国家财政投资的有限投入,尽管在贫困地区有国家财政民族教育的补助专款,加上现有资金的使用和投入在教育方面投资的见效很小,这就限制了企业、个人乃至社会团体对教育的投资。如前所述,以前由于我国教育主要是由地方政府提供资金,富裕省份的人力资本投资大于贫穷的省份。这就造成人们出生地是决定个人学识、技能水平高低的最重要的因素之一,这也是导致我国社会中同一时点和代际之间不平等状况的主要因素。在我国不同地区不同程度地表现出这种差异性,尤其是在我国西部,西部女性对各种资源利用相对有限,从而影响了个体受教育与否以及未来一生的发展趋势。同时,户口政策也进一步强化了之前所说的地域支持的不平等:如果外地移民子女希望进入本地学校就读,必须缴纳高额费用,甚至高达家庭总收入水平的10%,[①]而导致外出务工者不得不把带在身边的子女提前辍学。据国家统计局服务业调查中心2005年城市农民工生活质量状况专项调查资料显示:有17.21%的农民工外出务工经商带子女随行并在当地城里就学,其中文化

---

① [美]詹姆士·J.海克曼:《提升人力资本投资的政策》,曾湘泉译,复旦大学出版社2003年版,第70页。

水平较低或者年龄较大的农民工带子女随行就学的比重较高。在对5065名有子女随行就学的农民工调查显示,有71.92%的农民工子女在城里就读的学校是公办学校,有22.03%的农民工子女在城里就读民办学校,有5.00%的农民工子女就读的是民工学校,1.05%的农民工子女因各种原因无法正常上学而辍学。农民工子女在城里读书一学年,学费平均支出2450元,占这些家庭总收入的19.78%。其中,36.84%的农民工花费在1000元以下,27.67%的农民工花费为1000~2000元,13.07%的农民工花费为2000~3000元,10%的农民工花费在5000元以上。许多农民工孩子上学还需缴纳一定的借读费、赞助费等。据调查,在5065名有子女随行就学的农民工中,有2493名农民工缴纳了借读费、赞助费,每人平均缴纳费用为1226元。其中,有42.08%的农民工交500元以下的费用,有29.44%的农民工交500~1000元,16.33%的农民工交1000~2000元。

表5—5　1999年中国的学杂费开支和城市收入水平

教育水平		学生人均学杂费开支(元)	城市居民人均存款(元)	平均家庭规模	城市家庭平均存款数量(元)	学费占家庭收入比例(%)
高等教育		2239				12.20
中等教育	特殊中等教育学校	1395				7.60
	中等技术学校	983	5854	3.14	18382	5.30
	职业学校	556				3.00
	普通中等教育	187				1.00
初等教育		66				0.40

资料来源:[美]詹姆士·J.海克曼:《提升人力资本投资的政策》,曾湘泉译,复旦大学出版社2003年版,第75页。

表5—6、表5—7可看出城市和农村之间学费占整个家庭收入比例有很大的差别，城市家庭在各种教育学费开支中只是农村家庭的一半，同时家庭规模在农村与城市比较有一定差距。即使在城市，子女的学费开支也是家庭支出的主要组成部分，在农村，所占比例就成倍上升。在农村收入水平5个最低的省份，全部是在西部地区，学费占家庭收入比例的平均水平为32.04%，比收入最低的城市学费开支16%高出16.04个百分点。这表示经济收入越低的家庭，其学费所占家庭支出的比例就越高，如果到了家庭承受不了的时候，子女只有面临辍学的危险。

表5—6   1999年中国的学杂费开支和农村收入水平

教育水平		学生人均学杂费开支(元)	农村居民人均存款(元)	平均家庭规模	农村家庭平均存款数量(元)	学费占家庭收入比例(%)
高等教育		2239				23.8
中等教育	特殊中等教育学校	1395	2210	4.25	9393	14.8
	中等技术学校	983				10.50
	职业学校	556				5.90
	普通中等教育	187				2.00
初等教育		66				0.70

资料来源：[美]詹姆士·J.海克曼：《提升人力资本投资的政策》，曾湘泉译，复旦大学出版社2003年版，第75页。

除上述原因，加上我国科研投入严重不足，科研人员的拥有量与科研经费的投入低于发达国家与新兴市场国家，导致有限的教育与科研费用投资主体们往往投向经济效益回收更高更快的对象中去，那些不足够拥有所谓资源的劳动者，特别是贫困地区的女性劳动力者,就是这些有限投资中最少的获益者。

表 5—7　1999 年中国收入水平最低五省的
学杂费开支和城乡收入水平比较

收入最低五省		平均居民收入	平均家庭规模	平均家庭收入	高等教育学费	学费占家庭收入比例(%)
城市	河南	4532	3.21	14548	2239	15.40
	吉林	4480	3.09	13843		16.20
	甘肃	4475	3.1	13873		16.10
	宁夏	4473	3.13	14000		16.00
	陕西	4343	3.17	13767		16.30
农村	陕西	1456	4.41	6421		34.90
	云南	1438	4.59	6600		33.90
	贵州	1363	4.5	6134		36.50
	甘肃	1357	4.86	6595		33.90
	西藏	1309	6.84	8954		25.00

资料来源:[美]詹姆士·J.海克曼:《提升人力资本投资的政策》,曾湘泉译,复旦大学出版社 2003 年版,第 75 页。

　　不过,在确定政府对教育投资做出贡献的同时,既要考虑社会对政府教育投资的公共需要,市场对这种需要的满足能力和程度,也要考虑政府在各种因素制约下对这种需要的满足和能力。也就是说,在强调政府的投资需要有政策性偏向时,也要顾及政府投资与个人、企业和家庭一样,同样具有投资的低效率,不可能因为个人、企业或家庭因为在教育投资与教育发展中所造成的不利影响就全部由政府来取代个人、家庭、企业和市场的教育投资,这显然不符合逻辑。

第二节 医疗保健投资制约因素

社会经济发展的变化与医疗体制改革的推进,并没有给广大农民带来健康保障,反而随着市场化进程的加快,农民收入的缓慢增长、漫天上涨的医药价格与毫无保障的自费医疗状况,让农民特别是贫困的女性群体感到就医所带来的前所未有的压力,让人时刻担心不要因病致贫、因病返贫。就目前,主要有以下因素制约了我国女性医疗保健投资。

一、政府对医疗保健投资不足与缺乏相关的政策性倾斜

尽管党和国家采取了一系列措施在改善农村缺医少药方面做出较大努力, 人均寿命也得到提高, 但我国大部分农村地区卫生工作仍比较薄弱, 存在着卫生体制改革滞后、医药卫生人才缺乏、基础设施落后、农村合作医疗发展艰难、投资不足等现实状况。政府对医疗保健投资不足, 不仅是财政支出不足, 更重要的是政府进行医疗保健投资手段与教育投资一样, 存在着资源配置的 "城市倾向", 而且大部分经费支出采取由地方财政来负担的办法。这有可能导致财政收入少的地区自然就相应地减少在教育与医疗投资等方面的公共财政支出上。在全国目前存在着卫生资源整体分配不公的现状之时, 30%的城市居民占有着全国80%的医药卫生资源, 70%的农村居民特别是贫困地区的居民, 卫生服务严重不足, 卫生资源严重短缺, 医疗条件相当落后, 有相当多的农村人口根本享受不到最基本的卫生服务。中央民族大学的李玉子在2006年对西部12个少数民族地区的少数民族女性健康权保障的调查中

发现①:17%的女性年治疗费支出在 50 元以下,有 37%的女性在100 元以下,每年超过 500 元的女性只占 10%,这些投资尽管微小,但是几乎 100%的全部都要由女性自己负担;由于费用负担能够定期到卫生院接受检查,服用或注射预防药物的女性只占有效问卷的 20%,19%的女性回答说只能听天由命,38%的人从不检查,只有 41%的女性回答自己到医院开药预检查。由此可见,人人都能均等地享受基本的公共卫生服务的权利得到真正实现,还需要很长时间。

公共预防保健服务属于公共产品,供给利用在一定程度上取决于政府的投入。目前,政府对县级预防保健机构的拨款只占支出的 1/3 左右,大部分款项来自业务收入。这使防疫站、保健站等部门把主要精力用于门诊、住院等有偿服务的开展上,轻视妇幼保健等公共服务。② 如前所述,目前贫困地区有大部分省份的妇幼保健院在减少而不是增加,卫生防疫站经过 10 多年的发展基本维持在原有水平。从某种意义上说,公共预防保健服务的普及可以看做是一个国家或地区医疗卫生、人民健康保证的关键性指标。公共卫生服务和预防保健是我国贫困地区、偏远地区的薄弱环节,应当引起全社会的高度重视。

二、医疗保障机制的不健全

政府在积极推进城镇医疗保障制度改革的同时,提出了"恢复和重建"农村合作医疗制度的任务。在城市医疗保障制度改革

---

① 李玉子:《农村少数民族女性生命健康权的法律保障》,《云南民族大学学报(哲学社会科学版)》2006 年第 1 期。
② 黄金辉、张衔、邓翔等:《中国西部农村人力资本投资与农民增收问题研究》,西南财经大学出版社 2005 年版,第 123 页。

顺利进行的时候,农村合作医疗的覆盖率却很低,大病风险医疗的社会医疗保险基本上不被知晓。除了部分试点地区与经济较为发达的地方以外,全国农村合作医疗制度却在缓慢地爬行。1997年,合作医疗的覆盖率仅占全国行政村的 17%,农村居民中参加合作医疗的仅有 9.6%。卫生部 1998 年进行的"第二次国家卫生服务调查"结果显示:全国农村居民中得到某种程度医疗保险的人口只有 12.56%,其中参加合作医疗的比重仅为 6.5%。① 即使进行了农村合作医疗,但所推行的依然是属地原则,对于常年进城务工的农民工来说,这样的规定是把他们抛弃在外。联合国开发计划署驻华代表马和励在北京发布《2005 年人类发展报告——处于十字路口的国际合作:不均衡世界中的援助、贸易和安全》指出:联合国有个小组最近作了一个有关中国卫生保健制度的调查,结论是医疗改革并不成功;中国医疗体制并没有帮助到最应该获得帮助的群体,特别是农民。同时,与会的国务院发展研究中心学术委员会副主任王慧炯也认同"中国医疗改革并不成功"的判断。王慧炯进一步表示,改革开放前,虽然生活水平低,但是相对公平;经济改革后,本来不太健全的卫生保健体制倒退了,20 世纪 80 年代散布于中国农村的医生现在很少见到。

另据卫生部统计,我国 1990～2000 年,住院平均费用上涨了511%,过快增长的医疗费用与收入增长的缓慢,已经成为农民"看病难"并导致农村地区相对贫穷落后的一个主要原因。党的十六届五中全会通过的《中共中央关于制定国民经济和社会发展第十一个五年规划的建议》提出,积极推进新型农村合作医疗制

---

① 黄金辉、张衔、邓翔等:《中国西部农村人力资本投资与农民增收问题研究》,西南财经大学出版社 2005 年版,第 124 页。

度试点工作,从 2006 年起,中央和地方财政较大幅度提高补助标准,2008 年在全国农村基本普及新型农村合作医疗制度。

三、个人与家庭、企业与民间的投入不够

首先是贫困,生活的贫困。据国务院扶贫办 2005 年数据显示:截至 2005 年 4 月我国绝对贫困人口为 2610 万,低收入人口 4977 万人,城市享受最低生活保障的困难群众有 2200 多万人。贫困农民的上限收入与一般农民的比例,1992 年为 1:2. 45,2003 年为 1:4. 12,2004 年为 1:4. 39。从数据看出,我国贫困人口下降速度缓慢,贫困人口与一般农民收入差距越拉越大,这表示穷的越来越穷,这还不包括许多由于不确定的因素导致的新增加的贫困人口。照此速度发展,再过 10 年或许能消除我国目前的绝对贫困人口。有研究表明:女性在非正式经济①中的比例明显高于男性,而现有的我国宏观经济政策中,即使是那些本来就倾向于贫困人口的政策,都会因为服务私有化而增加女性的无偿劳动,社会现有的潜习俗和银行业务实行的规则中公认家庭的主要收入来源是家中的男性,却几乎不考虑在贫困家庭中所获得的资源是如何配置的。在没有收入、没有医疗保障、没有养老保险,生活都难以解决的前提下,何来资金进行健康投资。由此看来,解决贫困女性人群的温饱问题,保证最基本的营养与喝上健康的饮用水等,是维护女性健康权最基本的条件。

其次,几千年封建传统文化、社会性别制度建构中的男尊女卑的思想在我国农村地区较为根深蒂固,以不平等的宗法血缘网把

---

①　这里的非正式经济是指无偿的家务劳动、无偿的农业劳动、照顾老人及孩子的劳动与临时性的劳动等。

男性和女性确定为夫则当义、妻则当顺的社会角色,在强大的性别传统主流文化影响下,使女性丧失了与男性平等的人格与权利,而女性自己也对这种"性别角色"的定位理所当然。所以在健康投资方面多数女性不仅没有决定权主动为自己进行健康投资,而且即使有决定权的女性,也理所当然地把自己或把家庭中的其他女性放在第二位。同样在家庭中,如果在有限的资金下选择健康投资,家庭成员也可能不是选择轻重缓急,而首选的是家庭男性成员,或者是男性选择去更好的医院,女性采取就近原则医治。对于以农业为主要经济来源的西部地区,家庭的男性公民作为主要的劳动力是不可以随便和轻易倒下的。同样也由于传统观念的影响,女性所遭受的家庭暴力、生殖健康疾病、性骚扰尤其是留守女童的性骚扰(甚至性侵犯)等问题,众多的女性可能就会采取"容忍"、"不可以声张"与"留点面子"等做法,使这样的侵害不是减少而是增加。

再次,由于女性受教育程度相对较低,加上对女性人力资本教育投资相对少,这不仅导致女性的文化素质低下,而且会影响到她们接受信息的能力,包括捕捉信息与理解信息的能力。因此,由于受教育年限的限制,女性获取健康信息,采取正确的方法预防和治疗相应的疾病也就受到限制。同样由于投资与收益的关系,企业与民间不会在医疗手段上追加多少不讲效益的投资,特别是单纯针对女性的医疗投资。

第三节　人口生产投资制约因素

人口生产投资是指人的各项生活开支总和减去其中教育培训、卫生保健开支的部分。在以市场经济为特征的现代化建设的今天，无论我国人口增长有多快，计划生育如何实施，也无论是在贫穷的还是富裕的家庭里，人口生产问题始终是一个国家与一个家庭思考的重要问题。人类社会的发展，根据马克思和恩格斯的观点，社会生产包括人类自身生产和物质资料生产，两种生产都是社会存在、延续和发展的基础与必要条件。两者是否相互协调统一，两者是否均衡发展，决定着整个社会发展的质量。

国家人口与计划生育委员会在2007年1月发布的《国家人口发展战略报告》明确指出："城市和东部发达地区面临生育水平降低、人口老龄化加剧等新问题。农村、中西部和贫困地区则生育水平较高、人口自然增长率较高，人口和计划生育工作难度很大。1978—2003年间全国净增人口3.25亿人，排除迁移因素，东部占33.9%，中部占35.6%，西部占30.5%；中西部人口自然增长率明显快于东部地区。"同时指出：到2020年我国20～45岁男性比女性要多3000万。2005年以后，新进入婚育年龄的人口中，男性明显多于女性，婚姻挤压问题凸显，低收入及低素质者结婚难。从这些数据可看出，我国人口生产问题非常严重，其中男多女少的婚姻挤压问题出现，不是凸显女性的地位提高，相反会对女性带来潜意识的危险。由于我国计划生育的实施，大部分家庭从生育孩子的角度基本是相同的，这里我们主要讲述人口生产中家庭生产对女性人力资本投资的约束。

从人口生育角度看，计划生育是我国的基本国策，妇女享有计划生育的权利和义务。妇女享有与男性一样自主选择是否生育的权利，有自愿选择节育措施的权利。在相对贫困的地区，由于传统落后观念的影响与女性自身素质的约束，让原本由于特殊生理原因应该获得更多照顾与享受更多资源的女性生育孩子是一种理所当然。如果没有按照理想的情形来生育男孩还是女孩①,女性不仅失去本就少有的投资资本②,甚至在家庭的地位都受到影响。由于女性特殊的生理特征,在无法用性别平等来实现生育现象的情况下,妇女获得生育孩子的各种投资显然无法用标准来衡量。

造成我国出生性别比失衡的主要原因有:其一,文化原因:封建社会长期形成重男轻女的传统观念;其二,经济原因:社会保障体系不健全,养儿为防老;其三,社会原因:性别不平等,男性经济地位和社会地位较高;其四,科技原因:科技手段的滥用为人工选择生育性别提供了条件;其五,政策原因:严格的生育政策使得第二胎性别比失衡更加明显。从经济学意义思考,对人口生产的投资也取决于人们确实能够切身享受到或者看到对人口生产投资所带来的不断提高的收益。所以,当所有普通民众都能有接受教育、培训与提高知识积累的机会,并能够享受到或看到对人口投资可以带来本人或者他人经济状况与命运极大改善时,在这种投资收

---

① 这里讲的理想生育是指:因为在中国的生育政策不是"独生子女"政策,而是多元化政策。中国大陆 31 个省、自治区、直辖市中,仅北京等 6 个省市规定农村一对夫妇生育一个孩子,占全国人口的 35%;河北等 19 个省规定农村第一孩是女孩的可以生育第二个孩子,占 52%;海南、云南、青海、宁夏、新疆等规定农村可以生育两个孩子,占 9.6%;黑龙江、海南、云南、青海、宁夏等地一些少数民族以及因再婚、前两个孩子均为女孩等特殊情况,可以照顾生育第三个孩子;新疆少数民族夫妻再婚前合计只生育过三个子女的,可以生育第 4 个孩子;西藏自治区实行藏族农牧民不限制生育数量的政策。全国还普遍规定,独生子女与独生子女结婚可以生育第二个孩子。即使在生育上不违反计划生育,但他们可以根据政策的规定来约定自觉第一胎应该生什么,第二胎应该生育什么才是最理想的。

② 这里说的投资资本是指按照理想生育效果所获得的坐月子的待遇,如果不是,则待遇完全是不一样的。如果采取了相应的手段不要肚子里的孩子时,妇女则没有选择生育的权利,流产所带来的损失只有妇女自己知道而不可能获得相应的照顾,因为妇女没有怀她们想要的孩子。

益提高的影响下,所有的理性家庭在生育决策问题上,会很认真地在数量与质量上权衡。当人力资本投资收益越来越具有诱惑力,财务预算约束下的任何一对理性夫妇,会越来越偏重于孩子的质量。即使对女性在人口生产投资上不下大力气,但有可能将重点投资倾向于孩子,他们会觉得投资给孩子的未来收益大。由于近些年来对人力资本投资的增加以及收益的持续提高,人们对孩子数量的考虑逐渐转向对人口质量的追求。

　　由于传统家庭内部分工决定了女性必须有一部分时间要用在家务生产上,对大多数男性而言,市场是他们主要活动空间,在经济不发达阶段,大部分女性的主要活动场所是家庭,随着经济的发展与市场的开放,女性的时间正在逐渐从家庭转向市场或两者兼得。贝克尔(1976)认为家庭生产是将"资本品、原材料和劳动组合起来,以清扫、喂养、繁育以及生产一些有用的商品"。这说明家里物品的生产和消费会耗费一定的时间,而此时的时间实际上就是一种机会成本,它必须同任何物品的市场价格或制定经济决策行为的市场价格计算在一起。由于女性是家庭生产的主要承担者,家庭生产中所消耗的时间当然大多数是女性的时间。当已婚女性进入劳动力市场成为与男性一样的劳动力,并承担与男性一样的责任——给家庭提供足够的市场收入,同时还要充当家庭主妇角色的时候,当我国现有阶段家务劳动还不可以参与分配的时候,女性在家庭生产中所付出的时间与精力,如何体现其价值呢?贫困地区尤为如此,家庭规模相对经济发达地区大,需付出的努力和花费的时间更多,在家庭社会化程度不高的情形下,女性不得不牺牲更多的休闲时间从事家务劳动,不得不利用本来可以去进行继续学习、参与培训等提高技能的那部分属于自己的闲暇时间去管孩子与做家务。

由此可见,在人口生产投资中,无论是在经济发达还是不发达阶段,对女性人力资本的投资和女性用于自身的投资,无论是直接投资还是间接投资,大多数女性都没有得到应有的投资。

第四节　女性劳动力人口迁移流动制约因素

根据舒尔茨《论人力资本》的观点,人口迁移分为自愿与非自愿行为。这里所讲的人口迁移流动是舒尔茨论述的:"在和平时期,人们基本上能从满足自身的偏好出发,为了改善自己的经济地位而自由地进行迁移。"①和平时期,特别是在我国改革开放全面进入市场经济时代,只要迁移者能有机会按照自身利益行事的时候,人们就会为了改善自身的境遇或改变整个家庭的生活状况而进行流动。近年来的统计数据表明,传统农业已不再是农民收入增长的主要源泉,农业结构的调整虽然可在一定程度上提高农业竞争力,但不能从根本上增加农民收入与提高农民的生产技能。因此,在经济收入差距与地区收入也存在差别的情形下,大多青少年,具备有一定竞争能力的劳动者就成为迁移大军中的一员。但无论现在的迁移条件怎样,不是所有自愿迁移的人群都可以随心所欲地进行,即使迁移获得了短暂成功,也不一定就可以完全达成迁移者的最终目的,比如获得大量的经济收入、脱离农业、完全城市化等,因为众多阻碍因素在约束着人力资本迁移流动,尤其是女性人力资本的迁移。

---

① 舒尔茨:《论人力资本投资》,吴珠华等译,北京经济学院出版社 1990 年版,第 201 页。

一、人口多、素质低、机会少

我国劳动力人口中约有一半是女性人口,1999 年,我国劳动适龄人口中的就业人口有 70586 万人。其中城镇就业人口 21014 万人,乡村就业人口 49572 万人。① 2003 年,中国就业人口 7.44 亿,其中,城镇 2.56 亿,农村 4.88 亿。城镇登记失业人数 780 万人。② "五普"资料显示:接近 9000 万农村人口涌入城市流动群体中,大约 1/3 是女性,总量在 2600 万左右。而且她们主要来自内地不发达的省份和比较贫困的农村。其中多数人是在省内流动,有近 30%~40% 的女性离开本省,到东部城市或工业发达地区工作。可见这个劳动大军中女性劳动力人口的庞大。其次,在众多迁移流动的劳动者中,如前所述,近 70% 的是初中以下学历,还有的是文盲或半文盲。我国大约有一半的人口没有受过初中教育,其中大部分在农村,而这一半农村人口中的一半多是女性人口,全国绝大多数文盲或半文盲在西部地区,而近 2/3 是女性人口。女性人力资本知识存量低,又几乎没有机会或能力掌握和利用现代科技,在现代日益竞争激烈的人才争夺环境中,她们只能从事一些简单劳动和粗体力活,根本无法胜任比较复杂的智力与体力相结合的现代化劳动。③

---

① 夏业良:《中国的人口变化与就业前景》,www.66wen.com。

② 中国网,2005 年 5 月 23 日,http://www.china.org.cn/chinese/EDU—c/868732.htm。

③ 作者曾走访过北京、湖北、湖南、四川、云南、贵州的一些较小的餐馆,餐馆服务员的女性同志在服务质量、服务意识、态度、能力等方面,是有着较大的区别。在贵州和云南两省的较小的餐馆里,女服务员不仅工作不积极、态度不好,连客人要点菜,小工却有很多字写不上来,要不摘菜代替,要不请客人代写,再不然就自己胡乱画着只是自己看得懂的菜名。

　　职业技能培训是提高进城农民工岗位工作能力的重要途径，是增强农民工就业竞争力的重要手段。据国家统计局服务业调查中心 2005 年就城市农民工生活质量状况专项调查资料显示：在调查的农民工中，有 50.20% 的农民工参加过职业技能培训，其中，男女农民工分别有 51.41% 和 47.99% 参加过培训。文化程度越高的农民工群体参加职业技能培训的人员越多，其中，大专及以上文化程度的农民工中有 74.02% 参加过职业技能的培训，而不识字或识字很少的农民工中只有 18.65% 的人员参加过职业技能培训。从职业上看，专业技术人员中参加过职业技能培训的占 77.96%，其次是管理人员和技术工人，分别占 74.71% 和 66.38%，家政服务人员中参加职业技能培训的最少，只占 26.05%。农民工提高职业技能的主要方式就是参加短期职业培训，快速上岗。主要方式有：参加短期（半年内）职业培训、自学专业知识、个人拜师学艺、接受长期（半年以上）职业教育等，分别占 39.4%、24.1%、16.4% 和 9.7%。其中参加短期（半年内）职业培训的农民工中女性多于男性，初中文化程度的居多，采矿业、金融业人员居多，各类服务员居多；在自学专业知识的农民工中，大专及以上文化程度的居多，科学研究、技术服务和地质勘查业，租赁和商务服务业的居多；在个人拜师学艺中男性比重高于女性，初中以下文化程度的人员居多，年龄在 35～45 岁的人员居多，建筑工人和个体业主居多。另外，在激烈的劳动力竞争环境中，由于女性人力资本存量低下，导致所获取的报酬自然不高，没有机会给自我进行相应的投资提高自己的资本存量，致使在竞争中一直从事较繁重的、脏的、累的、工资低的工作，长此这样的循环往复，贫困地区的女性劳动者没有更多的资本与他人参与竞争，自然就没有更多机会获得更多经济机遇。

二、政策性限制

(一)土地政策

20 世纪所确立的农村经济体制改革所实施的家庭联产承包责任制,在当时的社会背景下确实刺激了农民的生产积极性,使整个农村经济得到了极大进步。但没有从农地制度的根本上来解决农业生产的未来发展问题。由于现行土地制度的缺陷,由于我国土地政策所实行的是集体所有制形式,农民对土地承包的稳定性、转让和出租等都要受到集体组织和集体土地所有权的限制。虽然政府一再强调土地承包期延长到 30 年不变,但 30 年后的事情谁都没法预料,这导致农民对土地的长期承包期的稳定性还缺乏信任,对土地的投入和积极改造缺乏应有的动力,正因为这些因素的影响,农民对土地的技术投入就可想而知,大部分农民要不选择放弃土地的使用,要不就进行掠夺式的经营,这无疑不利于农民收入增长,也不利于我国农业经济的发展。对于农村女性来说尤为如此,由于婚后随夫居、嫁出去的女孩不可以再在娘家占用土地资源等习俗,导致女性在对土地的开发与利用上更缺乏主动性积极性,即使嫁入夫家也因为对土地缺乏兴趣,在农业技术的培训与推广上女性自然也不是主角。

(二)户籍制度

农民工入城已不受户籍制度的限制,但由于户籍所产生的相应影响如暂住证的办理、看病就医在医疗保障方面的限制、子女入学等问题,都是与户籍有关的对农村居民的限制,与城市居民的待遇有着天壤之别。

(三)入学制度

不是所有农民工子女都可以顺利进入与父母工作就近的学校

读书,而且还要缴纳数额不少的借读费,这不仅给孩子心理带来一定影响,而且给家长带来沉重的经济负担,即使孩子入学了,在升学与结业上同样有着不一样的待遇。因为孩子的录取跟随户籍进行,必须回原籍地考试与录取,在我国现行高考制度与录取情形下,孩子基本上只能回老家读书。特别是女孩,本来从小接受的教育、医疗的投资就相对较少,在现有制度约束下,偏远地区的女童,要单独一人在离家很远的地方读书,如果父母都不在身边,女童很可能从小放弃学业,在大学学习的男生比例明显高于女生,或许与从小所接受的资源投入与女孩特有的生理现象有着不可回避的理由。除了以上限制性制度因素外,住房、医疗与养老保险等都是限制女性得不到相应政策关怀而影响其发展的重要因素。

三、保障体系不健全

我国现有农村经济发展水平十分低下,多数农村居民收入偏低,承受能力相当弱。而我国现行的社会保障体系几乎把农村人口排斥在外,即使国家有相应的措施在尽量建设农村居民保障体系,但多年来都只是在一些经济富裕的农村试点。现阶段,我国农民依然把家庭保障与家庭养老作为农村社会保障的主体。农村居民不是因为观念落后而不愿意接受医疗保险与养老保险,在现有资源奇缺的情形下,只能为了生存进行生活投资而拥有对未来的保证。即使是国家在实施的农村合作医疗保障制度,它也不是一种由国家强制实行的在全国范围内统一实行的社会保障制度,它只是在一定农村社区范围内,以社区为单位进行保障的一种福利制度,在缺乏国家财政必要支持的条件下,在国家没有相应法律法规约束的情况下,很难说服农民把有限的资源投入一种缺乏强有力的保障体制之下。另外,在我国经济发展及其不平衡状况下,农村经济的发展同样面临着经济社会发展不平衡的结构特征。在社区实施社区保障向社区内成员提供相应的保障制度时,由于各社区与各村寨经济发展不平衡的状况,导致全社会成员所接受的保障是不一致的。如全国著名的华西村等富裕的农村,因为村上经济很富裕,所有的保障费用可由村委会来承担,这不仅不利于全社会的保障横向平等的实现,而且为了相应的福利,导致村内婚与要求嫁入这些村子里的姑娘不在少数,这似乎是一个典型的人口发展问题。

四、其他因素

女性劳动力人口的城乡迁移流动,除了上述原因与传统的社会性别分工和职业中的性别隔离制度等因素限制以外,叶文振(2006)[1]在对流动妇女职业发展的性别思考中发现,影响进城流动妇女职业发展的因素还包括以下三组变量:一是用在外流动时间的流动经历;二是包括年龄和文化程度在内的农村妇女的社会和自然特质;三是由丈夫的文化程度和目前的收入、结婚年数和生育孩子数等变量组成的家庭关系,它们之间的影响关系是:

第一,流动妇女在外流动时间与其职业发展呈正比。流动妇女在流入城市居住的时间越长,获取的就业信息就越多,积累的城市从业经验也越丰富,找到工作或从事更好工作的可能性就越大。

第二,流动妇女的年龄与其职业发展呈负相关,文化程度与其职业发展呈正相关。流动妇女的年龄越大,在城市找到工作或从事更好工作的可能性就越小;相反,教育水平越高,获取就业信息

---

① 叶文振:《流动妇女职业发展的性别思考》,《中国妇女报》2006年2月28日。

的渠道就越多,对相关工作的技能适应就越强,找到工作或从事更好工作的可能性就越大。

第三,流动妇女配偶的文化程度与其职业发展呈正相关,配偶的收入与其职业发展呈负相关。流动妇女配偶的文化水平越高,越支持和帮助妻子户外从业,流动妇女找到工作或从事更好工作的可能性就越大。流动妇女配偶的收入越高,养家的能力就越强,在没有合适的工作岗位情况下,流动妇女户外就业或从事更好工作的可能性就会降低。

第四,流动妇女的职业发展与生育孩子数呈负相关,与结婚年数呈正相关。生育孩子越多,耗费在生育和照顾孩子的时间和精力就越多,就越不利于其职业发展;相反,结婚年数越长,孩子年龄就越大,孩子日常照顾的需要也相对减少,而且由于教育投资的增加,家庭开支也就越大,女性就不得不利用一切机会寻找工作和积累工作经验,找到工作或从事更好工作的可能性就越大。

分析结果表明,已婚农村妇女进城后的户外就业人数明显减少,在业率大约在50%;但在外就业的职业层次却有所提升,其中约25%的流入妇女实现了职业地位的上移。流动妇女在流入地居住的时间、年龄、文化程度、结婚年数以及配偶的收入是影响她们职业变迁的主要因素。

第六章　性别视角下的女性
人力资本投资

歧视现象是一系列历史的、复杂的、多层的和制度的等诸多方面因素引起的一种行为表现,是难以量化的。它不仅涉及政治的、经济的、社会的各个层面,而且在人们众多行为中,包括政策制度、参与决策、投资行为等都存在着性别歧视现象。下面主要讨论在性别视角下女性人力资本投资中的性别歧视现象。

第一节　社会性别与女性人力资本

一、社会性别概念与性别歧视内涵
(一)社会性别与社会性别平等

众所周知,人类生理性别是生而具有的既定事实,而社会性别却不是,因为作为男性或女性在所有的经历中会因文化与制度的不同而差别很大。所谓社会性别(Gender),是指由社会形成的男性或女性的群体特征、角色、活动及责任,是社会对两性及两性关系的期待、要求、规范和评价。① 它可以影响到男女之间,如男性和女性所拥有的权利、对资源的利用、法律和制度对他们的规范、两性之间的关系等等。它通常被社会学家用来描述在一个特定社

---

① 联合国开发署驻华代表处:《社会性别与发展·培训手册》,2001年。

会中,由社会形成的男性或女性的群体特征、角色、活动及责任。因为社会的组织方式,人们的社会性别身份决定了社会应如何去看待男性和女性,以及期待男性和女性如何思考与行动。① 这就是用社会性别视角来分析问题,这种视角就是同时关注男性和女性,重点分析女性和男性究竟是不是平等的,在人力资本投资方面,他们对信息资源的拥有,对教育、培训、医疗卫生等资源的享有等是不是平等的。

　　这里说的社会性别平等(Gender equality)不是让男性女性必须完全一样,他们所拥有的权利、责任、机会、待遇、资源和评价不是基于他们是男性还是女性的生理性别决定的。"社会性别"这个概念的用处在于如果没有它,人们很容易对两性差别形成中的文化因素以及这些差别的社会历史特别不加以考虑,而认为不可能超越所谓"自然的女人"的根本的或终极的生理局限(反过来想一想,如果讲"生理局限",那么男性的局限是什么? 为什么只有女人有局限?)。即使是"时代不同了,男女都一样,男人能做到的事情女人也能做到"这样激进的口号也未能充分意识到性别差异中社会因素的重要性。尽管它拒绝了固定的两性差别和性别角色的传统观念,拒绝男性优越的观点,但它却不自觉地把"男人能做到的"作为尺度和目标,并且把妇女的解放问题归结为把男性制度普遍化基础上形成的平等观念。这样,由于无论是强调差别(从而需要国家保护)还是取消差别(以便求平等),重点都是在"生理"差别上。② 所以,社会性别平等是指,无论男性还是女性都

---

　　① 坎迪达·马奇、伊内斯·史密斯:《社会性别分析框架指南》,社会性别意识资源小组译,香港乐施会出版社 2000 年版,第 17 页。
　　② 杜芳琴、王向贤:《妇女与社会性别研究在中国》,天津人民出版社 2003 年版,第 331 页。

可以接受在不受传统性别分工、偏见及歧视的限制下，自由地做出自己的选择，充分享有自己应当获得的权利与自由发展个人的能力等。当我们在观察和分析、处理事务时，如果能时时注意到性别之间不平等的处境、利益和权力关系，并采取措施和行动来增进性别平等，被称作具有"社会性别意识"，或者说具有"社会性别觉悟"、"社会性别敏感"。但从"意识"到"觉悟"再到"敏感"，所表示的程度还是有区别的，应当是逐步递进的关系。

　　反之，在观察和分析、处理事务时，如果无视两性之间不平等的处境、利益和权力关系，则被称作"社会性别盲点"①。

（二）歧视的内涵

　　有关劳动的歧视理论最早出现在贝克尔的《歧视经济学》（1957）中，贝克尔把歧视看成是歧视者的一种偏好和"爱好"。关于种族和歧视对经济机会的影响，在托马斯·索韦尔的《种族与歧视》（1975）一书中作过清晰而令人信服的论述，这里主要讨论的是性别歧视。按照张德远教授的解释，②劳动市场上的歧视是指那些具有相同能力、教育、培训和经历的劳动者（尤指妇女和黑人等），由于一些非经济的个人特征引起的在就业、职业选择、晋升和工资水平等方面受到的不公正的待遇。这里的非经济个人特征，主要包括种族、性别、民族传统、宗教或偏好等，在劳动市场上除了上述歧视外，还可以有其他形式出现，如进入正规教育、在职培训和学习方面等不公正待遇等，而这些都会影响个人人力资本积累。按照上述概念，综合张德远教授归纳的观点，歧视可以分为

---

① 石英：《另一种认识生育文化的视角：社会性别分析框架》，转载中国社会学网。

② 张德远编著：《西方劳动经济学》，上海财经大学出版社 1999 年版，第 141 页。

以下几种类型：

1. 工资歧视。指从事相同工作,由于性别或别的原因,女性员工获得比男性员工更少的工资。更明确地说,凡是基于生产率差别以外的考虑而导致的工资差别就是工资歧视。目前在我国,原则上男女同工同酬已基本得到实行,即在我国,同一行业、同一工种中技术熟练程度相同的劳动者,都可以获得同等报酬。但是,由于目前男女员工文化业务素质和职业构成的差异,由于制度实施过程出现的问题,现阶段,男女实际收入存在着较大的差距。即使是在我国引以为豪的女乒乓国手们,在世界各个大型的比赛得奖以及相应的分配上,也只是到近年才实现与男子同奖同酬;中国女足也一样,女足球员月薪为 1500 元,而男足普通球员年薪却有 30 万元至 40 万元。据调查显示,1990 年城市男女职工平均月收入分别为 193.15 元和 149.60 元,女性的平均收入是男性的 77.4%;农村男女平均月收入分别为 151.8 元和 123.5 元,女性平均收入是男性的 81.5%。1999 年,男性就业者人均收入 761 元,女性就业者人均收入 588 元,女性收入是男性的 77.27%,收入差距扩大了 0.13 个百分点。其中,男女收入差距在国有企业最小,为 1∶0.85;在私营个体经营者中差距最大,为 1∶0.59;其他经济单位的职工,收入比为 1∶0.7。从受教育程度看,学历越高男女收入差距越小。大学及以上学历的就业者男女收入差别为 1∶0.87;大专为 1∶0.84;高中为 1∶0.76;初中和小学为 1∶0.73;小学以下为 1∶0.7。[①]在国外如新西兰、法国、美国、日本等国也面临着同样的性别工资差距现象。

2. 就业歧视。指在其他条件相同情况下,妇女承受着不适当

---

① 　http://www.njprice.com/test/dzkw/ZHB/208—7.htm.

的失业比重。我国目前就业状况存在着类似情况,在招聘工作中有意无意地限制对女性员工的招聘,使得现有女大学生找工作普遍比男生要难,就业比例比男生低。其次是所拥有的社会资本不一样,即使同样是女大学生,由于户籍与家庭背景等因素不一样,城市女大学生的就业要优越于农村女生的就业。这就导致原本所付出的成本比城市女生要高出许多的农村女生,却不得不面临比别人更大的就业压力,从而也影响到家庭或社会对偏远地区、贫困地区农村女孩投资。

3. 职业或工作歧视。指妇女被武断地限制或禁止进入某些职业,即使她们完全有能力胜任这些职业,同时她们被排挤到那些档次过低的职业。这一方面与劳动市场需求,政府反对就业歧视的力度有关;另一方面也是一种社会和教育引导的最终结果。如现在的用人单位会这样直接来计算相应成本,女生参加工作后不久,就会面临结婚、生育和照顾孩子等系列问题。从长远看,女性员工要比男性员工提前五年退休,而女性的预期寿命一般比男性长,如果雇用女性员工则意味着额外的成本支出要高出许多。另外,女职工一般不能值通宵夜班、有了孩子后要分心分出时间照顾孩子、出差也不方便等诸多因素,顺其自然成了很多用人单位"性别歧视"的"合法"借口。

4. 人力资本投资歧视。指女性劳动者较少获得能够提高生产率的正规教育、医疗卫生资源和在职培训等机会。我国女性人力资本所获得的教育、培训等方面的投资少于男性。

如第一章所论述,经济学家们将歧视区分为"市场中"的歧视和"前市场"的歧视两种。这里的前三种歧视通常被称为"市场中"的歧视,或者后市场歧视和直接市场歧视,因为这种歧视是人们进入劳动市场以后遇到的歧视,是指生产率相同的人得到的待遇不同的一种歧视现象;最后一种歧视称为"前市场"歧视,也称过去市场歧视或间接歧视,因为它发生在人们求职之前。前市场歧视是由学校、家庭结构、传统价值观念等在内的社会制度造成的。前市场歧视也会使妇女具有较低的生产率,由于雇主歧视妇女的根据通常是关于妇女生产率的普遍流行的成见,而这些成见又会影响抚养孩子的模式以及为妇女提供的教育项目、医疗卫生和培训的机会,从而使市场中歧视和前市场歧视得到相互强化。

二、社会性别分析基本方法与运行机制

在发展中关注社会性别平等已成为世界各国的一种普遍现象,在描述发展政策和计划时,社会所需要关注主要的政策的角度是:旨在将妇女纳入发展项目中,令发展项目变得更有效率的妇女参与发展(Women In Development———WID)方式和关注与发展有关的男女角色方面的不平等的社会性别和发展(Gender And Development———GAD)方式。① 用社会性别分析方法②分析现实中某些性别不平等的事件与关注相应的政策发展,主要是为了达到一个更大的目标:设计和实施一些不排除也不伤害妇女的政策和项目,考虑妇女的需求与感受,并帮助改善一些现存的社会性别不平等或不平衡的状况。

---

① 坎迪达·马奇、伊内斯·史密斯:《社会性别分析框架指南》,社会性别意识资源小组译,香港乐施会出版社 2000 年版,第 3 页。

② 所谓社会性别分析方法主要就是指"社会性别角色分析"和"社会性别关系分析"。比较妇女与男子在社会中充当的不同角色,认识她/他们之间存在的不同需求,就是社会性别角色分析。而社会性别关系分析旨在分析资源、责任和权力分配方面存在的性别不平等,运用社会性别概念来分析人与人之间、人与资源和各种活动之间的关系(引自石英:《另一种认识生育文化的视角:社会性别分析框架》,转载中国社会学网)。

　　社会关系为每个个体在社会结构和等级制度内规定着一个位置,决定着群体和个人能够获得的有形和无形资源,产生许多错综复杂的不平等,社会性别关系是合作、联系与相互支持的关系,同时也是冲突、分离与竞争的关系,是差异和不平等的关系。要分析性别不平等的深层次原因,必须引入社会性别视角。社会性别关注两性之间的权力分配,这些关系制造并再生产男性与女性在一定特定社会中地位上的系统差异;此外,还规定了责任和权力分配的方式,以及赋予其价值的方式。社会性别分析打破私人领域与公众领域间的界限,它探讨两性间的权力关系如何与国际、国家、市场、社区层面及家庭的权力关系的相互联系。如社会性别盲视政策,不承认社会造成的两性之间的差异,甚至提出各种假设,导致对现存社会性别关系本来有利的偏见(如招聘过程中对女性的歧视现象,导致女性就业较男性更加困难等)。因此,借鉴性别分析工具对现行我国公共政策等相关法规进行进一步的分析与评估,以便政府在相关分析结果中做出最后选择。本书将借用社会性别分析框架如"哈佛分析框架"、"以人为本的分析计划"、"摩塞框架"、"能力与脆弱分析框架"和"妇女赋权(朗维)框架"等相关分析模型,对女性人力资本投资问题进行分析。实际上,这些工具与模型更多地被运用在发展的具体项目中,应与具体项目相联系。这些工具的运用就是以社会性别为视角,对男性和女性的性别角色和性别关系加以分析。社会性别分析主要强调一种视角,也就是对待事物要有社会性别意识和敏感。研究者们早已总结归纳出一些行之有效的分析方法,但不能也不必要拘泥于一种固定的"分析框架",应具体问题具体对待。

　　无论用何种社会性别分析方法,男女平等不能抹杀男女生理上的差异。男女平等不是男女都一样,而是指男女两性在人格、尊严、价值、权利和机会等方面的平等。具体地,主要指在资源分配和机会获取上的性别平等,如受教育机会、就业机会、参与经济活动机会等等。当考察男人女人之间按社会性别的资源分配方式时,要看到资源的使用与支配之间的区别。使用权仅为使用资源的机会,支配权则意味着可以决定如何使用资源以及谁可以使用资源。① 有时妇女往往能够使用某些资源,但并不拥有支配权。同样,讨论现阶段中国妇女的权利与机会,也会发现在许多具体事务中,往往是承认权利,不给机会。口头上、理论上、概念上承认妇女拥有与男性同样的权利,现实问题、具体政策、操作层面妇女却没有或很少有机会。

"哈佛分析框架"是为了说明将资源分配给男人还是女人一样都有积极方面的依据,此分析框架的目的在于帮助计划人员设计更高效的项目和提高总体生产率。

"以人为本的分析计划"目的是为了确保资源与服务分配的有效与更为合理,旨在协助使用者更恰当地界定发展项目的预期目标和更为有效地利用有限的资源。

"能力与脆弱分析框架"的中心观点是:以人们现有的力量(能力)与弱势(脆弱性)决定目前困难及困难带给人们的影响,以及人们对待困难的方法。此分析框架旨在帮助相应机构规划紧急或救援帮助,所采取的方式是除了这样的干预能满足有关人员的眼前需求以外,又鼓励人们依靠自己的力量和努力来促进社会与经济的长期发展。

"朗维框架"的目的在于帮助计划人员探究女性赋权与平等

---

① 坎迪达·马奇、伊内斯·史密斯:《社会性别分析框架指南》,社会性别意识资源小组译,香港乐施会出版社 2000 年版。

在实践中的意义,从而批判性地评估相关项目在何种程度上支持女性赋权。主要考察的是在经济社会中,男女在什么程度上大致平等,如教育平等与就业平等等。在这个框架中,妇女赋权就是使女人获得与男人同等的地位,平等参与发展过程,从而与男人在平等基础上控制各种生产条件。

社会性别运行机制如下图所示:

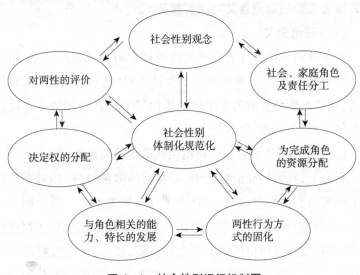

图6—1　社会性别运行机制图

三、社会性别视角对分析女性人力资本投资的意义

随着全球经济社会快速发展,我国女性人口的生存质量得到明显改善,她们与世界各国女性人群一样,在形式上具有性别平等的、完整的公民资格权利。但这种形式上的平等并不能否认现阶段或人类社会自古以来就有的社会性别歧视存在的惯性。在我国经济社会全面发展的重要时期,女性依然是社会中的相对弱势人

群。在全面建设小康社会、建设社会主义新农村的进程中,女性问题不仅是学者们关注的重点,而且也是社会各界,包括个人、家庭、企业及政府应该重视的对象。女性人力资本是我国经济发展的重要力量,是和谐社会建设的重要推动力,尤其在我国经济、文化发展较为落后的西部地区,关注当地女性人力资本投资问题,从社会性别分析①(Gender Analysis)的视角关注我国女性人群的发展将有着极为重要的理论意义与现实意义。

(一)理论意义

社会性别与社会经济发展是任何社会不容回避的问题,用社会性别分析的方法,去探讨那些妇女认为跟她们有关的议题、政策等,使之成为那些影响男女生活的机构(国家、社会团体及非政府组织等)的主要议程,促进男女平等。

1. 为女性合法权益的获得提供政策支持与保障

历史上,我国妇女地位低下,对女性的多种歧视,如对女性的人生伤害与心灵伤害、妇女的拐卖等现象屡见不鲜。新中国成立以来,我国政府出台了一系列男女平等的政策法规,提供了制度性保障证明,使女性地位得到了很大的提高,如,我国宪法规定:"妇女在政治的、经济的、文化的、社会的和家庭生活等方面,均与男子享有同等的权利","国家保护妇女的权利和利益,实行男女同工同酬,男女享有平等的婚姻自由权,培养和选拔妇女干部"等。目

---

① 社会性别分析强调社会中男人与女人的关系,以及这些关系中的不平等。社会性别分析打破私人领域(涉及个人之间的关系)与公众领域(较广社会范围内的关系)的界限。它探讨家庭内部的权力关系如何与政府、国家及社区层面的权力关系相互联系。诸如针对"谁做什么?谁拥有什么?谁来做决定?谁得益?谁损失"等问题的探讨,提出相应解决问题的办法,达到促进社会男女平等的目标。

前,中国已经形成了以宪法为基础,以《妇女权益保障法》为主体,包括《婚姻法》、《继承法》、《选举法》等各种法律法规在内的保护妇女权益、促进男女平等的法律体系。1995 年江泽民在联合国第四次世界妇女大会开幕式上,向国际社会庄严承诺"男女平等是促进我国社会发展的一项基本国策"。这些制度措施,确实给新时期女性带来了较过去更多的权利与平等。

以教育为例,第一,国家努力保证女性平等接受中高等教育的机会,使各级各类学校中的女性比例显著提高。2004 年,普通初中和高中在校女生的比例分别达到 47.4% 和 45.8%;中等职业学校在校女生的比例达到 51.5%;全国普通高等院校在校女生为 609 万人,占在校生总数的 45.7%,比 1995 年提高 10.3 个百分点;女硕士、女博士的比例分别达到 44.2% 和 31.4%,比 1995 年分别提高 13.6 和 15.9 个百分点,女生在校人数呈现逐年上升趋势。

第二,国家重视培养培训女教师,发挥女教师在女生教育中的特殊作用。2004 年普通初中和高中女教师比例分别为 45.9% 和 41.7%,中等职业学校和普通高等学校专职女教师比例分别为 46.5% 和 42.5%。

第三,政府重视扫除妇女文盲,遏制女性新文盲产生,防止脱盲女性复盲,并重点推进贫困地区和少数民族地区妇女的扫盲教育。政府有关部门和全国妇联共同开展了以妇女为对象的"巾帼扫盲行动"。2000 年,全国城镇地区 15 岁及以上女性文盲率为 8.2%,比 1995 年下降 5.7 个百分点;农村地区 15 岁及以上女性文盲率为 16.9%,比 1995 年下降 10.5 个百分点。全国青壮年妇女文盲率为 4.2%,比 1995 年下降了 5.2 个百分点,超过总文盲率的下降幅度。

　　第四,国家大力发展职业教育、成人教育和技术培训,妇女的终身教育水平得到提高,性别差异进一步缩小。"五普"表明,中国妇女的平均受教育年限为 7.0 年,比 1990 年增加了 1.5 年,十年间男女差距缩小 0.5 年。2004 年,接受函授、夜大等成人高校教育的女性有 209 万人,占学生总数的 50%。近年来,国家加大了妇女的职业技能培训力度,通过各种培训方式,帮助城镇妇女提高职业竞争能力,促进农村妇女增收致富,提高包括流动妇女在内的广大农民工的就业能力。① 所有这一切都是政府推行男女平等的政策法规产生的结果。

　　同时还采取了多种积极有效措施,利用各种有利政策与法规,积极组织各地妇女发挥优势,参与社会主义经济建设与精神文明建设,为维护和保障女性的合法权益做出了不懈努力。不过,无论政策法规如何健全,一定时期的法律只对特定时期的行为有效。正如所有社会的分工,男人和女人都是根据生理性别来分配工作、活动与责任一样,性别的分工会因社会和文化的不同而不同,即使在同一文化系统中,分工也会随着外部环境和时间的转变而发生变化。国家制定的政策法规也如此,它将随着社会经济环境的变化而发生着变化,外界环境已经发生了重大的调整,相应的政策法规也要随着时代的发展而发生变化。这就需要我们借助社会性别分析的工具与方法,来分析现阶段哪些法规是具有性别歧视现象的,如果政策法规本身就不利于女性的发展或存在着性别歧视,女性要想获得公平公正的合法权益就是一句空话。因此,利用性别分析手段,分析现行公共政策中性别漏洞、隐性性别歧视和在执行过程中的歧视现象等是为女性获得政策支持的有利保证,特别是

---

① 《2005 年中国性别状况与妇女发展状况》白皮书。

在经济不够发达的偏远地区,充分保障妇女和女童受教育的权益,将更好地促进女性人力资本存量的提高。

2. 关注女性问题,保障和促进妇女权益的提高

我国政府在 1992 年实施的《中华人民共和国妇女权益保障法》中,明确规定了妇女的六大权益的同时,强化了国家机关在维护妇女权益时的职责,明确了妇联等妇女组织在诉讼中的特殊地位和作用,全面确定了保障妇女权益的法律机制。但我国目前尚处于社会主义初级阶段,经济、文化等方面的发展还比较落后,女性的社会权益保障、医疗保障和贫困地区女性自我素质提高的具体措施,相关妇女法律权力的具体规定,以及现有妇女权益保障机制的建立与执行如对女性教育、培训投资与医疗卫生保健等方面的投资保障,都是我国目前需要重点关注的问题,在发现问题的基础上,促进相关政策的制定、执行力度与加大对女性各方面的投资,才能促进女性权益的提高。

3. 尊重性别差异观念,努力促进男女平等指标监控系统

社会性别意识也称为社会性别敏感,是人类发展到以人为中心的社会发展模式中产生的,以人的基本权利为出发点,反省传统的社会性别,促使男人和女人全面健康发展,在充分尊重男女两性差异的基础上,促进男女平等,终结男女不平等。在我国坚持各项政策对外开放的同时,逐渐强化人们的性别意识,特别是强化决策者与执行者们的性别意识,将有着不可低估的作用。如 2004 年全国妇联对全国人大、全国政协、卫生部、国家人口和计生委、全国妇联五个部门的 242 位决策者进行了名为高层决策者对社会性别平等意识的调查研究,242 位决策者中,副部级以上有 9 人,正局级 87 人,副局级 146 人,层次非常高。结果只有不到 45% 的人认识到男女平等的国策地位,还不到一半;55% 选择了男女平等是一项

重要举措或一项公共政策,就是没纳入国策的高度;28%的人认为一项政策不会给男女两性带来不公正的后果。① 由此可见,只有各级领导干部带头增强性别意识,才能在具体工作中真正贯彻男女平等原则,拓宽女性的从政空间,逐步缩小男女发展上的差距。

　　在强化性别意识的同时,国家及各级地方政府要对社会性别平等与促进男女协调发展进行有效的监测与评估。国家相应机构应建立性别指标统计库,并纳入国家社会发展的统计指标中,以便及时、有效、准确地了解一个国家或地区性别发展的程度与产生的问题,随时掌握政府制定政策和计划实施的效果,并及时提出与改进有效的、适应时代发展的具体方案。及时了解、认识和反映男女两性的社会生存状况与地位,为决策者与政策制定者提供强有力的科学依据。如尽早建立评价社会性别公平的教育指数体系。教育指数②可用于向决策者、社会公众和教师提供信息,以判断学校办学的成绩。教育指数的确立,可以比较不同地区和学校性别公平的状况、跟踪教育改革的进程。有几种重要的教育指数可表明教育中社会性别公平的状况,这包括:男女学生之间的学业和其他成绩的差别;女生的学业水平;男女学生机会均等程度以及得到扶助的多寡。教育指数通常是按照教育面向的社会环境——学校教育与服务过程——学生学业结果模式构成的。③

<hr/>

① 民盟浙江省委员会:《关于落实男女平等公共政策的建议》,2006年12月17日。

② 教育指数(education indicators)通常是指从测验、调查及其他教育资料中得出的统计数据。通常包括学生家庭背景、学校政策及其施教的措施、学生的学业成绩等方面的内容。

③ 杜芳琴、王向贤:《妇女与社会性别研究在中国》,天津人民出版社2003年版,第382页。

（二）现实意义

1. 有利于女性劳动权利平等实现

我国现行有关妇女的法律法规实际上过于原则化，在实践操作中难以完成，在具体检验、实施与监测中也难以量化，如我国《宪法》规定："妇女在政治的、经济的、文化的、社会的和家庭的生活等各方面享有同男子平等的权利。"《妇女权益保障法》中也规定："国家保障妇女享有与男子平等的劳动权利，各单位在录用职工时，除不适合妇女的工种或者岗位外，不得以性别为由拒绝录用妇女或者提高对妇女的录用标准。"这些法律规定看起来似乎很公平很人性化，但实际比较宏观与抽象，缺乏具体的要求和惩戒手段，在实际运用中面临着操作难、针对性不强的问题，无法实现两性劳动权利的平等。

劳动和社会保障部门及相关的政策部门在保证法律法规实施的同时，应对已有的法律规定或相关政策进行社会性别分析，不断发现、调整和修正其中的性别歧视和性别盲视内容。如何在积极推行和倡导促进两性平等观念的指导原则下，在政策制定与具体实施过程中涉及性别问题的思考，将社会性别分析的工具运行到具体的工作实践中，建立较为规范的、切实可行的性别评价体系，有具体的、可操作的惩罚手段，在现实生活中，女性劳动权利的平等才可能得到实现。

2. 有利于消除公共政策执行中性别意识缺失

目前来看，离岗、失业女性人群多，再就业困难；农村妇女土地承包权受到侵害；女领导正职少副职相对较多，参政议政水平低下；特殊家庭中的女童教育问题、家庭暴力问题比较严重；女性人口教育缺失与健康状况不乐观等等，这些问题的产生，不是三两天形成的。政府各级部门在具体的工作中，应积极从社会性别的视角来思考,积极关注在现实生活中存在的两性差异以及体现不同性别主体的利益要求。应在法律政策约定下给予女性特殊需求的照顾并引起足够的重视,逐渐消除由于性别意识的缺失所造成的公共政策对女性发展所产生的负面作用。

3. 有利于构建公平的性别政策、法律法规体系

政府是政策的制定者,某种意义上说它也是政策的执行者,男女平等的公共政策能否得到实现首先是政府的责任。政府在公共政策制定过程中促进性别平等乃至社会平等、社会公正是任何各级政府在施政过程中不可推卸的责任,各级政策制定者要从设计、执行到监控、评估的全过程,都注意是否会对男女两性产生不同影响,避免产生性别歧视,以保证女性能和男性一样平等参与和分享经济社会发展成果。

性别差异是客观存在的事实,实现两性平等是社会平等、人权平等的重要内容,中国正在构建和谐社会,性别和谐是社会和谐的因素之一。构建和谐平等的社会,实现男女平等是全体社会成员共同关心的话题。和谐社会的建立需要有公平的性别政策为指导,和谐社会也应该为全社会女性群体的社会目标实现得到公平的体现。运用社会性别分析女性人力资本投资问题,将有利于推动两性和谐发展的法律法规和公共政策的制定和完善,对我国进一步深入贯彻男女平等国策,构建和谐社会具有重大意义。

第二节　我国现行公共政策中人力资本投资问题性别分析

现代社会条件下,公共政策对于协调社会群体利益之间的关系、促进社会整体化发展、全面提升社会质量、实现社会的良性运

行与健康发展,有着其他社会因素不可替代的重要作用。公共政策有广义和狭义之分,狭义的公共政策是指政府等决策部门对公众利益和公众行为的规制和分配的措施。广义的公共政策是指政府及立法机构制定的对公众利益和公众行为的规制和分配,包括法律在内。这里指的是广义的公共政策。公共政策的目标就是针对所有社会成员扩大选择的过程,而不是只针对社会某个部分,如果绝大多数妇女被排除在公共政策关注范围以外,不能从公共政策中受益,那么,这样的公共政策显然是不公正和畸形的。① 政府作为主要的社会公共权力机构,应当有责任营造一个公平的社会环境,应当为社会弱势群体提供直接的必要的社会帮助,应当为全体社会成员提供平等的发展条件和发展机会。

一、强调性别起点平等,忽视过程、实施与事实的不平等

随着经济进步与社会发展,市场化影响在社会性别规范的作用下常常具有性别化特征。当这些性别化影响得不到法律、法规和政策的及时而有力的约束与控制时,就表现出存在于各个领域的、各种形式的男女不平等。

20世纪20年代末至40年代,中国共产党在其领导的革命根据地建立了各项性别平等政策。如1928年12月毛泽东亲自制定的《井冈山土地法》规定:“以人口多少为原则,男女老幼一律平分。”在妇女参政方面,不仅在《宪法大纲》中规定根据地的男女不仅享有选举权和被选举权,而且1933年苏区中央局还特别规定,基层代表会议选举中,妇女代表至少要达到25%的比例,由此来

① 李慧英主编:《社会性别与公共政策》,当代中国出版社2002年版,第1～4页。

保障有足够数量的妇女代表进入决策机构,它构成了中国共产党促进根据地女性参政的鲜明特色。新中国建立后,中央政府对于妇女的重要政策,就是大规模地动员和组织妇女走出家庭,走向农业、工业第一线,参加劳动。党和政府把男女平等作为一项法规在制度上加以具体落实,如1950年颁布的《婚姻法》和1953年颁布的《选举法》等法律中明确规定了男女平等享有的权利和义务。这些政策和法律的出台,大大提升了我国女性的社会地位。然而,随着社会的不断发展和变革,随着经济全球化的影响,这种理论上的性别平等观念日益显现出一些问题,即:社会确实给了女性以男女起点平等的权利,但在现实社会生活中却忽视了在政策实施过程中的不平等,这些不平等在人力资本投资中主要表现在以下方面:

(一)教育政策方面

教育政策是国家对教育目标和意图的陈述,是指导教育实践的行动纲领。教育政策的制定、解释和实施都是政治性的,在本质上是对国家和社会教育资源进行分配和控制。教育政策具有公共性质,必须体现全体公众的教育利益,也就是如安德森所说"利用国家公共权力来解决社会的公共问题"。但现实政策实施过程中,女性在教育政策中受到性别歧视的现象首先来自于教育政策中其他社会不公平的取向,这些取向包括城乡、地域、阶层、年龄等。在我国的某些教育政策在某一时期,为了某种利益而更多地让某一群体受益。如,目前我国高考录取政策,在大城市和高等学校集中的城市,考生上大学更容易;农村偏远地区在教育资源稀缺的情况下,如果政策不予以特殊扶持,性别分工和性别文化会更多地将教育资源倾向于男孩。另外在实践中,教育政策是否体现性别公平,还与其他社会政策性别公平密切相关,如就业政策、退休政策和生育政策等。如目前各式各样的研究生班,学生绝大多数是地方有权有职的干部,而且他们大多是男性,他们在学费开支、招生政策和使用政策等方面都会做出有利于自身利益的决定。①现代社会教育政策作为效益价值与公平价值的统一,无论是公办教育还是民办教育,教育政策实施的过程中必须体现性别公平的原则。

(二)就业政策方面

在城市,女性就业相对男性困难,就业中对女性的歧视时有发生。首先体现在就业招聘中的性别歧视,导致女大学生(含研究生)分配难是常见的事,由于性别的影响,很多女生只得降低求职标准,正如现在很多用人单位流行的说法,女本科只相当于男专科、女硕士只相当于男本科、女博士相当于男硕士,如果女生"庆幸"被用人单位录取上了,也只能得到用人单位"认可"的相应学历的待遇;其次受传统家庭角色分工模式的影响,导致妇女在单位内部的角色分工上呈现出相当浓厚的"男主女辅"的色彩,认为女人是干不了大事的,在用人时有意地侵害女性的权益,将女工视为企业发展的累赘,在同等条件下,男性与女性的下岗几率中,女性远远高出男性;最后是在职业发展空间和机会的获取上,女性实际享有的权利大大低于男性,有的单位甚至限制女性晋升的年龄。在劳动力市场中,女性常被无形地划分到低级市场中,即使部分高知女性进入高级人才市场,也会因为是承担生养子女和照顾家庭的主要责任人,而无法与具有同等条件的男性竞争。在当代中国社会结构转型及社会阶层分化过程中,三个最具优势地位的阶层

①　杜芳琴、王向贤:《妇女与社会性别研究在中国》,天津人民出版社2003年版,第361页。

（国家与社会管理者、私营企业主以及经理人员）都是以男性为主（约占 3/4）。在社会中间层中，专业技术人员和办事人员男女分布较平均，较高等级的专业技术人员中男性比例较高，较低等级专业技术人员和办事人员女性比例较高；个体工商户则男性比例高于女性。在社会经济地位较低的阶层，商业服务业人员中男女分布较平均，产业工人中男性比例高（占 3/5）；无业失业半失业人员中女性比例远高于男性（女性约占 70% ~ 80%）。家庭主妇及从未就业女性人数在上升，并且这一群体年龄在年轻化，二三十岁的女性不工作已成很常见的现象。在城市，两性在文化资源获取方面日益平等，但是，男性获取经济资源或政治资源机会明显大于女性。①

　　在农村，由于受封建传统思想、传统文化与环境状况等因素影响，部分农村女性仍然不能享受到与男性平等的土地分配、参政议政和受教育等相关权利，即使外出务工，如前所述，也会受到家庭、婚否、配偶与生育孩子等多方面的影响。农村女性实际能够享有的与男性平等的权利比城市女性更少，特别是生活在少数民族聚居区和贫困地区的女性。在实际工作中，一些领导或妇联干部已经认识到上述侵犯女性权益问题的现象，但他们更多关注的是这些问题对女性造成的生理伤害，很少关注或采取措施缓解受害女性的心理伤害，没能在具体实践工作中进行有效方法的认定，及时调整和解决这些女性受侵害的问题。另一方面，农村妇女进入城市工作，是提升农村妇女户外职业地位的一项公共政策选择，如果进城了也要遭受性别、年龄等歧视问题，对女性的发展极为不利。

---

　　① 张宛丽：《现阶段中国社会分化与性别分层》，《浙江学刊》2004 年第 6 期。

这不仅要鼓励和支持已婚农村妇女能够在较年轻时就进入城市,政府还应采取有效的措施,在女性流动人口比较聚集的城市实行无年龄歧视的就业制度。通过各种方式最好是有政策的倾斜加大对农村女性的公共教育资源的投入,进一步提高农村流动妇女的教育水平、技能水平和知识水平,提高就业能力。同时,必须继续进行先进的性别文化建设,尤其是消除妇女对丈夫的经济依赖思想,强化她们的自强和自立意识。另外,对留守妇女也同样应提高她们的农业科技素质。农业生产"女性化"现象,影响了土地流转的发生和土地流转需求市场的发育。而在土地流转过程中女性又面临着应有权利的被剥夺,如决策权、土地使用权、参与土地利益分配权的缺失。我们不能因为在农业女性化时代导致中国农业的退步,也不能因为妇女文化层次低下影响对下一代的培养。在目前资源分配、接受信息、医疗保障和生产等方面女性没能享受到公平待遇的前提下,应尽快甩掉这个帽子,以实现城市女性与农村女性,女性与男性的和谐发展。

(三)参政方面

目前,我国女性在参政议政方面所表现出的性别不平等较为明显。这些现象的产生不单只是受国家政策、历史因素影响,而且和妇女自身的参与意识、自身素质,以及经济社会发展水平有关。政策上,党和国家大力支持和鼓励女性参政议政。为了切实保障妇女的参政权,法律规定:各级人民代表大会的代表中,应当有适当数量的妇女代表,并将逐步提高妇女代表的比例;[1]在任用领导人员时,必须坚持男女平等原则,并要重视培养、选拔女性担任领

---

[1]　有的岗位明确规定,至少要有一名女性代表。可在具体的实施中,或者是因为不得已而配备一个,或者就理解为只要一个女性代表。

导职务。如目前中央和国家机关部委级领导班子中有女干部 48
人;全国 31 个省、自治区、直辖市的党政领导班子中女干部有 56
人;全国 396 个市(地、州、盟)党政领导班子中女干部有 647 人;
2813 个县(市、区、旗)党政领导班子中有女干部 4353 人。[1] 从这
些数据看,目前从事基层领导工作的女性是越来越多,但实际担任
高级领导职务的女性却是屈指可数。我国女性从事科技研究和管
理工作的高级人才也相对较少(表 6—1)。2001 年在高校担任副
教授以上的女教师为 69907 人,占高校副教授以上教师总数的
29.64%。这就在女性的政治权利参与中,表现为职务性别化倾
向,也就是说,在权力结构中,一些位置被认为是男性的,一些职务
被认为是女性的,职务就打上了性别的标志。女性在职务安排上,
大多被置于文教、卫生及妇女工作等领域。根据全国妇联的一项
调查,全国 317 位女正副市长分管文教卫生的占 50% 以上,而分
管经济的只有 15%。[2]

表6—1 历届全国人大和政协女代表、女常委

届次	全国人大女代表、女常委					全国政协女委员、女常委				
	年份	女代表	百分比	女常委	百分比	年份	女委员	百分比	女常委	百分比
一	1954	147	12	4	5	1949	12	6.6	4	6.9
二	1959	150	12.3	5	6.3	1954	83	14.3	5	6.5
三	1964	542	17.8	20	17.4	1959	87	8.1	8	5
四	1975	653	22.6	42	25.1	1969	76	6.3	9	5.6
五	1978	742	21.2	33	21	1978	289	14.5	24	7.6

[1] 《中国妇女儿童状况:事实与数据》,中国妇女网 2004 年 9 月 15 日。
[2] 梁丽萍:《女性参政与公共政策的选择》,《当代世界与社会主义》2006 年
第 1 期。

届次	全国人大女代表、女常委					全国政协女委员、女常委				
	年份	女代表	百分比	女常委	百分比	年份	女委员	百分比	女常委	百分比
六	1983	632	21.2	14	9	1983	258	12.5	33	11
七	1988	634	21.3	16	11.9	1988	288	13.8	28	10
八	1993	626	21.03	19	12.3	1993	283	13.52	29	9.2
九	1998	650	21.81	17	12.69	1998	341	15.54	29	8.97
十	2003	604	20.2	21	13.2	2003	373	16.7	35	11.71

数据来源:《中国妇女儿童状况:事实与数据》,中国妇女网 2004 年 9 月 15 日。

表 6—2　中共十五大、十六大中的女性

届次	中央政治局委员		中央委员		中纪委委员	
	总人数	女性比例	总人数	女性比例	总人数	女性比例
十五大	22	无	193	4.1%	115	12.1%
十六大	24	4.2%	198	2.5%	121	11.6%

数据来源:《中国妇女儿童状况:事实与数据》,中国妇女网 2004 年 9 月 15 日。

表 6—2 数据看出,虽在中央政治局委员中女常委实现了从十五大的无到十六大的有,但在中央委员和中纪委委员中总人数增加了,女性比例却下降了。另外,中国科学院在 2007 年 3 月 7 日发布报告称,目前我国女科技人员在整个科技队伍中的比重已超过 1/3,形成一定规模优势。但在高层科技群体中的女性所占比例较低。目前在中国科学院和中国工程院中,女院士还不到 5.5%。报告认为,与男性相比,女性存在着源于"性别"因素的三重障碍:首先,进入"门槛"显示出的显性化性别歧视有所抬头;其二,女性仍然是承担家庭劳动和子女教育的主体,特别是,我国中

青年的女科技人员面临的"子女教育"问题更加显著,使女性在职业发展的黄金阶段受到影响;其三,由于受到家庭负担的影响,形成女性在后期职业发展中的劣势"累积"效应,男女职业差距进一步拉大。①

另外,据中组部统计,2002年中,全国县处级干部中,女性占16.1%,地厅级干部中,女性占11.7%,省部级干部中,女性占8.3%。在第十六届中央委员中,女性27名,占7.6%,在中央政治局委员中,女性只有吴仪副总理1名。党的十六大代表中,有女代表382名,仅占18%,全国政协女委员373名,占16.7%。《华商报》2002年报道:全国有16位女省委副书记,30多位女省委常委,668个城市中,正职女市长比例仅为1%。目前,我国共有7位女性担任党和国家领导职务,国务院29个部门中有正副女部长14人,在10位国务委员中,有2位女性,占20%,②在国家核心领导层的女性是凤毛麟角。这与世界上许多国家形成了鲜明的反差,二战以来,世界上出过了50多位女总统、女总理,北欧的几个国家内阁部长中女性占了一半甚至超过一半。世界各国女议员的比例以瑞典最高,占了42.7%(表6—3)。在我国各级人大表中,女代表所占比例在1999年居世界第12位,到2002年则下降到29位。③女性参政是社会发展的必然产物,在经济社会发展的今天,人们依然沿袭着过去以男性为主流文化的传统,即使有的部门有

　　① 中国人口网,http://www.chinapop.gov.cn/rkzh/rk/tjzlzg/t20070308_100756593.html。

　　② 常玉娜:《我国女性参政现状及对策浅析》,《当代经理人》2006年第6期。

　　③ 梁丽萍:《女性参政与公共政策的选择》,《当代世界与社会主义》2006年第1期。

个别女领导,那也是为了性别点缀,甚至是一种陪衬、摆设和履行政治义务的标志。真正的女领导是在法律与民意的支持下,能在实践与决策中起着重要的作用。马克思主义认为,妇女解放的程度是衡量人类普遍解放的天然尺度,那么女性参政议政的发展状况,不仅是衡量女性社会地位的一个重要标志,在一定程度上是衡量一个国家或地区政治参与的民主化、制度化与现代化实现程度的重要标志。

表6—3　1990年和1994年各国性别权能测量指数　(单位:%)

	女市长比例 (1994)	女议员比例 (1994)	女部长级比例 (1994)	女行政管理人员 比例(1990)
美国	16	10	15	68
日本	0	7	6	9
芬兰	16	39	39	32
瑞典	—	34	30	64
伊朗	—	7	0	4
韩国	—	1	4	4
中国	8.8	21	6.9	30

资料来源:李慧英:《社会性别与公共政策》,当代中国出版社2002年版,第9页。

二、女性自主创新能力建设的政策引导

建国以来我国党和政府非常重视妇女问题,把坚持男女平等、保障妇女权益作为一项基本国策写入宪法,为妇女维权提供了法律保障。我国已经颁布了10部基本法,40多个行政法规和条例,80多种地方性法规,这些法规的实行,保证了男女平等的原则,使妇女基本权益得到了切实的保障。目前我国已初步形成了以《宪

法》为基础,以《妇女权益保障法》为主体,以《中国妇女发展纲要》为阶段性目标,包括《婚姻法》、《母婴保健法》、《继承法》、《劳动法》、《义务教育法》、《民法》和《刑法》等一系列保护妇女权益的法律体系,使我国妇女在经济发展、精神面貌等方面发生了重大的变化。可由于我国生产力水平较低、经济不发达、物质基础较差,加上传统性别歧视意识深远影响,即使有这些基本法律法规的实施,也只是赋予和保障女性基本权益,法律中的所有规定与现实所产生的结果还有一段距离,从女性生存与发展环境来看,光有法律保障是无法实现女性能力提高的。

首先是教育性别缺失。目前我国每年新增的 100 万失学与辍学儿童中,女童占 2/3;全国文盲半文盲中,女性占 70%。从业女性受教育的年限平均为 5.73 年,男性则为 6.98 年;学历越高女性越少,研究层次越高女性越少。女性是人力资源中没有获得开发或没有获得深度开发的主要群体。① 不可否认,我国现行的九年义务教育确实促进了女性文化素质提高与发展,在提高女性整体素质方面也起到了非常有效的积极作用。但义务教育只是基础性教育,并没有结合各地的实际情况培养当地女性实用的生存与发展技能,不能从源头解决农村女性特别是贫困落后地区女性的生存发展需要,在教育的预期收益很难确定或难以实现的前提下,她们认为务农务工可以获得直接的回报,在她们看来就是一项明智的选择。如果政府不采取切实有效的措施,完善现有政策环境,加大对女性人力资本的教育投资,恐怕新时代女性整体能力还是要远远落后于男性。

---

① 田梅英:《女性发展障碍成因分析》,《中华女子学院山东分院学报》2005年第 1 期。

其次是女性生育权背后的隐患。人类生育行为是两性行为结合的结果,同时主要是由女性在承担。尽管有多种法规保障了女性的生育权利,女人也与男人一样在激烈的竞争市场中一同打拼。女性在承担着与男性一样的压力的同时,还得兼顾生儿育女的重大使命,某种意义上来说,女性要付出比男性更多的辛苦与责任。但在具体的实际中,一些地方依然存在着践踏妇女合法权益、严重侵害女职工的合法利益的现象。在招聘员工时,明确规定几年之内不允许生育,各地因为女性生育而丢掉工作的事例时有发生。据全国妇联的调查资料显示,40%的妇女在孕期没有受到特殊的保护,因生育等正常行为受到权益侵害,已经成为妇女维权的新热点。尽管我国早在1988年9月1日起就正式实施了《女职工劳动保护规定》,1992年实施《中华人民共和国妇女权益保障法》等法规,但女性的生育权还是受到了侵害,甚至许多女性因此丢掉了工作,即使回到了原单位的女性员工却回不到原岗位。这些现象的产生与我国市场经济的发展有着必然的联系,在企业与单位追求经济效益的同时,在部门与团体讲究成本效益问题时,政府仅有法律来保障女性的生育权、哺乳权等相关权益,却没有明确的规定,在现实中已经无法真正达到最终的效果,政府必须在现有的法规上加大约束与控制能力,同时应健全相应的体系,既能保障女性的合法权益,也不使企业和单位变着戏法歧视女性,真正要双赢,政府有着不可推卸的责任。

最后是有关女性的就业歧视。同样也有着多种法规保障着女性的就业权利。但近来所表现出来的一些现象,如女生越来越不好就业,就业质量较低,甚至有些事业单位和国家机关也纷纷对女性亮起了黄牌,有的单位明确约定"只招男生"、"35岁以下"或"容貌姣好"等招牌条件,这些现象不得不引起人们的思考。尽管在《妇女权益保障法》中的第二十二条规定："妇女享有与男子平等的就业权利,在录用职工时,除国家规定的不适合妇女的工种或者岗位外,不得以性别为理由拒绝录取妇女或者提高对妇女的录用标准。"但这里并没有明确规定哪些工种或者岗位不适合女性从事,于是在现实中,用人单位就会以某岗位或工种不适合女性为由而拒绝女性求职者,所有受害的女性也就无法找到法律依据来保护自己应有的权益。还有,我国《劳动法》第四十六条明确规定:"工资分配应当遵循按劳分配原则,实行同工同酬"。但怎么定义和衡量"同工"却没有给予明确的解释,且现实状况是,由于天生禀赋不同、职业隔离、性别歧视等原因,男女是很难做到"同工"的,也就更无所谓"同酬"了,这样就无法保障劳动报酬权的平等。

可见,女性平等劳动权还是缺乏政策的有力保障,这迫切需要政府在政策实施的过程中,切实履行好监督的责任,解决好相应的问题。

三、政策制定、修订、监控和决策过程中的性别意识

首先,我国男女平等原则实施中,相关政策的执行与发展严重滞后。如公务员条例关于男性 60 岁退休、女性 55 岁退休的规定就不尽合理。随着时代与经济发展,女性受教育程度越来越高,在她们的岗位上承担着与男性同等重要的工作,她们的寿命越来越长,已超过男性,加上实行计划生育政策和家务劳动社会化,女性也拥有同样时间与精力投入工作。因此,女性已经完全具备了与男性相当的工作条件和基础。如果再实行建国初期所设定的退休政策,显然不合情理。以前让女性较男性早退休 5 年是出于对女性的保护,而发展着的中国女性已经有了翻天覆地的变化,如果漠视这些变化执行早已过时的政策条款,那就是对女性应享有与男

性平等的劳动权利的剥夺,并严重地挤对了女性的职业发展空间。同时让女性提前退休也侵害了女性的经济平等权益和限制了政治参与权利。又如,我国于 1988 年开始在部分地区推行生育保险制度改革。到 2003 年底,全国参加生育保险的职工有 3655 万人,全年共有 36 万名职工享受生育保险待遇。生育保险制度中的生育保险费由参保单位按照不超过职工工资总额 1% 的比例缴纳,职工个人是不需要缴费的;没有参保的单位,依然由企业承担支付生育保险待遇的责任。职工生育依法享受不少于 90 天的生育津贴。女职工生育或流产后,其工资、劳动关系保留不变,按规定报销医疗费用。进行了十几年时间的生育保险制度改革,却只覆盖在城镇企业及其职工,国家机关、事业单位、社会团体、企业单位的女职工,农村妇女则被排斥在外。

另外从法律意义上来讲,所有制定的有关保护女性的法规比较全面地考虑了女性的需求,但有时也忽视了一些重要问题。中国刑法一方面体现对女性的尊重,设置了一系列罪名惩罚对女性的犯罪;另一方面在立法者的潜意识里,认为只有妇女(包括儿童)才能被拐卖、被收买,只有女性才能被强奸。对强奸罪的量刑等同于故意杀人罪,这体现了对女性的保护,但以男性性器官是否进入女性性器官作为划分强奸既遂或未遂的标准,强化了女性的重要性,却忽视了精神和人格利益的保护。① 这些有关女性生命健康的问题不得不引起人们的关注。

其次,在有关男女平等政策的执行过程中存在着政策扭曲现象。从我国法律上来看,妇女在承包土地中所遇到的问题应该说

① 肖巧平:《对我国刑法的女性主义思考》,《妇女研究论丛》2004 年第 2 期。

有法可依,如《妇女保障权益法》中明确规定:"农村划分责任田、口粮田以及批准宅基地,妇女与男子享有平等权利,不得侵害妇女的合法权益。离婚后,其责任田、口粮田和宅基地等,应当受到保障。"然而在各地执行农村土地承包制的过程中却出现"上有政策,下有对策"的做法。由于我国有关法律的操作性不强,法规滞后,很多地方的妇女即使起诉到法院,法院却以"不在受理范围"为由而驳回诉讼。1999 年 6 月最高人民法院公布了《关于审理农业承包合同纠纷若干问题的规定(试行)》,该规定新增了对离婚妇女承包权的保护内容,可遗憾的是,这份法律文件仅涉及已签订了承包合同,在合同范围内所发生的纠纷案件。而对于一开始就没有承包到土地,自然也没有合同可签的农村妇女来说,仍然面临着法律的空白。这样的侵权主要集中在"出嫁女"、"离婚女"、"未婚女"等这些群体中。

对于出嫁女而言,按照"嫁出去的女,泼出去的水"的旧传统,一般会认为结婚后的女人不应该留着地在村里与村民抢饭吃,因此很多村组一般采取不分或少分土地的政策,有的甚至强行销掉户口;在经济开发区或旅游景点,特别是被政府征地的农村地区尤其严重,村民绝不希望嫁出去了的姑娘也与他们争着分红利。

对于离婚女而言,离婚后男方村里收回责任田,而在娘家村里也是不再分田地,即使再婚后,村里也只允许一人分到地,子女就没有办法落实,在土地开发区和旅游景点规划区,离婚女面临着同样的命运;①绝大多数村组对有女无儿户只允许一个女儿招婿落

---

① 在云南石林景区调查的结果显示就是这样,外嫁的姑娘离婚后再回娘家就一无所有了,连户口都上不了。因为一旦上了户口就是本村人,这样就得分利。故当地的女孩一般是不外嫁的,户口不在当地的女孩不在此列,因为她们本来就分不到利润。

户分地,有的地方甚至一个也不行;因结婚而失去土地的人,婚后娘家收回了地,男方家也分不到土地(因为每个村落的土地分配政策是不一样的)。

对于未婚女青年而言,一些地方在执行土地承包政策时实行对女青年"测婚分地"①政策。未婚男女的待遇是有着天壤之别的,有的家庭因为缺地而不得不把自家姑娘早点嫁掉,有的姑娘意识到这样的无可奈何而常年在外务工。封建传统的男尊女卑思想、人地资源的矛盾,现行相关政策法规中的性别盲区等因素是歧视妇女的典型现象。

最后是我国住房制度改革中的歧视现象。在城市住房制度改革轰轰烈烈进行时,许多已婚女对于把房子分在丈夫的单位已认可,没有过多地去强调自己也有房子的占有权。在现有商品房改革时代,上述事件似乎慢慢不复存在。于是我国政府在积极推进以住房公积金制度、经济适用住房制度、廉租住房制度为主要内容的城镇住房保障制度建设,不断改善城镇居民的住房条件。到2003 年底,城镇居民人均住房建筑面积达到23.7 平方米。如果这是政府对城市居民住房方面采取的积极有效的措施,作为一种制度,那么进城农民工的住房问题如何? 如前所述,有 7.88% 的进城农民工居住在工作地点,6.45% 的农民工居住在临时搭建的工棚里,还有 12.54% 的农民工在城里没有住所,只能往返于城郊之间,或回农家居住。那么他们的住房购置呢? 也是与城市居民

---

① "测婚分地"是指以一个假设的结婚年龄为分界线,一般是20 岁(法定结婚年龄),以成年男性(20 岁)为标准,已经 20 岁表示即将要娶妻生子,那就可以分到 2 个人的地,如果该男子已有 25 岁了,则可以分到一个孩子的土地。女孩则相反,20 岁以上的女性不分或很少分到地,14～19 岁可以分到0.6 份地,年纪越大分地越少,一般 24 岁后女孩就不可以分到地。

一样公平吗？从表6—4可看出城乡人员在住房、养老与医疗保险方面的差别。

表6—4　城市中单位对待城市户口与农村户口人员的差别

（单位：%）

		城市户口	农村户口
住房情况	单位不提供住房福利	55.7	85.5
	单位分配住房	22.4	7.9
	可按房改价购买	17	0.1
	全部负担	16.2	4.0
医疗补贴情况	全部由个人或家庭负担	33	78.7
	个人负担一半	22.1	4
	单位缴纳	53.9	17.6
养老保险情况	单位不缴纳	46.1	82.4

资料来源：郑杭生等：《当代中国城市社会结构》，中国人民大学出版社2004年版，经计算整理。

四、相关政策中的隐性性别歧视

社会主义的工业化带来的是生产劳动的全民参与，社会主义的基本建设和经济积累需要大量劳动力投入。现代化涉及新知识、技术和社会组织方式的延展，最需要的是人群中功能性识字率提高。[1] 普及教育、扫盲便成为建国初期制定教育政策的主旋律。大量妇女参加社会，一方面使妇女从私人领域和家庭中走到了公共的生产领域，同时为了经济建设和社会发展走进了公共教育领域。一些教育政策和机制体现了教育的性别公平。如把学校办在

① ［美］吉尔伯特·罗兹曼：《中国的现代化》，江苏人民出版社1995年版。

家门口,极其低廉的学杂费,各项积极有效的扫盲措施,便有效地抑制了家庭非制度的、原始的传统权力形式,使女性基础教育得到全面的普及和发展。进入体制转轨时期,我国的公共教育政策在价值取向上发生了一些变化,导致了教育政策中新的隐性性别歧视的出现。

在市场经济条件下,在追求效率和质量的过程中,为了维持学校的生存和竞争性发展,政府给了学校许多面向市场的政策。如从20世纪80年代开始的结构工资制,90年代开始的公立学校民营化等政策的实施,导致学校尤其是升学率高的学校的收费不断提高,许多贫困家庭的孩子便被排斥在义务教育之外,或者只能接受低质量的义务教育,农村户口入城上学的孩子要交上一笔借读费。这样,义务教育的普及性和公平性受到了严重挑战,其中,女性的教育权利受损情形更为严重。

近年来,"美女经济"在全球愈演愈烈,它在为企业、社会及个人带来了可观经济效益的同时,却产生了不可回避的多方负面效应,大众传媒在此过程中扮演着非常重要的角色。这样,人们在不经意间、在生活的很多地方普遍地复制着传统的性别角色,比如电视媒体中的广告,打开荧屏,随时都可以见到美女们在做着有关女性及女性生活的广告,如清洁剂、微波炉、各种调味品等方面的广告,这些广告在有意无意地宣传一种"男主外女主内"、"男主女从"的观念。我国电视广告中塑造的女性形象,有性别歧视倾向的广告占33.7%,中性广告占64.7%,性别平等的只有1.6%。①另外,过分渲染女性年轻貌美的外在价值,导致各种盲目整容、瘦

---

① 刘伯红:《五年来大众传媒研究对中国妇女表现的性别分析》,《妇女研究论丛》2000年第3期。

身、减肥等现象的出现,从满足男性的感官需要的角度出发,把女性当成了审美对象和消费对象,利用和复制这样的"美"来吸引女性的消费,限定女性的发展,这些现象严重影响了女性身心健康、价值观和成才观。在看似正常或者被认为是个人价值取向的不同选择时,我们不禁要问,树立正确的人生观、审美观、价值观与消费观不仅是个人的事情,也是事关全局的实现中华民族优良传统可持续发展的美德,政府在政策宣传、制定相关法规等应为此做出不懈的努力。

第三节　性别视角下的女性人力资本投资问题分析

正如马克思所言:"要改变一般的人的本性,使它获得一定劳动部门的技能和技巧,成为发达的和专门的劳动力,就要有一定的教育或训练,……劳动力的教育费随着劳动性质的复杂程度而不同。"[①]这就是说,在现代生产力高度发达、科学技术日益被广泛运用于生产生活实践的情形下,劳动力的再生产仅通过在生产过程中的简单示范、简单模仿或"师传徒式"的培训是不能完成的。实现劳动者的智力再生产,把普通劳动者培养成具有特定知识和技能的劳动力,这就是在现代社会经济条件下,教育及教育投资的最基本作用。同时,劳动者不仅要有良好的知识技能基础,在生产生活过程中还需要具有另一要素,即马克思所言:"劳动者的劳动力或劳动能力,理解为人的身体即活的人体中存在的、每当人生产某种使用价值时就运用的体力和智力的总和。"[②]也就是说,劳动者

---

① 《马克思恩格斯全集》第23卷,人民出版社1972年版,第195页。
② 《马克思恩格斯全集》第23卷,人民出版社1972年版,第190页。

劳动能力的再生产,应包括劳动者的智力再生产和劳动者的体力再生产。劳动者的体力再生产作为整个劳动能力再生产的基础,是整个经济生产与社会发展不可或缺的因素。同时,教育及教育投资、生活资料及医疗保健等这些较为基本的、使劳动者的劳动能力提高的手段存在着性别差异,就无法提高整个社会人力资本存量,更不可能实现真正意义上的男女平等。

一、教育与性别歧视

(一)教育形成的性别差距

1. 女性文盲率高于男性,入学率低于男性

根据我国人口抽样调查显示:1997 年与 1982 年相比,文盲率显著下降,但是,文盲中女性的比重却上升了。1995 年 15 岁以上文盲中,女性占到 72%。农村妇女的文盲率高达 31%,比农村男性文盲率高近 2 倍,比城镇男性文盲率高 5 倍。全国妇联 2000 年第二次中国妇女地位调查结果显示:与 1990 年进行的第一次妇女地位调查结果相比,虽然男女两性受教育的差别在缩小,当年农村妇女教育水平与男子相比差距仍较大。58.8% 的农村妇女只有小学以下的文化程度,低文化程度的女性与男性相比高出 21.9 个百分点,而初中文化程度以上的女性又比男性低 20.8 个百分点,女性文盲率为 13.6%,比男性高 9.6 个百分点。[①] 到 2001 年,全国女性文盲人口比例依然很高。2001 年我国 15 岁及以上女性人口中文盲比例占到 14%,同期男性为 5%。所有 15 岁及以上文盲人口中,女性的文盲比例为 73%。

---

① 李慧英主编:《社会性别与公共政策》,当代中国出版社 2002 年版,第 20 页。

新中国成立以来,在普及教育方面取得的成就有目共睹。1949年时,中国每四个学龄儿童中只有一个人能入学,到1995年时,儿童入学率达到98%以上,特别是女童入学率达到98.2%,与男童的98.9%仅相差0.7个百分点,可以说,在小学入学方面已经实现或接近机会平等。但是,《1993年儿童状况抽样调查》所得出的结果显示,在没有入学的儿童中3/4是女孩,且多在贫困山区和少数民族地区。此外,女生的流失率远高于男生,1987年,7~11岁失学儿童中女童占到83%,1995年这一比例是66.4%。而且,越是高年级,男女生比例越悬殊。① 另外,目前我国男女两性受教育年限逐年得到提高:我国15岁以上国民受教育年限仅为7.85年,25岁以上人口人均受教育年限为7.42年,两项平均仍不到初中二年级水平,与美国100年前的水平相仿,比韩国低近4年。农村劳动人口人均受教育年限为7.33年,而城市是10.20年。我国国民受教育年限的差距主要表现在接受高层级教育人口比例过低和初中以下学历人口比例过大。② 1982年我国劳动者人均受教育年限为4.6年,1990年我国劳动者人均受教育年限为5.5年,2000年我国劳动者人均受教育年限为7.1年,1978—2002年人均受教育年限平均增长2.4%。③ 1982—2000年期间,我国从业人员规模从4.5亿人增长到7.2亿人,增长了59%;从业人员的人均受教育年限从5.81年提高到7.99年,提高2.18年;从业人员受教育总人年数则从26.3亿人年增长至57.6亿人年,增

---

① 杜芳琴、王向贤:《妇女与社会性别研究在中国》,天津人民出版社2003年版,第355页。

② 《中国教育与人力资源问题报告》,2003年2月14日。

③ 《以信息化促进我国经济社会发展》,《中国宏观经济信息》(总第377期)。

长了1.2倍。① 根据国家统计局农村社会经济调查总队对2002年全国贫困县的调查表明:不同文化程度劳动力的性别构成中,男性的文化程度普遍高于女性,其中劳动力文盲率男性为8.4%,女性为23.0%,性别差异达15.6个百分点,劳动力文盲率性别差异指数②为273.8。

2. 女性受教育年限少于男性

我国女性接受各级各类教育比例不断提高,2002年,女性平均上学年数为7.2年,比1990年提高2.5年。女性人均受教育年限增幅大于男性,男女受教育水平差异逐渐缩小。2001年,四川省人均受教育年限6.7年,重庆7.37年。2005年,西藏15周岁人口平均受教育年限5年,乌鲁木齐市在2004年适龄人均受教育年限达9.77年,相当于高中一年级在校水平,人均受教育年限只比北京市少0.22年,在整个新疆乃至西北各城市中名列前茅。但是从整体而言,女性受教育年限仍然低于男性,尤其在西部差距更明显。如云南省,1995年小学女童辍学率为3.62%,中学女生入学率为46.8%,辍学率为5.68%,高中在校女生比例为43.78%,分别低于全国同期水平。

3. 女性专业技术人才缺乏

首先,整体科技人员队伍中女性构成比例偏低。虽然在东部的上海,各类专业技术人员中女性占42.1%,其中,中、高级技术人员的女性比例分别为37.2%和21.1%。在广东省的科研、教育、生产一线的科技人员中,女性占了40%以上,且主要集中在仿真、化学、生物、自动化、高分子材料以及医学等多种学科。但是,

---

① 《我国国民素质的基本状况》,《社会科学报》2003年2月27日。

② 性别差异指数是以男性为100,计算出女性相应指标的比率。

在其他东部各省市的比例就不一定有如此之高。

其次,西部地区女性科技人才的拥有量远远低于东部。东部每100人拥有科技人员18名,西部不足2名,东、西部综合人才差距为10∶1。人才发挥效应也远远低于东部。西部每万名劳动者中拥有中专以上学历及初级以上职称的人员,不及东部的1/10。四川在西部地区属于科技人才数量和质量较高的省份,在四川科技单位共有全国两院院士分别为45人、47人,院士拥有量仅次于北京、上海、江苏,居全国第四,但至今没有1名女院士。

再次,对比各部委、省区市政府拨款的公立高等教育机构中,女性所占的比例较低(2000年高考女生比例为34%),我们可以看到,政府在改革教育资源方面,两性之间受益差别也是很明显的。

(二)非制度因素对教育投资的性别影响

教育投资的限制主要是经济原因,作为一种投资形式,女性人力资本投资行为自然也要受到资源的约束。经济发展水平低,必然阻碍女性人口接受教育,另外非经济因素中的非制度因素对教育投资的性别也产生相应的影响。约占我国国土总面积68%的西部地区,少数民族人口比重约占33%,相当于全国少数民族人口比重平均值的近5倍,占全国少数民族总人口的78%。2002年国家扶贫重点工作县中的男童入学率为92.8%,女童入学率为89.2%,儿童入学率性别差异指数为96.1。从失学儿童的性别来看:7~12岁女童的失学率为6.2%,比同年龄组的男童高出2个百分点。13~15岁女童的失学率为17%,比同年龄组的男童高出4.7个百分点。失学原因中,女童因贫困而失学的比例高于男童,希望继续上学的女童占失学女童的53%,男童占51.2%。从失学儿童完成的最高学历看,将来可能成为文盲、半文盲的女童比例高于男童。

表 6—5　2002 年重点贫困县 7～15 岁男女儿童失学情况

（单位：%）

	合计	男童	女童
一、失学率	9.1	7.2	10.8
7～12 岁	5.1	4.2	6.2
13～15 岁	14.6	12.3	17.0
二、失学原因	100.0	100.0	100.0
经济困难	48.6	46.6	50.3
自己不愿意	26.1	27.5	25.0
家中缺少劳动力	3.2	2.5	3.8
没考上高一级学校	5.3	6.1	4.7
没老师、没校舍、离学校太远	3.5	3.8	3.2
其他	13.3	13.5	13.1
三、本人继续读书的愿望	52.2	51.2	53.0
四、曾完成的最高学历	100.0	100.0	100.0
从未念过书	34.7	33.2	35.9
读过 1—3 年级	18.0	17.8	18.2
小学未毕业	17.0	17.2	16.8
小学毕业	15.5	16.0	15.1
初中未毕业	14.8	15.8	14.0

资料来源：国家统计局农村社会调查队：《2003 中国农村贫困监测报告》，中国统计出版社 2003 年版，第 33～34 页。

1. 教育投资中的家庭性别选择。表 6—5 可看出，失学儿童中，失学比例近一半的儿童是由于经济原因，其次就是自己不愿意，再次是家庭缺乏劳动力。在一些边疆民族地区和边远地区的孩子，受教育状况呈"金字塔"型，每向上升一级，就会有一大批孩子由于种种原因而失去受教育的机会。在城里的学校考虑怎么建图书馆、电脑室和实验室的时候，乡村的老师可能要为了明天可以在哪里上课，为了粉笔的着落而发愁。当九年义务教育逐渐在每个乡村普及的时候，有的家庭却因为家里缺乏劳动力而让孩子退学；义务教育基本是政府在实施免费教育的时候，有的孩子却因为家里不能提供给他们足够的学习用品而放弃继续读书，就是由于劳动力的缺乏与经济贫乏，家庭中一般选择让女孩提前放弃学业。

因为在西部农村，不仅整个教育资源短缺，就是在家庭，也不是轻而易举就能满足孩子的全部学习费用。在贫困家庭内部，当家里有几个孩子同时在读书的时候，当经济条件不允许那么多孩子继续学习的时候，尽管女孩成绩很优秀，家庭与女孩的一致意见一般是选择家里的男孩继续读书，如果有机会或有条件，女孩的学业可能不会比男孩差，但就是由于经济因素与性别交叠在一起，在家庭资源极其有限只能供一个孩子上学的时候，大多数家庭偏向选择男孩。因为按照男婚女嫁及随夫婚居的婚姻形式，嫁出去的女儿要按照传统与习俗，照顾男方的父母与亲人，女儿是难以为亲生父母养老送终的，这样即使给女儿投资了父母或家庭也很难获得她的回报，觉得还是投资给儿子更可靠。

另外在西部农村家庭，依然是以农业为主体的社会，男性作为家庭的一家之主，需要比女性承担更大的家庭责任，养家糊口就是男性的本职，但农业技术的推广与现代化农业的生产不是单靠祖辈相传或自己摸索就可以完成的，需要有一定的文化知识才可以胜任这样的技术进步，因此，在以男性为主体的传统农业社会中，也必须依靠男人作为家庭的主要经济支柱力量，只有学到更多的文化知识，才有可能在现代社会中占有一席之地，所以家庭更乐意把教育资源投资给儿子，使女性接受教育投资的机会成本明显低于男性。

由此看来，从整个家庭的经济回报率来考虑，从人口必须适应现代经济发展的状况来考虑，大多数家庭把有限的教育资源投资于男孩而不是女孩，尤其是以家庭为主要投入力量的高等教育。

2. 基于女性的家庭角色。对于一些完全有足够的资本可以为子女进行教育投资的家庭，由于对女性教育的低期望值而不愿意让女孩继续深造。这样的家庭大都认为：女孩反正是别人家里的人，给女孩投资不会给自己或这个家带来多少收益。这种现象在偏远农村地区更为明显。另外从表6—5可看出，由于家庭缺少劳动力而导致女童辍学的比例高出男童1.3个百分点，这也说明，家庭更多的是愿意让女孩做家务而不是男孩。偏远农村较多父母普遍认为：让女孩接受教育则家务劳动无人干，如果女孩读了很多书还会嫁很远，这样他们就等于失去了一个女孩，认为更吃亏，甚至有经济能力的家庭也可能不会让女孩读很多书。这样就出现了因果连环套：由于性别分工、男婚女嫁导致家庭教育投资的重男轻女，重男轻女的教育投资，又使得女孩在享有教育资源方面显然不如男孩，结果使女性的文化素质普遍低于男性。[①] 传统习俗、家庭权利等非制度因素，成为扩大两性教育差距的一个重要原因，当现阶段家庭教育的投资在高等教育阶段依然占着大头的情形下，在教育由私人领域还没有也不可能完全转向公共领域的前提下，通过政策基于公平原则的调整和实施，真正实现两性教育的平等。

（三）教育结构中的性别问题

由于各地区经济发展水平相差较大，财力自然也不尽相同，中

---

① 李慧英主编：《社会性别与公共政策》，当代中国出版社2002年版，第24页。

央政府责无旁贷地要发挥平衡教育资源的作用,将中央政府掌握的资金资源更多地投向经济落后的贫困地区。一方面,经济欠发达地区地方财力较弱,无力将更多的财政资金投入到教育之中;另一方面,欠发达地区居民收入普遍偏低,家庭教育经费支出也低。如前所述,在女性接受教育过程中,不仅在教育政策与经济投资中存在着性别歧视,在我国现有的教育结构中也存在着教育对女性人力资本投资的歧视现象。由于受公共教育资源分配不公的影响,女性在家庭的教育投资受到性别歧视的影响,女性受到的教育年限就有限,于是女性进入高等教育的几率更少。1999年,首都女大学生思想状况调查组在一次问卷调查中发现:来自农村的男大学生占大学生总数的26%,来自农村的女大学生占大学生总数的13%,农村的男大学生超过了女大学生一倍,也就是说,有更多的男生进入所谓的精英教育中,而女性这样的机会明显要少。

同样,在现有的社会公平和教育平等体系遭到破坏的情况下,公共教育系统内所出现的精英教育和平民教育,在有的公共教育系统之外还存在贵族学校和普通学校、城市学校与民工子弟学校之分,女性在享受有限的教育资源状况下,要想有跨越式的发展,进入贵族学校、迈向精英教育是很难的,这就加剧了女性在享有教育资源时的典型的不公平。

(四)具体教育政策实施过程中的隐性性别歧视现象

1992年制定的《中华人民共和国妇女权益保护法》中明确规定:"国家保障妇女享有与男子平等的文化教育权利","学校和有关部门应当执行国家有关规定,保障妇女在入学、升学、毕业分配、授予学位、派出留学等方面享有与男子平等的权利"等;1995年通过的《中华人民共和国教育法》中规定:"公民不分民族、种族、性别、职业、财产状况、宗教信仰等,依法享有平等的受教育机会";

1998 年通过的《中华人民共和国高等教育法》第九条规定:"公民依法享有接受高等教育的权利";国务院 2001 年 5 月发布的《中国妇女发展纲要(2001—2010)》,在总目标中指出:"保障妇女获得平等的受教育机会,普遍提高妇女受教育程度和终身教育水平;保障妇女获得平等的受教育机会"。同时提出:"扩大妇女接受高等教育的规模。全面落实各项资助经济困难学生的政策,帮助贫困女大学生完成学业"。这些政策与法律的规定都是与男女平等的基本国策一致,是保障妇女权益不受侵害的有力保证。所有这些政策法规存在于义务教育与非义务教育中,但在义务教育中,本应该更多地体现教育的公共产品的性质、更多地实现教育的普及性和平等性,如果只有法律条款要求达到什么样的效果,在我国现行生产力水平不够发达、经济发展比较落后的情形下,基础教育的公平实现单纯用法律约定实现什么样的结果,却没有规定应该怎么做,或者说要是没有达到这样的效果该怎么惩罚都没有约定,那么在具体的实施中很难实现其规定,在不同程度上存在性别偏差。

1. 入学政策

入学政策是各级政府和学校制定的关于入学资格和条件方面的指导性文件。虽然我国《教育法》中有明确的、平等的入学规定,但各级各类学校在具体执行中,常常会出现偏差。在一些西部贫困农村地区中约定,在小学入初中阶段,如果确实家庭贫困而不能上学,女孩可以在家中帮忙干些事(学校称之为正常性休学),可以暂缓一年入学,但男孩不可以。最终由于家境原因或长时间离开学校,真正选择"复学"的女生很少。在有些地方,为了普及初等教育和"两基"目标的实现,在动员小学入学时有这样的规定:如果家长有三个适龄男孩的,父母必须送两个入学,如果家中有三个女孩的,至少要送一个到学校读书。女孩子接受基础教育在具体执行中已经打了折扣。① 这就说明在经济落后地区对于教育公益性质的体现有失公平。

2. 教师政策

经费不足不仅导致教师工资拖欠、不能按编制配齐、部分素质较高的教师流失,更重要的是由于资金短缺,只能聘请工资低廉的代课教师。如:至 2005 年 9 月,云南省中小学代课教师有 22646 名,其中农村占大头,为 22026 名,城市有 620 名,这严重制约了教育教学质量的提高和教育事业全面协调可持续发展。有学校把几个班合在一起节约教育资源,更严重的是把相邻的中小学校也合起来,造成孩子上学距离越来越远,许多家长不愿意把女孩子送到很远的学校去,如果学校缺少女教师,加上边远地区代课教师多,教学质量相对较差,就更加剧了女童的辍学。同时,对于我国现行退休制度中男女教师退休年龄不平等,很多即将退休或已经退休了的、还有能力为教育奉献的女教师就没有机会进一步做出贡献,这既加重了财政负担,也不利于边远地区教育事业发展,也减少女孩接受教育的机会。

二、在职培训与性别歧视

如第一章论述,一般性培训大致具有与教育相同的作用,通常情况下,在职培训或多或少与特定企业有关联,即包括一定的特殊性投资。正是这种投资的特殊性,使得女性在获得在职培训方面的投资必然小于男性,一般来说,在农村没有正规的、规模化的和定期的技术培训,即使政府偶尔做相应的农业技术推广或相应的

---

① 杜芳琴、王向贤:《妇女与社会性别研究在中国》,天津人民出版社 2003 年版,第 376 页。

技术扶持,获得此机会的多半是家庭户主,也就是家里的男性。其次,由于妇女整体素质低下,不是自己没有信息可以学到更好的农业技术,就是培训机构或团体为了尽快达到培训目的、节约成本与资源,因而更希望文化素质相对较高的人来参与培训。即使农村偶尔有培训机会,大多把女性排除在外。不过在调查中发现,农村如果有农业技术培训,又恰巧培训机构没有硬性规定非得男性参加,这样的培训多半是家庭妇女在参加,但效果确实不是很好。下面就城市男女在职培训方面的情况作出分析(表6—6、表6—7)。

表6—6 城市按文化程度划分的男女培训情况 （单位:%）

年龄		合计	文盲半文盲	小学	初中	高中	中专	大专	本科及以上
男	Y	37.05	0.16	1.35	8.65	8.42	6.45	8.25	3.76
	N	62.95	0.41	3.38	20.58	13.94	8.76	10.09	5.79
女	Y	25.69	0.31	0.78	5.58	7.03	6.01	4.87	1.11
	N	74.31	1.74	7.55	27.68	19.11	10.15	5.38	2.70

注:其中Y表示接受过培训,N表示未接受过培训。

资料来源:中国社会科学院人口研究所:《当代中国妇女地位抽样调查资料》,万国学术出版社1994年版。

表6—7 按年龄划分的城市男女培训情况 （单位:%）

年龄		合计	20~24	25~29	30~34	35~39	40~44	45~49	50~54	50+
男	Y	37.08	0.29	4.83	6.64	8.73	6.38	4.52	3.76	1.93
	N	62.92	1.22	9.46	12.42	14.44	9.05	7.32	4.97	4.03
女	Y	25.69	0.96	3.94	4.83	6.91	3.94	3.29	1.82	0.00
	N	74.31	3.25	13.08	16.00	16.20	12.02	7.76	6.00	0.00

注:Y和N同上表。

资料来源:同上表。

　　表6—7可看出:在所有接受过培训的人员中,总体看女性低于男性,30岁到40岁之间培训人员最多,同时文化层次较高的对培训的需求相对较多,而且无论是男性还是女性,随着学历的提高,受到培训的比例随之增加,但两性差距显然较大。在不同学历培训需求中或接受过培训人员中,具有大专学历的女性受到培训的机会最大,其次是本科和中专,说明在这一学历层次中的女性培训需求最大或是最有机会接受培训。在不同年龄层次上,35～39岁的女性受到培训的机会最大,其次是30～34岁年龄组的女性。在所有培训中,25～44岁年龄段的女性是所有获得在职培训的绝大部分人群,这说明在对女性的在职培训中同样要受到投资的收益期长短的影响:获得投资收益的时间越长,对其人力资本投资的需求也就越大,一旦到了或快到退休的年龄,此需求也就消失为零了。由此可看出,在30～39岁年龄段女性,因为她们一般已过了生育年龄,重新回到劳动力市场中一般都变换不大,而且工作那么多年已有了一定的工作经验,对这类人进行培训所获得收益可能更大,所以在这一年龄段的女性对在职培训的需求最大,她们一般获得在职培训的机会也最多。由于我国的退休年龄的差异,男性到了50岁,相应地还有少数人可获得培训的机会,而且在刚参加工作的人群也就是20～24岁人群中,女性未获得在职培训的机会高出男性2.03个百分点,这也表明在一般的企业,认为给予男性培训机会相对比女性更能获得较多的收益,加上男性不像女性要在特定的时间段有中断工作的可能,由于企业存在这样的培训投资上的性别现象,故男性获得培训投资的机会高于女性。

　　首先,按照贝克尔的歧视偏好模型,他把歧视看成是歧视者的一种偏好或"爱好":包括雇主、雇员和顾客等个人偏见引起的歧视。如果女性和男性员工具有完全相同的劳动生产率,则非歧视雇主可以看做他们是完全可以替代的,在工资水平一致的情况下可以随机地雇用他们。但是如果一旦男性雇主对妇女抱有偏见,则情况完全不同,在贝克尔看来,有偏见的雇主具有"歧视的偏好",好像女性给他带来了主观或心理上的代价。这样,只有当女性的工资水平低于男性员工的工资水平时,雇主才会雇用女性。也就是说,在劳动生产率相同、劳动市场上存在对女性歧视的情况下,为了与男子竞争工作机会,女性必须接受更低的工资。事实上,由于各个企业所从事的行业不一样,而行业中的企业结构会随着外界的竞争环境发生相应的变化,另一些类似的企业可能进入这个行业,如果雇主一直存在较强的歧视偏好,随着时间的推移,市场根本不利于带有歧视性企业的发展。根据贝克尔的推论,在自由进入的竞争市场上,利润最大化将消除歧视,在长期内歧视不能持久。不过,通过市场来自动消除歧视是极其缓慢的,因为市场机制并不能消除雇主的偏见。既然市场上大多雇主都存在着歧视偏好,女性无论在怎样的劳动生产能力条件下也不能获得与男性一样的工资,尽管我国有各种法规来约束男女劳动报酬的平等、女性有与男性一样参与培训和晋升的条件等,但这种歧视偏好是无法用法规来消除的,故企业很难主动地消耗一定的成本来对女性进行培训,除非女性培训能给企业带来比男性更好的效益与更好的发展前景。

其次是传统的社会分工与文化程度的差距。已婚女性有照料孩子和做其他家务的义务,这样就会耗费女性很多精力和时间,由于在职培训会占用受培训者更多的时间和精力,特别是远离家乡的培训,女性不仅承担更大的时间、经济和精力上的成本,如果有小孩的,还需要承担牵挂孩子相对比男性更大的心理成本。而对于男性而言,非工作时间一般就是闲暇,而闲暇时间就可以为提高人力资本提供可能,所以男性在选择进行培训时考虑的仅仅是直接的投资成本和收益,只要收益率大于零而且大于其他可能的投资的成本收益率,男性的在职培训就理所当然地进行了。而女性的时间要求在市场、家庭生产和休闲这三个部门来进行分配。一般来说,女性为了平衡自己的时间与精力,偏好于那些消耗精力较少的办公室工作、时间相对好安排的教师与财务工作等,在某种程度上就促成了所谓的女性职业的形成,要不有些女性要像某些现代人眼中的女强人一样:要么推迟结婚生子,要么选择不结婚做所谓快乐的单身贵族,要么选择放弃生育成为丁克家庭,因为要生育,只有放弃眼前较好的工作,生完孩子也不一定可以再回到原有的岗位,即使可以重回,有了孩子需要重新分配时间。也就是说,中国现代性别角色的形成已经剥夺了女性在家里工作和市场工作两者之间进行选择的自由,这就为她们加上了双重负担。

另外,任何在职培训都需要建立在一定的技术基础或文化知识基础之上。从我国目前劳动从业人员来看,男性从业人员的流动性高于女性。据国家统计局对农村社会经济调查显示,2002年在外务工的劳动力中,男性占71.5%,女性比重为28.5%。在16~20岁的外出劳动力中,男女劳动力人数基本一致,但进入婚育年龄后,女性人数约为男性人数的一半,在25~30岁组中,女性人数仅为男性的1/3左右。男性外出务工的工资明显高于女性,男女外出务工工资性别差异指数为88.8。在参加培训的人员中,仅有5.2%的女性劳动力参加过各类职业培训,有12.5%的男性劳动力接受过各类职业培训。在教育培训方面,妇女获得的技能培训与其现实需要存在一定差距。在培训人员要求中,只有在新农村建设中,中央提出了培育新型农民的战略目标,但除了"阳光工程"明确提出妇女要占40%的要求,其他各级各类的培训规划中大多没有针对女性的特别规定。据全国妇联对万名农村妇女的调查,农村妇女目前最缺乏的是技能、项目和资金,处于"盼致富、缺项目;想致富、缺技术;求致富、缺资金"的状况,这"三缺"成为妇女参与新农村建设的瓶颈。多数留在农村的妇女文化程度不仅比男性低,比进城务工的妇女也低。受"重男轻女"传统观念和家务负担繁重的双重影响,即使是多由妇女承担的种植、养殖和家庭手工业的培训,女性获得的培训机会也比男性要少。受文化知识的约束、资金与技术的制约,严重限制了留守农村妇女技能和经济收入的提高。

最后是基于雇主的选择。一般来说,雇主总是希望培训最有发展"前途"或另外雇用生产率较高的员工来替代企业现有的空缺岗位,尤其是企业较为关键性的岗位或职位。这时,人事部门就会搜集许多申请者(包括外聘人员)的信息,包括年龄、受教育程度、学历、以前的工作经历等等,同时,雇主还会举行相应的考试来获得或补充其所要的信息。不过这样做的局限是:搜集每位求职者的详细资料代价会很高,所获得的信息只能是有限的。凭借有限的信息,雇主并不足以准确知道应聘者(需求者)中谁生产率最高,结果,雇主常常利用"主观"的考虑,如年龄、性别和工作经验等因素决定最终谁参与培训、谁被雇用,这时,性别在雇主的眼中,往往就被主观地认为是工作体力和工作责任心的标志,不是雇主本身具有歧视偏好,而是企业的工作性质原本就只能这样去选择,因此,女性依然成了企业考察培训或雇用的牺牲品。同时,女性不仅在在职培训上遭受性别歧视,在就业中也同样面临着歧视现象。如:职业隔离①,在美国有 98% 的护士,

---

① 职业隔离是指传统上有些工作注定由妇女来做,有些注定由男子承担,从而造成性别歧视。

94%的小学教师,99%的秘书都是女性;而98%的工程师和99%的管道工都是男子。①

　　在上述因素共同作用和影响下,女性对在职培训等人力资本投资的需求与获得一定低于男性,在现实中的体现就是企业为男性提供的与男性实际得到的在职培训的机会都要多于女性。

三、人口生产投资与性别歧视

　　除了教育培训投资、卫生保健投资和人口迁移投资外,其他的开支部分都可称之为人口生产投资。理论上,经济的决定性作用是左右生育的终极因素。对于一个家庭来讲,是否需要生育孩子由预计该孩子的支出成本与可能提供的效益比较来决定。养育孩子的成本又分为养育孩子的直接成本和间接成本或机会成本。直接成本就是指直接花费给孩子的养育费用和教育费用,具体来说,就是指从母亲怀孕到将子女抚养长大能生活自立所花费的衣、食、住、行、医疗、教育、婚姻、交际等方面的所有费用;间接成本就是指为养育子女,父母所放弃的收益,即包括父母特别是母亲因怀孕、生育和养育子女所付出的机会成本。另外,母亲在怀孕或生育孩子时,还需付出一定的生理成本和心理成本,特别是对那些违反国家法规进行超生的母亲来说更是加大了这方面的成本。这里我们主要讨论孩子的净成本、养育成本与教育成本中的性别现象。

(一)孩子的净成本

　　孩子的净成本概念是贝克尔在莱宾斯坦的孩子成本概念的基

---

　　① 蒋晓光主编:《西方劳动经济学简论》,中国铁道出版社1999年版,第41页。

础上提出来的,他声称:"从原则上说,孩子的净成本可能容易计算,它等于预期支付的现值加上父母劳动投入的现值,减去孩子的预期货币收入现值与孩子劳务投入的现值之和"[1]。如果净成本为正值,说明父母投入的抚育费用大于孩子可能提供的收益,此时孩子相当于耐用消费品,父母从孩子身上得到的是心理上的满足和效用。如果净成本是负值,则说明父母的投入小于孩子可能提供的收益,这时"孩子将是一种耐用的生产品并将从他们那里得到现金收入"[2]。所以,净成本既反映孩子的成本费用,又反映家庭可能从孩子身上获得的收益,是家庭生育决策重点考虑的衡量指标。[3] 另外,孩子是父母在非市场活动时间里选择的产品,那么生育、抚养、培育孩子就必须花费家庭一定的物质资源和时间资源,构成孩子的成本。这样,对于有的家庭而言,无论是净成本、别的费用还是对孩子的偏好,女孩都不占优势,存在一定的性别差异。

(二)养育成本

养育孩子就必须付出一定成本。子女被认为是耐用消费品,同时给父母带来收益,尤其是心理上的收益。按照莱宾斯坦分析,孩子给父母带来的收益主要有:劳动——经济收益;养老——保险收益;消费——享乐收益;继承家业的收益;安全保卫收益和维系家庭地位的收益等。养育孩子同家庭经济有着密切关系,一般来说,父母养育子女所花费的成本与其收入水平按相同的方向发生变化,直接成本随着收入的增加而上升,间接成本也

---

① 《控制人口与经济发展》,北京大学出版社1985年版,第170页。

② 同上书,第173页。

③ 李竞能编著:《现代西方人口理论》,复旦大学出版社2004年版,第40页。

随着时间价值的增加而上升。在家庭收入一定的情况下，父母将收入用于各种生活、医疗等消费和抚养孩子，父母不仅在生活、医疗消费等方面和抚养孩子之间必须做出收入使用的分配选择，如果有多个孩子，还要在孩子之间做出收入使用的分配选择，才能使家庭效用最大化。在对孩子的收入使用分配和成本效用最大化选择上，如果既有男孩，也有女孩，女孩一般不占优势。

在经济落后的边远地区，"多子多福"、"没饭吃也要超生"的最终因素还是经济起决定性作用。由于父母对子女的教育投资小（从以上分析可以看出，特别是对女孩），生育孩子的直接成本很低，且边际直接成本是越来越小。在农村，大多农妇只在家照看孩子与农作，她们养育孩子的间接成本非常低，孩子明天就是预产期，今天可能还在地里劳作，满月后马上就下地干活。但等孩子长大后，他们所能想象的是能从子女那里获得的收益会倍增，其中最主要的是劳动——经济收益和养老——保险收益。不过这样一来，给母亲带来的不仅仅是未来的预期收益，有时也给自己带来较多的负面效用，而这是在农村地区普遍所不认可的。首先是由于家庭的性别偏好，如果妻子能顺利地生下大家所期盼的孩子，那么丈夫与家人对妻子可能是超待遇照顾；如果生下的孩子不是家人所盼望的，不仅坐月子会受罪，更有可能导致妻子在家庭地位的直线下降，甚至有可能遭遇离婚的境地。在传统观念较为浓厚的山区里，不生儿子的妇女是没地位的，不但家人看不上，就连村里的人也可能瞧不上，甚至有的丈夫知道自己生下了女孩后，很多年都不与自己女儿说一句话。这样，被家人誉为生育工具的女性，将要承受很大的心理负担，有时还多次进行医学选择，多次人工流产。

(三)教育成本

刘溜在 2005 年 2 月《中国新闻周刊》一篇题为"中国孩子的教育成本"的文中明确指出:养育孩子已被看做是一种家庭投资,但教育成本的激增,却未必是正常现象。文中载了一份出自上海社科院徐安琪研究员的关于孩子花销的报告:从直接经济成本看,0~16 岁的孩子抚养总成本将达到 25 万元左右,如估算到孩子上高等教育的家庭支出,则高达 48 万元左右,估算 30 岁前的未婚不在读的子女的总成本达到 49 万元。这份调查是以 2003 年的物价水平计算出来的,这一数字中还没有包含亲朋好友、社会资助及学校免费的 5 万~6 万元统计在内。如果再加上孕产期的费用、孩子孕育到成长过程中父母因务工、减少流动和升迁等自身发展损失的间接经济成本,这些费用或许就是天文数字。文中指出,在孩子的总经济成本中,教育成本仅低于饮食营养费,占子女费用的平均比重为 21%。厦门大学公共事务学院叶文振教授在对 1000 户家庭(其中包括 20% 的农村家庭)调查后表明:随着近年来教育收费制度的建立,孩子的教育成本正在由国家负担转向家庭负担。

以上所有教育成本的核算数字,对于有经济供养能力的家庭来说,只是在孩子的教育上花费了大量的成本而已,在家庭开支的别的方面进行缩减就可弥补。而对于贫困农村地区无力承担这样学习费用的家庭,受影响的不仅仅是孩子的学业,父母在为经济奔波中所付出的代价决不是可以用简单的数字来说明的。例如,在没有能力提供继续学习的压力中,母亲首先想到的是卖掉家里值钱的东西凑学费,然后不顾年龄大背井离乡外出务工,干些粗体力活获得很低的工资艰难地付出。当家里的子女可能同时进入大学就读的时候,如果经济条件确实不允许,做母亲的首先割爱的可能是让原本不和自己走同一条路的女儿选择放弃学业。同时,在竞争的环境中还得承担学业完成后不能带来预期收益的风险。

四、健康投资与性别歧视

据2000年中国妇女社会地位调查结果显示,35岁以下女性生第一个孩子时的产前检查比例,城镇为94.8%,比35岁以上高出14.8个百分点。农村为75.9%,比35岁以上的高出28.8个百分点。35岁以下女性生育第一个孩子的住院分娩率,城镇为87.6%,比35岁以上高出14.2个百分点。农村为47.1%,比35岁以上高出22.7个百分点。在有妇科病症状的妇女中,能够去医院诊治或自己买药治疗的,城镇为74.7%,农村为70.2%,其中32.5%城镇妇女和27.7%农村妇女能够马上到医院治疗,这说明我国妇女的健康和保健服务水平有所提高。

(一)农村居民的支出情况

从表6—8、表6—9中可看出,西部农村地区居民支出中,生活消费支出占到总消费支出的60%,家庭经营费用占到近30%,两者相加就占到了90%。在总支出占60%的消费支出中,医疗保健支出1990年为3.0%、2000年为5.1%、2003年为5.9%,从数字上看,比重非常小,有呈现上升的趋势,但需要注意的是,我国近年来由于医疗体制转轨以及市场化的出现,医药价格在猛涨,如果考虑物价因素,或许农民的医疗保健支出有下降的趋势。食品支出占到消费支出的近60%,这说明农村居民在所有消费支出里面,有近60%的费用是为了吃,为解决生存问题,而文教娱乐用品、交通和通讯、家庭设备及服务的支出等只占很小一部分。另据国家统计局农村社会经济调查总队对贫困地区农户的健康调查中发现:生病时不能及时就医的人数为16.2%。不能及时就医的原因中,第一就是经济困难,占65.8%,第二是由于医院太远,占24.7%,二者合计达90%。另有89%的人不及时就医是因为自己不重视或认为小病不用就医。此外,参加合作医疗基金会的户数只占总户数的2.6%。可见,经济原因是人们健康得不到保障的第一位因素。

表6—8 西部地区农村居民支出及构成 （单位:%）

年份	1990	1995	2000	2001	2002	2003
一、总支出	100.0	100.0	100.0	100.0	100.0	100.0
1. 家庭经营费用支出	28.3	32.3	29.1	29.3	29.3	29.2
2. 购买生产性固定资产支出	2.8	3.6	2.9	3.4	3.9	4.5
3. 税费支出	3.1	3.4	3.6	3.0	2.4	2.0
4. 生活消费支出	64.0	58.6	60.0	59.7	59.7	60.6
5. 财产性支出			0.5	0.3	0.3	0.3
6. 转移性支出	1.8	2.1	3.9	4.3	4.5	3.5
二、现金支出构成	100.0	100.0	100.0	100.0	100.0	100.0
1. 家庭经营费用支出	27.4	33.7	29.8	29.8	29.1	28.6
2. 购买生产性固定资产支出	4.5	5.5	3.9	4.5	5.1	5.9
3. 税费支出	4.5	4.6	4.6	3.8	2.9	2.5
4. 生活消费支出	57.0	51.3	55.9	55.8	56.7	58.2
5. 财产性支出			0.4	0.4	0.3	0.4
6. 转移性支出	6.6	4.9	5.3	5.6	5.8	4.4

资料来源:国家统计局农村社会调查队编:《2004中国西部农村统计资料》,中国统计出版社2004年版。

表6—9　西部地区农村居民生活消费支出及构成　（单位:%）

年份	1990	1995	2000	2001	2002	2003
生活消费支出构成	100.0	100.0	100.0	100.0	100.0	100.0
1. 食品支出	63.2	63.5	53.5	51.8	50.5	49.3
2. 衣着支出	7.9	6.6	5.6	5.6	5.6	5.5
3. 居住支出	14.3	11.8	14.0	14.8	15.3	15.3
4. 家庭设备、用品及服务支出	4.5	4.7	4.0	4.1	4.0	3.9
5. 医疗保健支出	3.0	3.2	5.1	5.5	5.6	5.9
6. 交通和通讯费用支出	1.4	2.0	4.0	4.0	5.6	6.8
7. 文教娱乐用品及服务支出	5.0	6.9	10.9	10.7	10.9	11.6
8. 其他商品及服务支出	0.7	1.3	2.7	2.7	2.6	1.7

资料来源:国家统计局农村社会调查队编:《2004中国西部农村统计资料》,中国统计出版社2004年版。

由此可看出,农村居民消费绝大部分是为了生存需求。在极其有限的资源里,女孩要想获得与男孩同等或比男孩相对更多的医疗支出,客观上就不允许。同样,妇女生育孩子被认为是一种理所当然,在企业还被看做是一种累赘,认为怀孕要耽误工作与分散精力。本来妇女生育孩子已经够辛苦,而且还是为了人类得以繁衍和民族得以延续的需要,妇女不仅没有得到应有的关照与特殊照顾,连她们的生育价值都不能得到认可。尽管我国有相关的法律法规来保障妇女的权益,但在实际生活中,却时有这样的事件发生。

（二）农村各地区乡镇卫生院机构的设置比较

医疗健康的保证除了拥有一定的经济实力、家庭和企业的支持、营养的保障以外,还必须具备有一定的医疗设施条件与医疗技术人员,否则,人们的健康尤其是偏远地区的居民的健康就难以保证。另外,西部地区人才在地域分布上过于集中在少数省会大城市,而中小城市和广大农村人才极度匮乏。如青海80%的人才集中在西宁市,甘肃88%的高级专业技术人员在兰州市,四川成都的人才总量高出甘孜、阿坝、凉山3个州的人才总量4倍多。表6—11可看出:西部地区农村乡镇卫生院的设置较全国水平还是有一定差距的。其中每千人口中的床位数低于全国平均水平0.07个百分点,低于东部地区0.4个百分点,人员配备也要低出许多。如果在遥远山村,没有一般的医疗设备,没有较为专业的医生,要是有人夜半生病,即使不是经济方面的原因,生命健康安全也无法保证。在笔者的社会调查中,贫困地区的有些贫困家庭,生孩子要不就是请当地的接生婆,要不就是自己接生,其中40—59岁妇女人群中,78.3%的人是在家里生的孩子,56.7%的人就是自己接生。只有年轻一点的还能接受去乡镇卫生院,其中由于经济原因想去而没有去的年轻妇女占调查人数(886人)的34.7%。在不少乡村卫生所,只是名义上存在着,甚至在有的乡镇卫生院,只有一个医生,一些非常简陋的医疗器械,面对急病、大病根本无法治疗。新中国成立后,随着生活水平的提高和医疗卫生事业的发展,西部地区人口死亡率经历了大幅度的下降。但就婴儿死亡率看,西部省份的水平仍高于东部省份,而且差距甚大,这无疑也是影响计划生育政策执行效果的一个重要因素。西部地区死亡率表现出这样一些特点:第一,城镇人口死亡率低于农村人口;第二,边远地区及贫困地区死亡率高于经济发达地区;第三,少数民族人口死亡率高于汉族。①

　　人们常说病从口入,可部分村民却连喝上健康水都比较困难。

---

　　①　查瑞传:《西部地区人口发展战略》,《九十年代中国西部地区经济发展战略》,1991年版。

据 2002 年国家对贫困地区的调查,有 51.7% 的农户能够使用自来水和深井水,15.4% 的农户生活在饮用水水源被污染的地区,19.8% 的农户取得饮用水困难。[①] 在贵州和新疆,有超过 1/5 的农户认为他们的饮用水源被污染了,重庆、贵州、甘肃、新疆等省份有超过 1/4 的农户取得饮用水困难。

表 6—10　2002 年西部地区农村乡镇卫生院机构设置与全国比较

省份	每千农业人口		设置卫生室的村占总村数(%)	乡村医生和卫生员(人)	每千农业人口医生和乡村卫生员
	床位	人员			
全国	0.74	1.18	89.7	1290595	1.41
东部	1.07	1.50	89.10	422481	1.39
西部	0.67	1.00	88.57	381679	1.42
内蒙古	0.90	1.44	94.1	23864	1.60
广西	0.50	0.84	98.0	48169	1.23
重庆	0.66	1.13	86.3	31038	1.29
四川	0.83	1.16	83.3	86380	1.27
贵州	0.44	0.64	83.4	37976	1.20
云南	0.68	0.75	99.0	39673	1.15
西藏	0.65	0.85	61.6	4052	1.86
陕西	0.65	1.02	88.2	52543	1.91
甘肃	0.66	0.79	93.6	35265	1.72
青海	0.60	0.91	95.8	5796	1.68
宁夏	0.43	0.90	94.7	4728	1.18
新疆	1.04	1.54	84.8	12195	1.04

资料来源:国家统计局农村社会调查队:《2003 中国农村贫困监测报告》,中国统计出版社 2003 年版。

———————

　　① 饮水困难是指按照国家规定,与饮用水水源的垂直距离超过 500 米或取水时间超过一个小时或水平距离超过 1 公里。

(三)数字说话

首先从卫生费用的利用来看,从 1998~2002 年,农村人均卫生总费用仅为全国的 60%,不到城市人均水平的 30%,而且呈逐年下降趋势。1998~2003 年,政府对农村卫生机构的投入占财政支出比重由 1.02% 下降为 0.69%;而同期全国和城市人均卫生事业费分别为农村的 2 倍和 5 倍。[①] 另据第三次(2004 年)国家卫生服务调查显示,城乡居民对医疗卫生服务的利用下降,有效需求发生转移。患者中,去医疗机构就诊的占 51.1%,自我医疗占 35.7%,未采取任何治疗措施的占 13.1%。也就是说,患者未就诊比例高达 48.9%(城市为 57.0%,农村为 45.8%)。该调查还显示,医生诊断应该住院治疗的患者而没有住院的比例为 29.6%(城市为 27.8%、农村为 30.3%)。1991~2000 年,随着政府投入比重下降,农村卫生费用中农民个人支出从 80.73% 上升到 90.15%。[②]

其次是医疗保健的城乡差距。由于我国目前还没有形成在全国范围内统一的农村医疗保障体系,地区之间社会经济发展水平存在较大差异,这样,农村医疗保障在形式、范围、层次上差异很大。西部农村地区基本医疗保健的婴儿死亡率、孕产妇死亡率等公共卫生指标明显高于中、东部地区。如 2004 年甘肃省孕产妇死亡率为 79.47/10 万,远高于全国平均水平的 51/10 万。

再次是西部农村基本医疗服务的可得性。1990 年到 1999 年,农民平均纯收入增长了 2.2 倍,而同期卫生部门统计的每人次

---

① 赵郁馨:《农村卫生投入与费用研究》,《卫生经济研究》2004 年第 3 期。
② 张元红:《农村公共卫生服务的供给与筹资》,《中国农村观察》2004 年第 5 期。

平均门诊和住院费分别增长了 6.2 倍和 5.1 倍。① 1998 年,因为经济原因没有就诊的患者在农村高达 65% 以上,而且越是贫困地区比例越高;因病住院而病未痊愈提前出院的患者在贫困农村达 80% 以上。② 甘肃武山县调查,全县 60% 的农民病人举债医疗,18% 的农民病人变卖家产医疗。于是,有病不治,“小病扛,大病拖”成了农民的选择;“不怕穷,就怕病”成了部分农民的真实写照;农村地区疾病损伤已成“因病返贫”或“致贫”的第二主因。而“贫”与“病”的“硬性”联系,不仅使部分农民失去了维持生活和再生产的基础,而且也正在顽强地抵消着政府扶贫减贫的努力。

最后从公共投入的比例来看,我国与世界主要国家的对比发现(表6—11),我国公共投入比例非常小。

以上分析可看出,对妇女健康投资,无论是经济的、传统文化的还是自身的因素,在健康保健方面的投资存在性别歧视偏见,政府投资不够,也存在着城乡差别。选择优先投资于女性健康,不仅是对弱势群体的关爱,更重要的是妇女在整个社会、家庭生活与工作中的独特作用所决定的。对于贫穷国家或贫困地区来说,投资于教育、健康,都将获得明显的经济和社会效益。世界卫生组织在印度所做的研究表明,如果在结核病控制项目上投资 2 亿美元,那么,由于治疗病人成本的减少和生产率的增加,经济收益将达到 7.5 亿美元以上。③

① 王绍光:《中国公共卫生的危机与转机》,《比较》2003 年第 7 期。
② 卫生部:《国家卫生服务研究:1998 年第二次国家卫生服务调查分析报告》,人民卫生出版社 1999 年版。
③ A. P. Thirwall:《增长与发展》,中国财经经济出版社 2001 年版,第 74 页。

表6—11　中国与部分国家公共投入状况比较　　（单位:%）

国家	社会保障和福利支出占国内生产总值比重（1994~2000）	公共教育支出占国内生产总值比重（1999~2001）	卫生保健的公共支出占国内生产总值比重2001
中国	3(2002)	2.9(2000)	2.0
美国	5.4	5.6	6.2
法国	16.5(1980~1985)	5.7	7.3
日本	- - -	3.6	6.2
俄罗斯	7.5	3.1	3.7
波兰	17.4	5.4	4.4
印度	- - -	4.1	0.9
伊朗	3.9	5.0	2.8
巴西	12.7	4.0	3.2
南非	1.1	5.7	3.6

资料来源:转引自吴忠民:《中国社会主要群体弱势化趋向问题研究》,《东岳论丛》2006年第2期。

五、迁移投资与性别歧视

（一）农业女性化

我国农村改革开放30年来,随着乡村非农化进程的加快和农村劳动力流动的增强,原来较为单一的农民群体现在正发生着剧烈的职业分化。农民现代职业分化的起点,使从事农业生产的劳动者数量急剧减少。据国家统计局抽样调查显示,1979年至1988年,每年从农村到城镇打工的有54万人。1992年至1993年一年时间内,这一人数从1800万猛增至3000万。到1998年底,农村流入城镇的人口总数已达8000多万,其中女性占4500多万。另据农业部、中央政策研究室1992年对分布在全国29个省区市的

312 个农村固定观测点的调查,女性从事纯农业劳动的比重比男性高 4.9 个百分点,而转移到非农产业部门的又比男性低 13.6 个百分点,较低的流动性和非农转移的滞后性,在一些地区就形成了"男工女耕"的现象,农业女性化已成为一个不争的事实。中华全国妇女联合会副主席、书记处第一书记顾秀莲 2001 年 8 月在亚太经合组织妇女领导人会议期间披露,2001 年在全国 3.2 亿从事农业生产的劳动力中,女性劳动力已占到总劳动力的 65.6%。[①] 另根据《中国劳动统计年鉴》的统计数据显示,2005 年女性从事农业劳动的比例达 62.6%,比 2004 年高出 2.5 个百分点,比男性高出近 10 个百分点。2006 年全国妇联对我国东、中、西部 10 个省 50 个县 100 个村进行的万名农村女性调查结果显示,从事农业劳动的女性占 73.4%。由此可见,伴随着我国城镇化、工业化和现代化的快速推进,农村青壮年劳动力大规模转移,农村劳动力结构正出现女性劳作的趋势,女性在农村建设和农业生产中发挥着越来越重要的作用。

同时也应看到,我国农村女性的发展仍面临着许多困难和障碍,需继续引起全社会的关注和国家政策的特别支持。随着我国城市化进程的加快以及我国农业结构调整,农业女性化趋势有加剧可能。在以农业为主要劳动力的广大农村地区,女性不仅要承担传统女性所有的劳动,还要承担农田耕作和饲养家禽的全部劳动,男人们以外出务工为主,农活成为他们务工以外的兼业。在农村非农化进程中,性别分工越来越明显。这样,农村女性现已成为农业生产劳动的主力军,女性与土地的联系便更加紧密。除了前面所论述到的因为土地政策在实施过程中所造成的歧视外,随着

---

① 参见《半边天因我们而灿烂》,《中国妇女报》2001 年 8 月 24 日。

经济社会的发展,女性的劳动量不但没有减轻反而有所加重。此外,即使想外出务工的女性,也因为家里的农业负担只好选择留在家。在笔者的调查中发现,大部分女性,尤其是年轻的女性,大都不愿意在家务农,宁肯选择机会外出,但家里的老人、孩子与田地都同时需要照顾,在经济收益低于男性的前提下,农村家庭大多不会让男人在家务农和照看孩子。此外,有些家庭甚至担心妻子外出务工就会"变心",担心她们出去后就不愿意回来而限制她们外出。这样,由于市场经济报酬、家庭条件的限制以及传统观念的影响,女性在迁移流动的过程中带有典型的性别歧视特征。

(二)自然环境因素

众所周知,大部分农村地区尤其西部农村是我国经济文化相对落后地区,在科学、技术、文化、教育、管理和卫生等方面与全国平均水平存在较大差距,而且这种差距在短时间内是无法克服的。比如生态环境脆弱、土地总面积中可耕地的比例较少、水资源不足、人才缺乏等。建国以来,国家多次采取许多政策性措施实施移民,但最终能扎根在西部的人才却很少。不仅这样,西部地区自己培养的人才反而有大量流失的现象,如何从东部及中部地区吸收科技、文化和管理方面的优秀人才,如何留住自己培养的人才,便成了国家以及西部地区所需要解决的最大问题之一。但是迁移有自愿迁移和非自愿迁移两种情形。当人类的迁移是迫于政府的压力,或者是由于战争以及各种诸如谷物歉收和饥荒之类的天灾人祸所造成的情形下进行的迁移,属于典型的非自愿迁移。而我国几次进行的大规模人口西迁,花费了大量的人力和财力,其效果不是很明显。如何采取积极有效的措施,让人们不在一种非自愿的状态下流动,尤其是吸引到年轻女性人才,在当地"生根发芽"是一项系统的工程。另外,在一个国家或地区,自然资源都有特定的特点,而可用于进行再生产的物质资本和人所处的地点却要根据人们有多少可选择的经济机会来确定。人们的居住地点和所从事的经济活动的影响对其收益就显得相当重要。在我国西部地区,由于女性人群的自身特质及经济条件的差异,加上地处祖国边疆,女性的迁移成本的变动范围或不可预见的因素会很大,故从自然环境因素来考虑,女性的迁移受到一定的性别约束。

(三)婚居模式

对于"从夫居",人们往往只是作为一种婚姻风俗、习俗与婚姻居住地来看待,很少去认识它或意识到给男女带来角色上的差异,更未曾觉察它是导致男女不平等的主要根源之一。"从夫居"在农耕社会表现得最为典型和普遍,也最为顽固。在农耕社会,主要的生产资料是土地,主要的生活资料是住房,土地和住房都是属于不动产资源,在商品经济不发达时代,它不能随着人的流动而流动,人的迁移就意味着放弃土地和房产。女性的"从夫居",其实标志着一种男女之间的权利关系:男性可以继承和拥有土地和房产等资源,女性通过婚姻成为男性的附属品获得必要的生活来源。所以,"从夫居"是与性别关系、资源的分配和创新分配联系在一起的。① 在传统婚嫁模式下,女性要么选择一辈子不离不弃,如果要选择离婚或不结婚,只能选择放弃所有的按法律规定可以获得的财产,这是一种非自愿放弃。

其次,我国传统的男婚女嫁婚姻模式不仅仅是一种婚姻结构,也是一种权利和利益分配形式。这种分配形式过去是在家庭或家族内部进行的,而现在是在行政单位和农村社区中进行,它背后暗

---

① 李慧英主编:《社会性别与公共政策》,当代中国出版社 2002 年版,第 118 页。

含的规则是按照男性为主来分配家庭所应当得到的资源。这一规则即便是在城市的住房分配中,也在顽强地发挥着作用。在我国现有的养老和社会保障机制还不健全与普及的情形下,家庭养老基本成为我国农村地区的主要养老方式,实际上,养儿防老的观念依然是男婚女嫁婚姻结构所产生的结果,家庭养老的关键是靠儿子养老,儿子娶上媳妇就担负着照顾父母的主要责任。女孩是嫁出去的,不可能长期与自己的父母住在一起,女儿是很难也是很少照顾自己父母的,与自己长期在一起的显然是公婆,而由于家庭角色与男女分工的结果,照顾公婆的多数是儿媳妇而很少是儿子。在观念上人们依然认为是养儿防老,儿子的作用是显性的,儿媳的作用就被隐性化了,有的地区由于传统所形成的族内婚,这样的歧视更显现。

正是由于多种原因,从经济成本角度看,养女孩,娘家早期的所有经济成本得不到回报,于是有些家庭便不愿意为女孩做更多的投入,甚至不愿意要女孩,强化了要男孩的性别偏好。在某些偏远农村地区,在地理位置与家庭境况都较差的情形下,自己家的儿子可能难以找到媳妇,有女孩的家长就想到如何用自己的女孩去换到一个儿媳妇,这样的兄妹换婚不只在一个地方出现过。因此,应阻止所有种种变相的性别歧视和对女性权益的侵害,国家应该在具体的政策实施过程中,更好地履行性别平等原则。

第七章　女性人力资本投资的供求分析

我国幅员辽阔,自然环境与生存条件差异较大,经济发展不平衡,人才短缺,传统文化影响深厚,女性作为经济建设的主体之一,同时也承担着人类繁衍使命,她们做出了不可忽视的贡献。在分析了政策与文化习俗中所存在的性别歧视后,在我国环境条件较为复杂的情形下,探讨我国女性人力资本投资供求问题是很重要的。

第一节　女性人力资本的供求分析

作为一种重要的生产要素或资本品,女性人力资本同样存在着供给与需求的问题,因此有必要探讨我国女性人力资本的供给与需求问题。

一、女性人力资本的供给

(一)人力资本供给的内涵

人力资本供给是指在一定的时间内,一定的经济条件和工资水平下,人力资本所有者(个人)按照某一市场价格愿意向市场提供的人力资本量,这些人力资本量之和就构成了在该市场价格水平的人力资本的社会总供给。实际上,这里的人力资本供给指的是拥有一定人力资本存量的劳动力的供给，而市场价格水平就是工资率。人力资本存量不仅包括数量，也包括质量，所以人力资本供给需要探讨劳动力供给的数量，同时也包括劳动力的质量。这样，就把人力资本的供给与劳动力的供给联系在一起了。

与普通劳动力供给相比，人力资本供给具有以下特点：

第一，人力资本是一种稀缺性更大的经济资源。在许多情况下，特别是在现在许多的发展中国家，普通劳动力的供给是充分的（刘易斯，1954），现代许多企业家甚至把他们称为劳动力市场的"金字塔"底部，而人力资本却是一种稀缺资源，其稀缺性甚至超过物质资本。同时，人力资本的所有者也具有普通劳动力的能力，即具有向市场提供普通劳动力的可能性。但普通劳动力却不具备向市场提供人力资本供给的条件。由此看来，在整个竞争市场中，人力资本供给者的地位要比普通劳动力的供给者地位有利，人力资本比普通劳动者更具备竞争优势，同时更有利于投资主体倾向于向人力资本投资。

第二，人力资本的市场供给能获得更高的效益。与普通劳动者相比，人力资本的市场价格通常能够获得更高的投资效益，一般来说，在获得更高效益的同时，更有利于人力资本的所有者进行更高更多的投资以期获得更多的回报。而普通劳动者大都不具备这样的能力，即使有，所需要花费的时间更多，所付出的时间及成本将更多。

第三，人力资本的供给具有更多的选择性。人力资本由于具有比普通劳动者更高更多的劳动技能与较为丰富的知识底蕴，在参与市场竞争中，人力资本有比普通劳动者更多的选择余地与选择空间。

第四,人力资本供给具有更大的灵活性。普通劳动力的供给增长只有两个途径:延长劳动时间和增加劳动力数量。但人力资本则不同,除了这两条途径以外,还有另外两个途径:一是提高每个人的人力资本存量水平;二是同时向市场提供多种形式的人力资本供给,或者同时向不同的需求者提供人力资本供给。[①] 现代信息技术的发展为人力资本的多种供给创造了极为有利的条件,一个具有较强专业技术知识的人身兼数职,甚至从事不同的行业已不是稀奇的事。

第五,女性人力资本供给中教育的内部回报率[②]普遍高于男性。通过对部分国家教育的内部回报率的数据统计可以发现(表7—1),不同层次的教育内部回报率的三项内容中,有四个国家女性的"高中教育"的内部回报率均高于男性;只有澳大利亚女性在"非大学内部回报率"一项中低于男性,其他国家都是女性偏高;"大学教育"的内部回报率也都是女性高于男性。而且比较发现,两性的教育的内部回报率比较,差距最大的是教育层次较低的"高中教育",由此可见,女孩上高中比男孩上高中的内部回报率要高。

①　郭砚莉:《女性人力投资问题研究》,中国社会科学出版社 2006 年版,第136 页。

②　教育投资的内部回报率是用来测量个体因增加受教育程度而期待获得将来净经济报偿的一种指标。各个层次教育的内部回报率是通过发现折现率来计算的,回报率等于完成某一水平教育成本的当前价值与完成某一水平教育的增加收入的当前价值之比。这种计算是基于个体因接受不同程度教育而创立的终生收入之上。

表7—1　按性别区分的不同层次教育的内部回报率

国家	男　　　性			女　　　性		
	高中教育	非大学三级教育	大学教育	高中教育	非大学三级教育	大学教育
加拿大	13	23	17	16	28	29
爱尔兰	19	12	14	29	8	17
澳大利亚	8	10	10	13	8	7
挪威	11	9	12	17	8	13

资料来源:转自王秀英:《贫困的女性人力资源优先开发的战略意义》,《中国统计》2003年第4期。

　　人力资本供给所具有的这些特征有非常重要的性质,也就是说,在一般条件下,与普通劳动者供给相比,人力资本在市场的竞争中更具有优势也更为有利。这在关于劳动者受教育的程度对经济增长的作用中就可以看出来,受不同教育劳动力的工资差别,虽然不完全说明受教育程度是唯一的作用,诸如知识的积累、技术的进步、经验的获得等因素也起着非常重要的作用,但这些无论是人力资本还是普通劳动者,在工作实践中不断获得的一种提升,至少说明,受教育程度不一样,影响劳动者的收益是不一样的。表7—2就是丹尼森根据美国的人口资料,把25岁以上的男性个人按教育年限分组的货币收入多少加以分类,把受过8年学校教育的个人收入作为基准,定位100%,再用其他受教育年限个人的收入与基准对比,求出其相对的百分比。

表7—2　美国不同教育年限收入比较

百分比 受教育年限	平均收入相当于 8 年毕业生收入的百分比(%)	代表教育成果的平均收入差额相当于 8 年毕业生收入的百分比(%)
未受任何教育	50	70
初级教育:1—4 年	65	49
5—7 年	80	89
8 年	100	100
中级教育:1—3 年	115	109
4 年	140	124
学院(大学):1—3 年	165	139
4 年	235	181

资料来源:王金营:《人力资本与经济增长——理论与实证》,中国财政经济出版社 2001 年版。

(二)影响人力资本供给的因素

1. 人力资本个人供给的影响因素

每个人力资本所有者都通过权衡工作的利弊来选择工种与工作时数。一方面,工作能够带来可以购买商品和劳务的货币收入;另一方面,用于工作的每一小时都使休息、参与培训和消费商品的时间减少。根据经济学理论,工资增加对其决策产生两个效应:一个是收入效应,一个是替代效应。收入效应是指当工资增加时,同时不发生任何改变,也会使劳动者收入增加,当所有者收入增加后又可能去购买商品和劳务,但有可能希望有更多的时间去休闲或是去消费商品,以享受所增加的财富,而休息就只能通过减少工作时间来获得。由此看来,当工资增加时,收入效应会使个人的劳动供给减少。替代效应则是呈相反的方向起着作用,工资增加会使休息时间比以前变得更加昂贵了。工资增加时,替代效应就会导致休闲时间减少,个人的劳动供给将增加。工资增加对于个人工作时数的最终影响取决于这两种力量抵消后的净影响。也就是说,当替代效应大于收入效应时,个人供给的劳动量将随工资的增加而增加;当收入效应大于替代效应时,个人供给的劳动量将随工资的增加而减少。①

2. 人力资本社会供给的影响因素

人力资本社会供给的影响因素中,首先得看一个国家或地区的劳动年龄人口规模及构成,也就是说,在这个国家或地区中所有人口的人力资本的数量和质量。如果人力资本非常丰富,则在市场竞争中表现较为激烈,有利于整个国家或地区的人力资本存量的提高。如果不增加存量,在竞争中就会失去优势,相反则得过且过,不能促使人力资本的提高进步。我国人口规模将经历先增长、后减少、再稳定的过程。我国人口将以低速率增长 50 年,在 2045 年左右经过人口零增长点,并达到人口规模最大值 15.34 亿人,然后人口进入负增长阶段,人口总量趋于减少,但由于生育率保持更替水平变动,并不能从根本上缓解我国人口压力,也不能改变我国人口数量庞大的特征,2085 年前后,人口再次接近零增长,实现相对静止人口,总人口规模仍然保持在 15 亿以上。由此看来,我国丰富的人力资源势必带来竞争的激烈,从而有利于人力资本存量的提高。另外,如果一个国家或地区的人力资本存量高,也就是说劳动力质量很高,则要看这个国家的经济政策与他们所获得的报酬,如果拥有一定的人力资本而得不到相应的回

① 蒋晓光主编:《西方劳动经济学简论》,中国铁道出版社 1999 年版,第 26 页。

报则很有可能导致人力资本的外流，高质量的人力资本同时还要受到这个国家或地区的整个社会经济发展状况和国家政策体制的影响。

其次，看人力资本所有者中愿意工作的比例。如果一个国家或地区拥有足够数量的人力资本，而这些人力资本不愿意从事工作，或许是工资方面的原因，或者是不满意工作环境，或者是组织文化等因素，但劳动者自身的因素也是需要考虑的，诸如劳动者个体的身体素质状况，能不能适应所获得的工作要求，劳动者的个人特质，愿不愿意在集体环境下工作等，如果人力资本的所有者不愿意工作的比例较高，则对愿意工作的劳动力是有利的，但不利于国家和地区的经济发展。如果人力资本所有者愿意工作的比例很高，则竞争越大，有利于刺激市场的发展，同时也有利于社会的进步。由此可见，一定的激励措施与手段充分激发人力资本的工作潜能与积极性，有利于竞争市场的形成，也有利于社会经济的发展。

再次，人力资本所有者的技能与知识水平。在整个市场竞争环境中，越是真正拥有较高技术水平与知识水平的劳动者，其市场的参与能力就越强。也就是说，个人拥有多少、拥有何种工作专业技能和专业知识水平是人力资本供给影响的根本性因素。另外，政策环境和运行机制在人力资本供给市场上也具有相当重要的作用，对于完善人才市场与提升人力资本存量有着积极的意义。

最后，市场上人力资本所有者劳动时间的长短与劳动强度。人力的发挥是一个有弹性的领域，人力资本作为一种容易变动的资本，既受到本人基本素质的制约，同样会受到环境与条件的制约，因为整个社会在进步，个体所拥有的知识会老化，原有在市场中领先的技术会落后。如果个体所从事的劳动强度较小，或劳动时间不是很长，他就会有相应的精力或时间来进行培训、学习以提高自己的劳动技能，这时知识就会出现逐渐增值和后来居上的态势；相反，如果工作强度大，劳动时间长，劳动者则没有足够的精力与时间提高人力资本存量，因为人在进行工作与投资的时候，毕竟是有时间与精力方面限制的。

（三）影响女性人力资本供给的因素

女性人力资本供给有以下特点：

第一，女性人力资本的供给与劳动分工有关。劳动分工越细，社会化程度越高，女性人力资本根据自身特有的身体特点与心理特点，在工作过程中越具有优越性，与男性人力资本或普通劳动力相比，女性人力资本的积累具有更多专用性和实用性。

第二，女性人力资本的供给与政策因素或制度激励有关。由于女性人力资本所具有的生育繁衍特质与每个月所具有的生理特性，在女性人力资本一生中孕育孩子与养育孩子不可回避的状态下，与一个国家或地区所提供的政策有很大的关系，尤其是在执行的过程中。如果政策既不损害企业经济效益最大化目的，同时也满足女性在不同人生阶段的生育决策，这对女性人力资本的供给无论就国家还是家庭来讲，都具有重要的现实意义。同时，在现阶段不可能完全社会化状态下解决此问题的时候，政府是否可以采取相应的制度激励，鼓励企业来影响女性人力资本所有者的预期收益或目标而不是采取歧视的手段。

第三，女性人力资本供给的价格弹性更大。与男性相比，女性人力资本供给的价格弹性要大一些，主要原因就是家庭工作时间的缓冲作用。在一定工资率水平上，随着工资率的上升，女性人力资本供给会从两个方面增加：一是人力资本含量的提高；二是供给时间的增加。① 从短期来看,工资率水平的提升,在女性人力资本拥有者特殊潜质与心理状态(女人是不会轻易认可自己比男人弱的)的情形下,在社会化程度越来越高的情况下,她们会想方设法提高人力资本存量,这时女性很容易将家庭生产转向人力资本的供给。如果从工作时间的角度来看,女性人力资本供给可以通过减少闲暇时间来增加。因此,增加对女性人力资本拥有者的激励,提高拥有者的时间价值,就会使女性人力资本供给增加。

第四,女性人力资本供给与投资方式有关。拥有较高知识水平与技能水平会缩短人们的学习与培训时间,加快对女性人力资本拥有者的经验积累与工作运行速度,对于处理较为细腻、需要有足够耐心的经济行动,女性人力资本在此方面具有高度的专用性。快速的技术变化率使得过去的经验失去原有的作用,但可以增加今后经验形成的信息量。因此,给予女性人力资本更多的学习、培训机会,促进她们健康的改善、生命周期的延长,加快她们的迁移流动速度与提高女性人力资本的质量等,都会增加女性人力资本存量,同时也利于女性人力资本供给。

作为社会中越来越受关注、受重视的资源之一,女性人力资本供给受多方因素制约,诸如经济和非经济因素的影响。

1. 文化教育因素

在全世界几乎每个国家或地区都多多少少存在着不同程度的性别歧视,在以男权文化为主导的社会形态里,大多数人不承认女性具有与男性一样的潜质与能力,甚至包括有的女性自身也这样认为。在传统文化的影响下,女性人力资本的供给将会受到文化

---

① 郭砚莉:《女性人力投资问题研究》,中国社会科学出版社 2006 年版,第138 页。

的影响与制约。如果重视普通女劳动力向女性人力资本转化,从
而可以达到增加社会女性人力资本的供给量。相反,如果不重视
对女性人力资本投资,依旧倾向或重点对男性人力资本或普通劳
动力的投资,更容易使人们失去对人力资本投资的动力,进而减少
全社会女性人力资本的供给量,毕竟女性人力资本的增加与存量
的提高,有着别的任何人力资本不可替代的力量。

　　教育是人力资本形成的主要方式,同时,受教育水平的高低又
会影响到劳动力的供给,从而使人力资本的供给受到影响。表
7—3 可看出:无论在受何种教育水平下,美国 1988 年的女性劳动
力参与率都要高于 1970 年,女性受教育水平越高,其劳动参与率
就越高,同时劳动生产率也越高。随着社会经济的发展,文化的进
步与普及,由于越来越多的女性受到了更多的教育,不仅她们的市
场工资率提高了,她们也更加愿意成为劳动人力资本中的一员,积
极主动地从事市场工作。

表7—3　美国不同教育程度的女性劳动力参与率
(1970 年和 1988 年的数据)

受教育年数	劳动力参与率	
	1970	1988
高中肄业	43.0	45.4
高中毕业	51.3	66.9
大学肄业	50.9	74.7
大学毕业或以上	60.9	80.8

　　注:1988 年的数据的截止时点是 3 月份,并且包括了 25~64 岁的所有女
性。

　　资料来源:转引自郭砚莉:《女性人力投资问题研究》,中国社会科学出
版社 2006 年版,第 141 页。

另外,家庭教育作为人力资本投资的一种形式,可以增加女性人力资本存量,同时,随着女性社交圈子的扩大,亲戚、同学、朋友等社会关系的影响也对促使女性人力资本形成产生重要影响。在一个开放的社会里,家庭范式就可以提高女性人力资本存量。随着人们眼界扩大,文化意识增强,女性对生命质量也将越来越重视,女性预期寿命的延长同样将刺激其接受教育,从而也将提高女性人力资本供给。女性预期寿命的增加,就意味着她们能够从教育和在职培训中获得更高更多机会的收益。这样,文化影响、接受学校教育程度、家庭教育熏陶以及社会关系扩大等,都是影响女性人力资本供给的重要因素。

2. 制度因素

人们价值观念中对女性的歧视偏见,一定程度上阻碍了女性人力资本的增加与形成,这时可以通过制度设计解除社会、家庭及个人的这种偏见。首先制度的制定与实施都必须站在两性平等角度,强制性的改变人们已往的看法。可以通过多种形式让人们普遍接受性别平等观念。如土地政策的制定与改变,学校教育制度在实施的过程中,让隐性性别歧视不再出现等,都是推进女性人力资本供给增加的制度性因素;其次是利用制度拓展女性人力资本形成的途径。比如对普通女工进行有针对性的定期培训,增加一些专门针对有利于女性特质发展的相关培训,使她们尽快增加资本存量,既具有与普通女工竞争的实力,也具有与男性竞争的实力,让众多的普通劳动者过渡到具有较强竞争能力的女性人力资本拥有者;最后,制度可以通过市场间接影响女性人力资本供给。比如,国家制定相应的政策,让女性在从事某些职业时可以得到更多的工资。如对于没有多少文化与技能的农村女性进城务工,花草的修剪、园林的绿化与街道的清洁等简单的工作,完全可以让女性来担任,最好是限制男性的参与,不过在制度约定中同样需具有竞争机制。在一个激励机制还不是很健全的国度里,政府可以利用相关的激励措施,促使女性人力资本供给的增加。

3. 对女性劳动力需求增加的影响

在工业化以及后工业化经济推进的过程中,对于传统上属于女性就业领域的办公室工作与服务性工作的需求增加了,这就使得女性的工资在其他条件不变的情况下增加了。同时,目前我国所出现的农业女性化特征的出现,传统意义上一般把农业理解为男性专有职业,随着男性进城人员的增加,加上离家的路途遥远,没有更多的时间与精力从事农业,于是本属于男性特有的职业已经逐渐女性化。这样,一方面是进城务工的女性较以前越来越多,同样从事农业的女性也比以前越来越多;另一方面,社会的进步与分工的细化,市场上将形成更多适合女性的工种。由此看来,传统男性职业对女性需求的增加,现代市场中由于分工越来越细,市场对女性的需求空间也越来越大,从而刺激了女性人力资本的供给。

4. 个体因素与综合生产力的增长

女性所拥有的特殊潜质与能力,是许多普通劳动者所不可比拟的,尤其是对于男性劳动者来说,在一定时期内,可以把女性所拥有的这种潜在的特质作为女性人力资本的存量。比如女性的细腻与忍耐心,在财务、文秘、手工刺绣等行业具有特别的优势。如果女性天生就具有某种特质,经由女性普通劳动者形成女性人力资本的速度将更快,另外,女性具有比男性更长的预期寿命,如果在生命周期较长的时间具备有同样健康的身体素质,那么对女性人力资本投资就可以获得更长时间的回报。

此外,女性与男性一样,在时间推移过程与工作经验积累中,获得了资本存量的增加和技术的进步,这样就导致劳动生产率提高并进而获得更大的收益。在其他条件不变的情况下,生产率的提高将对女性工资率的增长起着重要的作用,从而提高女性劳动力的供给。

二、女性人力资本的需求

(一)人力资本需求的内涵与特征

人力资本需求是指在一定时期内,在一定条件和工资水平下整个市场所有经济活动中按照某一市场价格愿意购买,或需要的人力资本量,市场中的这些需求之和就构成了在该价格水平上的人力资本的社会需求的总量。舒尔茨曾指出:"人力资本的显著标志是它属于人的一部分",是与其所有者不可分离的。

人力资本需求对于物质产品需求和普通劳动力的需求来说,具有以下特点:

1. 市场上的企业雇主之所以愿意雇用人力资本所有者,是因为他们具有更高的生产能力与技术,能够为消费者、投资商生产出更好更多的商品和提供更高质量的劳务。这在人力资本理论的发展与世界各国的经济社会发展实践中都已得到证明。这就意味着对人力资本需求是一种高于普通劳动者的派生需求,也就是说,因为人们对商品和劳务的需求使商品和劳务的生产者派生出比一般劳动者更高的人力资本需求。人们需要功能更全的、质量更好的商品,但或许这些是普通劳动者难以实现的,同样,如果人们需要更好的服务,市场的这种需求就促使雇主去雇用拥有这样能力的人力资本拥有者。

2. 人力资本与物质资本具有很强的互补性。就绝大多数的人力资本和物质资本而言,两者之间存在着很强的互补性,这就意味着物质资本投资需求的增加必然会带来对人力资本需求增加。

这种互补性同时还表现在人力资本与技术进步之间的密切联系上，而对于普通劳动力，与物质资本和技术互补性相对较小，甚至在很多情况下普通劳动力会被物质资本或技术所取代。[①] 另外，有的人力资本的需求具有短暂性，这要取决于特定类型的经济条件的变化，当出现经济非均衡时，特定型的人力资本（如有特定潜能的女性人力资本）会激发雇主或企业家充分发挥资源的配置能力，激发雇主对预期收益采取较大的投资，在恢复均衡的初始状态下，这种较高的预期收益对雇主的激励最高，同时也激发特质型人力资本的生产，当最初参与的人数越少的时候，雇主的利润最高，当有更多的雇主加入或有更多的人从事这个行业的时候，即使生产出最多的物质资本，也刺激不了雇主对人力资本与该行业的投资。由此可见，由高质量的人力资本生产出丰富的高质量的人们满意的物质产品，反之，更多对物质产品的需求激发了人力资本需求的产生。

3. 市场对人力资本的需求是一种联合需求。市场上很少有企业或雇主只需要单纯雇用人力资本的拥有者，在绝大多数情况下，产品生产需要同时使用几种投入，比如机器设备、原材料、动力、厂房和劳动力等，而机器设备、动力等也是人所创造出来的，甚至原材料也需要人去发现与提供，这样，即使人力资本拥有者不是一份单纯的力量在劳动，那么他们可以生产出效率更高的机器来进行生产，他们可以改进厂房设备来增加劳动生产率，这是普通劳动者无法实现的。有研究表明，即使各个国家都有单独的科研机构，但有近70%的机器改进与信息来源来自于一线的生产员工。

[①]　郭砚莉:《女性人力投资问题研究》，中国社会科学出版社2006年版，第145页。

同样,提供服务也在劳动过程中获得更多的有效经验,提高人力资本存量,这同样是一种联合需求,因为没有实践的锻炼,人的实际经验是很难获取的。

与其他生产要素或产品一样,市场对女性人力资本的需求也将随其价格的提高而减少,随其价格下降而增加。人力资本是一种高产出的生产要素,并与物质资本和技术一样具有很强的互补性,因此,人力资本价格的下降,会引起对人力资本需求的更大增长;同时,由于其他生产要素对人力资本的替代性较差,甚至是无法替代的,这就会导致在人力资本价格提高时,对人力资本的需求有可能保持不变或者下降的幅度较小。而劳动力需求的价格弹性则相反:普通劳动力是一种供给充分的生产要素,具有较强的替代性(很容易被其他要素替代)和较弱的互补性,从而导致在一般情况下,当价格提高时,人力资本需求的价格弹性小于劳动力需求的价格弹性;当价格下降时,人力资本需求的价格弹性大于劳动力需求的价格弹性。

(二)影响劳动力需求弹性的因素

影响劳动力需求弹性的因素,英国著名的经济学家阿尔费雷德·马歇尔认为有四个决定性因素。[1]

1. 劳动力替代弹性大小

对于任何劳动力的需求,都取决于雇主和其他种类的劳动力或别的生产要素替代它的可能性。随着工资变化,劳动力需求程度也在变,若可以利用机器代替劳动力时,就有可能产生替代效益。只有当某种劳动力是生产中必不可少的要素时,雇主才不可

---

[1] 蒋晓光主编:《西方劳动经济学简论》,中国铁道出版社1999年版,第18页。

能以资本或其他劳动力来取代他们。因而替代一组劳动力的可能性越小,对他们的需求弹性也就越小。在对劳动力数目有固定要求的极端事例中,劳动力需求则完全没有弹性。如:在短期中,对于像飞行员或医生等有专业技术劳动力的需求,就是属于没有弹性的。而对于那些在生产过程中很容易被替代的工人,像单位进行清洁的保洁员等人员的需求弹性是很大的。

2. 对劳动者所生产产品的需求弹性

对产品的需求弹性指的是产品需求量对于价格变动反应的灵敏度。若某种产品的需求量对于本身价格变动富有弹性,则该产品价格变动会引起销售量较大幅度的变动。当劳动力价格上升时,产品成本上升,价格上涨,销售量下降,这时雇主就会减少营业时间,减少对劳动力的需求。若某种产品需求弹性小,即该产品价格变动不会引起需求量的较大变动,雇主可以用提高价格的办法,把工资的增加转到消费者身上。当其他因素保持不变,则对劳动力需求也不会产生太大的影响。因此,劳动力需求弹性与劳动者所生产产品的需求弹性呈正相关。

3. 人工成本在总成本中所占的比重

马歇尔认为,人工成本在总成本中所占的比重越小,对劳动力需求的弹性也就越小。当一个企业采用生产密集的生产方法时,工资的变化对成本,从而对价格和生产水平只产生有限的影响。若企业采用劳动力密集的生产方法,人工成本就决定了价格和产量的关键因素,因而工资的增加将使成本大为提高,产品价格上涨,需求量下降,从而导致雇用量大为减少。

4. 其他生产要素的供给弹性

若其他生产要素的供给弹性小,则工资率的提高可以用降低其他价格要素的办法来补偿,这样就不会引起产品成本和价格的提高,从而也不会影响销售量和对劳动力的需求。反之,若其他生产要素的供给弹性小,则工资率的提高就难以通过降低其他生产要素的价格来补偿,这样就会引起产品成本和价格的上升,从而会减少产品需求量和对劳动力的需求。若其他生产要素因供给是固定的而根本不能改变,那么技术上可行的替代在实际中也是不可行的。

(三)影响女性人力资本需求因素

1. 经济增长方式的转变

经济增长方式是指实现经济增长的具体方式与途径,一般分为两种类型:粗放型和集约型。粗放型增长方式,是指在生产要素质量不变的情况下,单纯依靠生产要素的大力投入和扩张,通过扩大生产场地、添加机器设备、增多劳动力等来实现经济的增长。其中隐含着技术条件不变或投入—产出系数不变的前提。而集约型增长方式是指依靠生产要素质量和使用效率的提高,以及生产要素的优化组合,通过技术进步、提高劳动者素质、增加资金、设备、原材料的利用率等来实现经济的增长,主要就是依靠技术的改进与提高。人力资本就是实现这一增长方式的先决条件,对其需求将必然会随着经济增长方式的转变而增长。根据上述需求弹性的影响因素可以看出,当企业采用劳动力密集的生产方法,也就是粗放型增长方式的时候,员工工资的增加将导致需求量下降,因此,作为女性人力资本,一方面将随着社会的进步积极提高自身的技术水平,对于技术含量较低的女性劳动力,企业不可能增加员工工资而导致成本的提高,要不采用低工资雇用员工,要不就裁员,因此,经济增长方式的转变是现代化发展趋势,它将随着现代经济的发展而扩大,对女性人力资本的需求也就越大。

2. 市场因素

市场发育越完善,社会分工越细,人力资本的作用在市场经营中才得以显现。同样,女性人力资本在越来越完善的市场中凸显出它的效应。随着社会分工和人类需求的多样化,传统的市场经营模式在生产和需求之间的矛盾日益增多,于是,市场在需求与生产的矛盾中得以发展与完善,女性人力资本就成为解决这一矛盾的主角之一。可见,市场化程度越高,对女性人力资本的需求就越大。

3. 文化因素

传统文化根深蒂固地影响着女性的发展,进而影响到女性人力资本存量的提升。倡导性别平等不是表面上喊口号"男人能做的事女人就能做",其实这句话更深的含义是赋予女人适当的机会,无论是在教育、在职培训还是医疗保健等方面。如果只从表面上强调人与人之间平等、机会和利益分配之间平等,那就等于在市场上不承认个人的业绩差异。传统的文化价值观念只重视男人的作用而忽视对女性投资,其实不仅仅是对女性权益的侵害,也是阻碍男性发展的主要力量。"好好读书进城去","长大后嫁个好人家"等广大农村地区推行的地方文化色彩,忽视女人的能力积累,不重视对女性劳动力的投资,这样是无法实现生产力的高度发展的。在坚持以效率优先的同时,不可以忽视对女性人力资本的投资,因为阻碍她们能力的发展就是影响她们进入市场的更好的创造社会的机会。其次是社会文化影响着女性人力资本市场。如,社会文化对某行业的推崇与吹捧越高,该行业的人力资本市场价格就越高,而该行业人力资本市场价格的提高必须是以该行业人力资本数量的减少为代价的。而退出的那部分人力资本所有者会流向别的行业,从而导致别的行业的人力资本市场竞争压力大,结果是流入该行业的人力资本市场价格降低。

4. 产业结构的变化

产业结构的调整与优化是发展中国家在经济发展中的重要任务,而实现产业结构的现代化是产业结构调整的目标。因为产业结构的现代化就意味着经济技术结构的调整和转变。要完成这一转变与实现这一目标,人力资本最为关键。许多发展中国家的实际已经证明,阻碍国家经济发展最主要的障碍不是自然资源,也不是物质资本条件,甚至也不是技术条件,而是缺乏人力资本。由于人力资本的缺乏,使物质资本和自然资源不能有效地充分被利用,即使有先进的技术也无法实施。因此,人力资本的匮乏已经成为许多发展中国家经济发展的瓶颈。正如舒尔茨(1981)所言:"改善穷人福利的决定性生产因素不是空间、能源和耕地,而是人口质量的改善和知识的进步。"①这种情况表明,产业结构的转变和现代化必然会导致人力资本需求的不断增长。

三、女性人力资本的供求分析

女性人力资本供给与需求均衡是指女性人力资本的供给量与厂商或企业对女性人力资本的需求量正好相等时的情况,也就是说女性人力资本供给与社会对女性人力资本需求达到基本一致的状态。在市场的完全竞争条件下,供求均衡的实现完全是依靠人力资本市场自身的力量来实现的,其中需求者追求的是利润最大化,而供给者追求的是效用的最大化目的。

人力资本的供给与需求是以一定的经济体制为前提的,在计划经济体制下,劳动力的供给与需求属于行政命令,人力资本所有

---

① 郭砚莉:《女性人力投资问题研究》,中国社会科学出版社 2006 年版,第147 页。

者能力的发挥、知识的运用和计划的获得等都是由领导来安排与控制的。这种经济体制无法体现人力资本的实际价值,普通劳动者与人力资本所有者在价格上没什么区别,地区与地区之间人力资本的供给与需求也没有多大差别。人力资本价值无法实现,最终导致人力资本能力难以发挥,也就区分不了普通劳动者与人力资本。

在市场经济条件下,作为一种特殊的资源,人力资本拥有者与普通劳动力一样,遵循市场运行的规律和需求供给关系。从市场的整体规模来看,人力资本需求量与人力资本供给量决定人力资本所有者的价格(其中不包括制度因素),人力资本的价格因素就影响到这一地区的人力资本供给。女性人力资本在市场中的运行同样服从市场配置人力资本运行的规律。

首先,在实际经济运行中,人力资本供给与需求的均衡并不是一成不变的,而是随着各种条件的变化而发生变化,主要是供给因素引起的和需求因素引起的均衡变化。人力资本需求的增加,则表示受过良好教育和培训的拥有较高人力资本的所有者,比普通劳动者在同一时期的边际生产率更高,为社会经济的发展做出的贡献也更大。边际生产率高,则获得的报酬也更高,从而激励他们再加大教育与培训的投入,进一步提高劳动生产率,从而导致人力资本的供给量加大。

其次,在一个国家或地区,如果企业的数量众多,规模也很大,实力也相当强,这样,拥有较高人力资本劳动者就有更多施展能力的机会和发展空间,反之,就没有发展的机会与条件,自然就会造成人力资源的浪费。目前在我国西部地区,由于经济不够发达,既缺乏足够的企业数量,也很难吸引到投资商来促进当地的经济发展,因此,预计未来没有发展的机会,导致许多可以成为人力资本的劳动者最终只是普通体力劳动者,或者流动到可以成为人力资本的市场上去,这或许是西部人才"孔雀东南飞"与西部地区性别歧视现象更严重于东部地区的原因之一。

再次,如前所述,对人力资本的需求是属于派生需求,最终产品的需求决定了对人力资本的需求,如果当地经济繁荣、市场发达、社会稳定,则这一地区的消费层次就高、对产品的需求量也大、人力资本所有者的边际生产率就高,结果是对人力资本的需求量也就大。反之,如果社会经济环境不怎么样,结果就是人力资本的边际生产率小,需求也小,对女性人力资本的需求更小。

最后,人力资本的需求与供给还与微观环境有一定的关系。如良好的人际关系和文化氛围、令人满意的企业文化、公平合理的奖惩分配制度等与员工息息相关的良好的工作环境,就能有效地提高工作效率,留住想要的人,企业能招聘到最优秀的急需的人,同时还能激励人的创造型思维并充分挖掘人的潜能,提高人力资本的边际生产率。此外,现代化的管理模式也是对人力资本的需求与供给产生重要影响的因素,尤其是高质量的女性人力资本,因为她们中有一部分是随丈夫流动的,能留住某一方,就等于留住了一家。

第二节　女性人力资本投资决策分析

女性人力资本的投资决策与别的任何投资形式一样,会受到多种因素的影响,尤其在我国经济欠发达地区,其影响因素甚至更丰富。

按照朱舟(1999)在《人力资本投资的成本收益分析》中的观点,人力资本投资是以支付当前投资成本及各种费用的方式,以取得未来收益为目标而进行的对人自身知识、技能和更大生产能力的投资行为。简单说就是为了提高人力资源素质而进行的各种投资。人们为自己和为孩子所支出的各种费用,不仅是为了现在获得效用和满足,也考虑到未来的效用和满足(货币性或非货币性的),一般情况下,只有当预期收益的现值等于或大于用于满足未来需要的支出的现值时,投资者才愿意做出这项支出,因此,人类对自身或对子女进行的投资与人类进行的物质资本投资的决策一样,需要进行成本收益间的比较,并据以做出投资项目与投资对象的优劣判断和先后次序的决策。

成本收益分析是研究人力资本投资的基本研究方法和决策依据。出于对经济利益的追求,合理的人力资本投资行为应该是在考虑了个人(家庭)人力资本投资的全部成本及收益之后,根据人力资本投资的风险与收益率的大小,选择做出不同层次和不同种类的人力资本投资,并及早进行相应的人力资本投资。如前所述,进行人力资本投资的主体一般是:个体(人力资本承载者本人)、家庭、企业及政府。从我国教育政策以及制度层面,赋予男女平等的教育机会与权利,但对于投资的性别差异现象,在传统的性别差异影响下,导致了我国女性人力资本投资尤其是西部地区的女性人力资本投资水平相对低于男性。根据第二期中国妇女地位调查结果显示,女性的能力已得到普遍认可,有 82.4% 的女性表示对自己的能力有信心,80.8% 的女性不甘心自己一事无成,女性自立意识得到提高,在所有被访者中,88% 的女性认为:如果丈夫的收入足够高或者家里有大量钱财,自己仍然会工作或劳动。但是不可否认在某些领域传统性别观念仍占据着统治地位,下面从性别视角来分析女性人力资本投资决策。

人力资本由人来承担,在人力资本投资决策过程中一般不是由人力资本所有者个人决定,它往往涉及一个决策群体。因而,人力资本投资决策过程具有以下特点:投资对象,或者说得到宝贵资本的人,并不必然是开始这一过程并决定进行投资的人;某些人力资本是社会决策的结果;多数人力资本投资要求投资对象和参与投资过程的其他人一样采取行动;潜在冲突存在,一旦冲突发生,将会危及人力资本投资决策,影响人力资本形成。①

一、家庭投资决策

在义务教育阶段,人力资本的投资主要体现为正规教育的获得,对于家庭条件较好的,家长思想意识比较开明的,孩子还可以在此阶段进行额外的技能培训,这个阶段,家庭或者孩子的父母就成为人力资本投资的主体。如前所述,由于传统观念(婚姻模式、养儿防老等)与相关政策(土地政策、就业政策等)因素的影响,直接降低了父母对女孩投资的预期收益,导致家庭对女孩的投资相对比男孩要少,或者是在家庭投资不足时,在资源有限的情况下,会自然地牺牲本应同样对待投资的女孩,而把有限的投资资本集中投向男孩。我们可以从前面涉及的相关数据明显地看出。如2000 年,因经济困难父母不让继续上学的辍学比率女童为25.06%,男童为 19.46%;因父母认为女孩读书没用而不让上学的占3.35%,男童的同一比例只占 0.98%。2002 年,男童入学率为92.8%,女童为 89.2%;由于经济困难造成辍学的男童为46.6%,女童为50.3%;由于家中缺少劳力而辍学的比率,男童为2.5%,女童为3.8%。可见传统性别观念在我国家庭投资决策中

---

①　李忠民:《人力资本——一个理论框架及其对中国一些问题的解释》,经济科学出版社 1999 年版,第 131 页。

对女孩的影响。对于上学时间很短的女孩来说,基本又断绝了她们自己有了投资资本后继续学习的可能。

　　人力资本投资理论认为:预期的收益差别越大、初始的成本越小、投资者的投资回报期限越长或者贴现率越低,则人力资本投资的可能性就越大。而在我国目前的现实状况下,刚好是女性人力资本的投资回报期限明显比男性短,投资的成本相对要高。比如:女性的工作周期较短,因为中国的女性员工比男性员工早退休5~10年。就是在美国也一样,美国男性的平均有酬工作周期是34年,而女性只有27年。① 这就标志着女性比男性可以收回人力资本投资成本的时间要短。另外,妇女在养育孩子方面,不得不暂时退出劳动力市场一段时间,这些情况发生的时间长度、频率等不仅会直接影响到她们的工作连续性、工作经验、工作报酬与岗位的变动,同时还会不同程度地降低她们的工作总量、升职和人力资本投资应该获取的收益等等。

　　以上种种因素是影响家庭对人力资本投资决策分析的重要原因,尤其在我国西部农村地区,在生产力落后、经济发展水平相对较低时,作为一种家庭投资的直接方式,无论是直接成本还是间接成本,女性获得比男性相对更少的资源。在我国现行养老体制等相关制度性因素下,父母在自己年老时还多少要获得子女给予经济等帮助的时候,从性别因素的角度来解释,有的父母或许愿意把有限的资源更多地投资给家里的男性。但在发达国家,父母不需要也不依赖子女来养老的时候,这些国家的父母的投资所得的报酬大多就是精神收入,如孩子的功成名就等。这样,或许家庭的投

---

　　① ［美］伊兰伯格·史密斯:《现代劳动经济学——理论与公共政策》,中国人民大学出版社1997年第6版。

资就减少了性别的因素与思考。

二、个体投资决策

如果个体要在进一步接受高等教育和接受高中毕业后直接进入劳动力市场之间进行选择,而且个人对人力资本的投资成本和未来劳动力市场收益都具有完全的信息。在这样一个投资选择中,个体所面临的选择是:如果接受高等教育,则接受大学教育较高的未来收益和当前成本(包括直接成本和机会成本);不接受高等教育选择直接进入劳动力市场,则取得较低水平的未来收益,但无需支付追加的人力资本投资成本。个人做出高等教育投资的决策必然要经历一个对大学教育的成本与未来收益的比较权衡过程。[①] 在我国"男主外女主内"的传统性别观念的影响下,不仅导致女性在义务教育阶段的人力资本投资动力不足,而且还降低了女性对自身人力资本的预期利用效率,最终还降低了女性的预期收益。这种状况自然不利于我国女性高等教育水平的提高,更何况在我国现行的教育体制之下,高等教育的费用基本上是由家庭或个体自己来承担的,同样也会受到家庭教育投资的制约。在经济不够发达、人均消费支出不足以让人担负高等教育费用的时候,首先受阻的是限制女性进入高等教育的机会。同样在参加工作后,由于照顾家庭与养育孩子的重任基本由女性承担,结果是在职培训与升迁机会女性都将少于男性。另外,因为上述因素,在一定程度上,也可能会限制女性人力资本投资的范围,因为传统的观念理解,过专过宽的领域或职业均被认为是不适合女性的,"职业隔

---

① 朱舟:《人力资本投资的成本收益分析》,上海财经大学出版社 1999 年版,第 58 页。

离"的产生最终导致人力资本的个体投资根据社会的相关限制,大多只能在职业层次较低的劳动力市场上进行。再比如,受伤的员工想尽办法想回到原工作岗位,有多种兴趣爱好的孩子选择学习多种技能等,这些都不是一个人就可以直接决定的,即使有这样的想法,但投资的最终决策者或许不是本人,同样会受到来自社会、家庭或性别方面的约束与限制。

三、企业或社会团体的投资决策

为了增强在市场中的竞争能力与追求经济效益最大化目的,企业一般在特定的时期里可能将对员工进行再投资,如在职培训。而社会团体一般以社会资源在人力资本投资中进行有效的分配,要求资源应按相等的边际社会投资收益率的标准,在不同种类和层次的人力资本投资活动之间分配,即人力资本投资的社会收益率至少不应低于其他投资的回报水平。

在传统的性别观念中一般认为男人就是比女人强,这往往使企业的投资决策者对女性的学习工作能力、创造性思维等方面存在偏见,进而降低其投资于女性的预期收益,使企业的边际投资倾向于男性员工。在社会团体的投资决策中,因为同样的因素女性将受到影响,如:本应投资于不同层次的男女两性的教育,在受相应观念的影响下,加上是有限资源的分配,有些团体在进行投资目标选择时,明确规定男性的比例要高于女性,因为在投资主体看来,未来的预期效益男性要比女性高,所以应该把更多的资源投向男性。

另外,由于现阶段女性的总体人力资本水平及就业层次均低于男性,这使得企业在做投资决策时,由于信息资源获取的有限以及信息的不对称,他们往往就借助个体在群体中的特征来对个体进行所谓真实的评估与能力水平的认定,最终也是导致企业将投资资本更多地转向男性。这正如伊兰伯格·史密斯(1999)所阐明的:从经济学角度来看,这的确是企业应对信息不完善、追逐收益最大化的一种理性行为,但当某女性员工的个体特征与女性的群体特征存在较大差异时,这种筛选机制的结果却是无效率的,并构成一种统计性歧视。

第八章　女性人力资本投资与
社会性别主流化

如前所述,对女性人力资本投资过程中存在众多的社会性别问题,自20世纪70年代以来,很多学者在对性别问题(性别角色、性别分工等)所造成的原因研究中,对过去认为性别问题是由生理上的性别差异决定的,因而是生来如此、理应如此的观念提出了不同看法。研究发现,人作为一种社会生物,处处都打上了社会文化的烙印。生理性别并不是性别的社会分工的主要依据,对性别角色的期待和评价更是社会的产物,通过文化传统、习俗、教育、法律、宗教、政策等因素得到进一步加强和巩固,并且被规范化、制度化、体制化、模式化。不同社会男人或女人的经历会因文化的不同而差异很大,这就是"社会性别"差异。但应当注意到,在社会观念、资源分配和社会结构中,在对有关男人、女人的期待中,一直存在着由社会性别所产生的性别歧视。传统的性别文化使两性不平等的现象被刻板下来,并成为主流文化,使得各种机构的文化、规则和工作成果都是以男性价值观念和态度为标准。同样,在学校、家庭、社会等选择对人力资本投资时,也存在性别分化与歧视的现象,在具体的投资过程中依然被传统的文化、习俗、教育乃至政策等方面规范化。因此,在大力倡导男女两性平等的现代文化传承中,在对人力资本实施投资过程中应尊重男女两性性别差异,促进男女两性平等权利与机遇的获得,最终实现两性的和谐发展。

第一节 女性发展的组织环境

强化社会性别观不是一定要打破传统,不是对传统文化的鄙视与否定。只是强调把性别问题纳入主流考虑,但纳入是一个过程,它不是指某一个方面,而是注重任何领域的任何行动,其中包括立法、政策或项目计划等方面都将对女性和男性产生的影响进行分析,而不是单纯强调女性的利益。同时,尊重两性差异也是一个战略策略,它应该是把对女性和男性的关注、经历作为在政治、经济和社会各领域中设计、跟踪、组织、协调、执行、评估政策和项目计划的不可分割的一部分来考虑,使男女两性真正能够在其中平等地受益,不再延续任何不平等关系,以最终实现社会性别平等目标。

一、强化社会性别观念,促进男女平等

(一)社会性别主流化内涵

强化社会性别观念,需要有性别敏感意识。"社会性别主流化"是1995年在中国北京举行的联合国第四次妇女大会上被确定为促进性别平等的全球战略。第四次世界妇女大会通过的《行动纲领》中的表述是:"在处理提高妇女地位的机制问题时,各国政府和其他行动者应提倡一项积极鲜明的政策,将性别观点纳入所有政策和方案的主流,以便在做出决定以前分析对妇女和男子各有什么影响。"1997年6月,联合国经济及社会理事会给社会性别主流化又下了一个定义:"所谓社会性别主流化是指在各个领域和各个层面上评估所有有计划的行动(包括立法、政策、方案)对男女双方的不同含义。作为一种策略方法,它使男女双方的关注

和经验成为设计、实施、监督和评判政治、经济和社会领域所有政策方案的有机组成部分,从而使男女双方受益均等,不再有不平等发生。纳入主流的最终目标是实现男女平等。"这是从两个不同的角度给社会性别主流化的定义。当男女有一方处在极其不利的位置时,主流化就会成为有性别区分的活动和平等权利行动。有性别区分的干预对象可以全部是女性,或男女都有,或全部是男性,使他们有能力参与发展活动,并从中获益。这只是必要的临时措施,来消除过去性别歧视所带来的直接和间接的影响。

也就是说,把社会性别问题的关注融入每个机构的优先考虑事项和工作的每一个方面。不过,把"主流化"作为一个目标的确切含义以及使它实现的方式等仍是一个有争议的领域。许多人认为,"主流化"的意思是使对社会性别的关注成为一个机构或所有人的一种责任,并保证将其纳入所有的工作和体系中去(这被视为另一种选择,不同于将对社会性别的关注视为一小群专业人员或部门的责任的做法)。持批评态度的人士认为这样将性别主流的议题作为每个人的责任,以期达到社会性别主流化这一目标的做法有些弊端。他们认为这样会削弱对这些问题的关注或扭曲问题的实质,或者由于缺乏一致的、连贯的关注和资源上的支持,还有决策者持续的承诺,加上男性的抵制,所想要解决的问题有可能最后会被完全遗忘。与之相反,一个专设的部门尽管可能处于机构的"边缘",却有可能迫使各机构发展和维持一个更明显和激进的对性别平等的承诺。

但也有人运用了完全不同的方式去努力实现"主流化"的目标,通过建立国家机器或专设机构(如委员会),将处理社会性别问题的系统和任务区分开来。有些政府和机构就是通过这种方式显示他们已经认可了妇女问题的重要性(德尔罗萨里奥,1995)。

但是这种方式也有其缺陷,特别是国家机器经常被"证实很软弱、缺乏资源,在变幻的政治风云面前很脆弱,易于被政党所控制"。(伯恩和莱耳,1996)。

这样看来,正如卡尔达姆(1998)所言:"使社会性别主流化既是一个技术过程,也是一个政治过程;它要求组织文化和思维方式的转变,也要求国际机构、政府和非政府组织在目标和资源分配方面做出转变。"①在对女性人力资本实施投资时,应充分考虑女性的利益与权利获得,使男女双方均等受益,不再有地区间的不平等与性别间的歧视现象。

(二)实现社会性别主流化,促进男女平等的基本原则

社会性别主流化中的"主流化"并非是在现存的行动中加入"妇女成分"或"两性平等成分",也并非仅仅限于提高妇女的参与度与能力。它的主要思想是把男女双方的经验、知识和利益应用于发展议程,使双方都得到最大潜能的发挥。同时,这个概念的另一层含义是,明确认识上述议程变化的必要性。它可能要求在目标、策略和行动上做出变化,使男女都能参与并影响到发展过程,共同获取利益。社会性别主流化的目标是改变不平等的社会和体制结构,使之对男女双方都平等和公正。

(三)社会性别主流化特点

第一,在对社会性别问题性质的认识上,强调社会性别问题的实质是社会问题。涉及政治、经济、文化、社会等各方面,同时是男女两性的问题,没有全社会的关注和行动,没有男性的改变和参与,不可能从根本上解决社会性别平等问题。不可以把社会性别

---

① 坎迪达·马奇、伊内斯·史密斯:《社会性别分析框架指南》,香港乐施会出版社 2000 年版,第 5 页。

问题看成是单纯的妇女问题、妇女组织的问题，或某一部分人、某一个具体领域的问题，如果那样，就会导致社会性别问题妇女化。

第二，在对实现性别平等途径的认识上，强调把性别问题纳入政府工作和社会发展宏观决策的主流。即把社会性别主流化作为社会发展战略、贯穿社会发展全过程，国家和政府在任何领域、各个层面上的任何发展计划，包括立法、政策或发展项目，都充分体现对社会性别议题的关注，通过改变社会政策、制度、法律、文化和社会环境，使女性和男性平等参与社会发展和受益。防止在不纳入主流，不改变社会政策、制度、环境的前提下，孤立解决社会性别问题，这样，容易导致社会性别问题边缘化。

第三，在对平等标准的认识上，强调破除传统性别角色定型后的平等标准。不论男女，都在不受各种成见、传统角色分工和歧视的限制下，自由发展能力和自由做出选择，享有平等的权利、义务、责任、机会、资源、待遇和评价。如果以传统男性行为为标准，使女性变得和男性一模一样；或缺乏社会性别敏感，把"男主外、女主内"当成社会性别平等，都是传统性别观念的表现。

第四，在对平等的权利基础的认识上，强调男性和女性应享有基本人权框架下的所有平等权利。妇女和女童的权利是所有人权和根本自由中不可剥夺的和不可分割的一部分，性别平等意味着女性和男性在基本人权框架下享有所有的平等权利，而不是由于性别、城乡、年龄、生产力发展水平等限制，女性只能享有一定范围内的、有等级差异的权利。

第五，在对性别歧视原因的认识上，强调导致性别不平等的重要原因是社会性别角色分工及与其相适应的社会性别机制。社会性别主流化既强调社会性别分工对两性的影响，又注重政治、经济、文化、阶级、种族、民族、年龄或残疾等对性别差异的复杂作用。

如果仅仅认为导致性别歧视的原因是私有制、阶级压迫、生产力发展水平、传统观念和妇女素质低，就难以全面认识导致社会性别歧视的真正原因。

第六，在使用工具和方法上，强调使用社会性别分析方法。认为在一定的社会性别机制下，所有的政策、法律、计划、项目对男性和女性的影响是不同的，坚持用社会性别分析方法分析各项法律、政策、观念和行为，提高现有制度和机制促进社会性别平等的能力。如果仅仅用妇女的今天和妇女的过去进行纵向比较的方法，展示妇女取得的社会进步；或用简单描述的方法，把妇女本身当做问题，就容易把社会性别问题简单化，难以发现解决社会性别问题的有效办法。在对待妇女的态度上，强调妇女是参与发展的主体。认为赋权于妇女是实现社会性别平等的中心所在，主张倾听妇女的声音，发动妇女参与决策，注重提高妇女的权力和能力。如果以某项社会发展目标或某项工作为主体，把妇女作为客体加入到发展中去，或代替妇女做决策，妇女无形中就会成为实现某一特定社会目标的工具。

第七，在尊重两性差异前提条件的认识上，强调经济发展不能简单替代性别平等。即性别平等并不完全取决于社会收入水平和经济发展水平，它需要坚定的政治承诺和可持续的政策机制。如果仅仅依赖巨大的财富，认为生产力的发展自然而然带来妇女地位的提高；或把经济发展和性别平等对立起来，牺牲女性群体的利益以求得经济发展，这种片面发展观和经济决定论不但会导致性别平等事业的停滞和倒退，而且也不会真正推动经济的发展。[①]

---

①　刘伯红：《什么是社会性别主流化》，《中国妇运》2005 年第 7 期。

二、女性发展的组织建设

尽管我国宪法明文规定了男女平等原则,在政策和法律上都有具体规定。但由于人们传统的思想意识根深蒂固,加上意识形态的相对独立性,"男强女弱"、"男高女低"等歧视女性的旧观念至今存留在许多人的头脑中。因此,应在全社会大力宣传男女平等基本国策的同时,还应倡导尊重妇女各项权利的文明风尚,用法律的规定来约束父母或其他监护人必须使适龄女童按照规定接受义务教育,防止和克服教育、培训等方面投资的性别歧视,为女性人力资本提升既营造良好的社会文化环境,又给女性人力资本所有者提供政策上的保证与制度上的保驾护航。因此,应该在全社会树立社会平等意识,倡导先进的性别文化,为我国女性人力资本投资营造良好的舆论氛围与政策导向。

(一)给妇女赋权

赋权是指人(女性和男性)能支配自己的生活:制定自己生活议程,获得技能,树立信心,解决问题,能够自立。它不仅是集体的、社会的、政治的过程,而且还是个人的过程;它不仅是一种过程,也是一种结果。其他人不能给女性赋权,只有女性才能给自己赋权,来代表自己进行选择和发言。但是机构包括国际机构可以推动这一过程,即增加女性的自信心和自立能力,并帮助她们制定自己的议程。我国部分地区经济底子薄,是制约我国女性人力资本存量提升的主要障碍,经济落后、生活和政治上的贫困是女性艰难发展的主要原因。在政策与法律上获得平等机会的女性,同时还应赋予贫困妇女的权利,使她们有一定的经济基础,有一定的经济自主支配权力,有相应的自我发展空间。李小云在《中国性别差异与贫困关系的研究》报告中指出:性别在各个领域中,特别是在就业、资产的获得、教育、健康、劳动分工等领域,目前仍然呈现相当不平等的状态。这种状态一方面影响着性别不平等的进一步加大,另一方面也影响着妇女的贫困化状态。李小云认为,当前贫困地区男女在政治权利方面显现出相当不平等的现象,这种不平等主要表现在村民自治选举的参与、参选村干部的性别比例,以及不同性别在参与社区事务管理与决策方面的不同。贫困妇女在村民自治选举中的参与程度普遍较低,妇女在村委会中所占的比例低下。有效地促进性别平等的政策干预将会极大地缓解贫困,同时有效地缓解贫困的干预也会有助于改善性别不平等的状况。因此,政府有关部门和国际组织应共同建立一个合作基金,以推动在有关性别不平等与贫困之间建立起有效政策和战略以及相应能力建设的活动,并赋予他们权利。这样,给妇女赋权就不是一句空话。另外,政府给予非政府组织相应的鼓励措施,支持和倡导非政府组织开展帮助妇女脱贫致富工作。如在政府的支持和倡导下,各级妇联组织结合本地实际,积极开展小额信贷、民间艺术互传、连环脱贫、劳务输出以及东西互助等积极有效的措施帮助贫困地区,使当地女性尽快脱贫与致富。

贫困的女性化和女性的贫困化已经成为一种世界现象,同时国际社会也从人类社会发展的经验中达成共识:消除歧视,才能告别贫困,赋予贫困人群特别是妇女权利,才是消除贫困,实现可持续增长,实现社会公平发展的关键因素和必要基础。权利方面的性别不平等与贫困之间存在着内在的关联性,国家在制定有关政策时,不仅要在微观措施方面加强性别敏感意识,在制定中长期规划时,也要考虑到对妇女群体的影响。

(二)构建有利于女性人力资本投资的制度环境

构建有利于女性人力资本投资的制度环境,是实现现阶段投资短缺的重要外部条件。人力资本的形成对环境具有依赖性,无论是经济环境、政治环境还是制度环境,人力资本投资都有较强的环境依赖。一般来说,在有限的经济环境中,人们缺乏投资能力,即使耗费大量的投资资本,很可能带来的预期收益低于投资量,在不同的经济环境中,人们的投资观念自然不一样。因而必须改革相应的体制,改善与之相关的环境。

要想人力资本获得更高的价值增值,首先必须具备良好的教育环境,使人们对教育投资的预期收益大于成本的支付,如果既能鼓励企业加大投资进行人力资本所有者的培训,同时也可以让企业获得更多的回报(不一定是经济上的,对于有些企业,在特定的阶段,获得的社会声誉等社会效益,比获得一定的经济收入更有用),这样企业就可以加大在培训尤其是对女性人力资本培训方面的投资。这就需要政府在教育制度方面进行改革,鼓励家庭积极送子女上学、努力投资于高等教育,同时政府应该采取一系列措施,让绝大部分家庭能够对子女的高等教育投资拥有一定的经济承受能力,不仅要倡导政府大力投资教育,重要的是在市场化过程中,鼓励企业投资教育,鼓励企业倾向性地培训女员工,这应该让投资方与接受教育方都获益。与此同时,政府在开展的一切教育制度创新与制度安排中,在具体实施过程中,都应充分考虑性别因素,通过切实有效的手段、适当的方式在国家宏观政策方面保障男女两性平等地享有公共教育资源,创造平等的就业机会与参与市场竞争的机会,促进女性人力资本投资的制度化。

(三)建立健全妇女组织建设中的保障机制

在中国共产党的领导下,要充分重视和建立健全妇女组织建设中的保障机制。如果只是形式上的建立各级妇女机构而没有相应的保障机制,则形同虚设。在《中国妇女发展纲要》(2001 ~

2010)中,从提高妇女的文化、经济、家庭及社会地位出发,提出了关于女性教育、就业、参政、健康及合法地位权益保护等 11 项目标,有了这些目标,应该通过建立健全相应的性别平等工作机制,以推动和促进纲领的实施,以保证基层妇女组织建设的真正作用,以保障每个目标的真正落实。

首先,应强化领导干部的性别意识,并定期对他们进行培训与指导。在统一领导、统一考核、统一督察与统一执行的基础上,切实为女性办实事,对在工作中出现严重的性别不公平现象,不但要进行严惩,还应纳入干部政绩考评的指标体系,建立工作责任制,定期对基层妇女组织进行督察与考核,以促进工作的顺利进行并提高相应的保障机制。

其次,建立健全对女干部的培养机制和选拔机制。女干部的培养不同于普通的干部培养,应有针对性地、灵活地、有层次地培养女干部,有意识地赋予女干部与男干部同样的重担与责任,不可以让女干部当摆设似地无所事事,不思进取。

再次,在对女干部进行选拔与晋升的时候,不仅给予和男性一样的机会,同时还应考虑现阶段女性发展机遇较少、退休时间早等制度性的特殊约束,让有才能的女性真正在自己的任何一个岗位上发挥出最佳作用。

三、女性政治参与决策的环境建设

在 2005 年《中国性别平等与妇女发展状况》白皮书中明确指出:妇女参与国家和社会事务管理的能力不断增强,参政水平逐步提高。1995 年颁布的《中华人民共和国全国人民代表大会和地方各级人民代表大会选举法》规定:全国人民代表大会和地方各级人民代表大会的代表中,应当有适当数量的妇女代表,并逐步提高妇女代表的比例。国家明确提出培养选拔女干部的工作目标,不断加强女干部的培养选拔工作,使妇女广泛参与国家和社会事务的管理,一大批优秀女性进入了各级领导班子。2003 年,全国新录用公务员的女性比例为 27.8%,中央国家机关新录用公务员中的女性比例达到 37.7%。此外,中国还重视少数民族女干部的培养,注重提高少数民族妇女的参政能力。

另外,妇联组织的民主参与和民主监督作用得到加强,妇女民主参与的渠道不断拓宽。各级妇联组织代表广大妇女参与制定、修改涉及妇女权益的法律法规,并参与监督法律法规的实施。政府有关部门认真听取妇联组织的意见,在政策和规划中注意吸纳妇联组织的建议。虽然我们的战绩在取得进步,我们的成绩在逐步提高,但真正要实现的,不是用这些数字来说明妇女的参政议政以及管理国家事务的能力在提高,这样分析的话,证明女性目前的能力确实不如男性,从数字上来看,女性的参政率也确实落后了一截。所以最关键的是如何给予女性相应的发展机会。

第二节　公共政策中的性别意识

一、公共政策与性别意识

公共政策是国家或政府主导着资源与利益的分配。公共政策的本质是公共管理,其任务是管理公共事务,解决公共问题,协调公共利益,维护公共秩序。公共政策由决策者、目标群体和受益者三个部分组成,公共政策的制定与价值取向、发展目标、性别比例及有无性别视角等因素有关。

(一)部分决策者缺乏足够的性别意识

决策者是政府权力机构的代表,有权决定制定什么样的政策,如何分配公共利益,何时实施相关的政策等,尽管在现代民主社会,决策者的权力越来越受到自下而上的社会权力的制衡、限制和监督,但是决策者一旦掌握了决策权,还是有相当的空间和能力来体现自身的意志和设想,对相关的决策施加一定的影响和作用。可以说,公共政策的制定受到多种因素的牵制,其中不可轻视的要素之一是决策者。我国作为社会主义国家,一向积极推进妇女参政,重要的原因之一就是看到了女性在决策层领域的缺席,在决策层面很难听到女性的声音,很难站在女性的角度去思考政策受益者一半群体的利益思考。建国以来,中国政府一直在通过社会的合力促进更多优秀的女性进入决策层,从而维护妇女的合法权益。

在我国高层决策机构中,女性人员极其稀少,这样就几乎不能使女性性别利益的要求形成由上而下的政策影响力,在权力结构的内部,女性的总体比例均为 10% 以下,而且绝大多数是副职领导,在正职领导岗位上的不到 1%。根据联合国的有关研究,任何一个群体的代表在决策层达到 30% 以上的比例,才可能对公共政策产生实际影响力,而我国现阶段还远远达不到这一比例。

由于决策层女性的严重缺席,导致的结果是:其一,女性群体利益容易边缘化,往往被决策者的视野忽视,女性群体的要求和声音就难以在决策层表达出来,使得女性的合法利益在整体上被遗忘被忽略。其二,假使不同群体的声音通过一定的方式,反映到了决策层,依然还是有各种声音和利益的权衡问题。任何政策都不可能同时使所有人受益,总要牺牲一部分人的利益。问题不是谁牺牲的问题,而是由谁来承受政策的代价,是坚持社会公正的原则还是弱肉强食?是坚持利益普惠的原则还是只为少数人谋利益?某一利益群体代表的缺席,往往会使自身丧失了博弈和争取的可能,最终偏离了社会公众的目标,使本该同样获得利益的群体进一步被排斥在公共政策的决策之外。其三,完全不倾听或装作听不到女性的声音,不管怎么呼唤女性的合法权益争取,当女性这种合法利益获取的时候就会触动某一人群的利益或者决策者们的利益,所以他们假装视而不见。这些都是公共政策在坚持社会公正的目标时所需要思考的问题。

(二)目标群体与隐性性别利益

公共政策是面向全体公众的,包括公众行为与公众利益。往往在公众利益面向群体时,却忽视了性别利益。当女性群体缺乏起码的资源和权力,权力女性却支配着更多的资源、占有着更多的社会资本,获得了较多的社会回报。而恰好在同一地区、民族与地域的男性和女性有着许多共同的利益诉求。同时,在同一阶级阶层的两性地位也是不对等的,这种性别不对等的地位在不同阶级阶层中具有普遍性:

1. 每个阶层中女性地位普遍低于男性,占有的资源少于男性,女性具有从属性和依附性,而这些往往被人们看做是一种理所当然。

2. 每个阶层中女性更多的是从夫居,孩子大多是从父姓,无论结婚的女方有多高的社会地位,几乎在婚姻中很难获得姓氏和居住地的选择权。

3. 每个阶层中,男性的价值都被视为是正统和标准,女性的价值往往被低估,甚至变成负面价值。从性别角度来看,性别不能完全隶属于阶级阶层,有着一定的超越阶层的共同性别利益诉求。

这样看来,在公众利益中就不再包括性别整体利益,在某利益群体中,往往处于社会地位底层的或是相对弱势的利益,不被认为是一种群体利益。因此,在公共决策的目标群体中,导致了性别群体利益的整体缺位。如果政策制定者看不到性别利益群体,这一群体特有的超越阶层的社会问题就难以形成政策问题,通过政策予以积极的关注和干预。如城乡之间子女的入学问题、就业时的户籍限制和医疗合作制中的属地原则等。

(三)受益者与性别

决策机构对公共利益进行权威性分配是公共政策的功能之一。那么利益怎样分配? 由谁来分配? 哪些人是受益者? 这里既涉及谁来进行分配,也涉及政策的分配原则和价值取向,我国目前至少有三类与性别相关的分配原则:第一,按个人进行的有偿就业的领域来进行分配。第二,按家庭进行分配。如我国的农村土地承包责任制就是按照家庭人口来进行分配的。第三,按性别进行资源的分配。比如退休年龄按照性别来划分,土地分配按照性别与婚姻来分配等。

由于在公共政策的构成要素中女性缺位,通常导致的"规律性"现象就是:一项政策在改革的基础上推出,结果是损害了女性的合法权益,引发大量的妇女不满和上访,构成了政策问题,然后这一性别群体要求调整该项政策。[①]

二、以社会性别视角审视我国现行公共政策

公共政策一经形成,依靠切实有效的行政管理机制,就具有一定的权威性、强制性和连续性,就会对一代人乃至几代人生活方式和命运产生决定性的影响。建国以来我国制定的一系列维护妇女合法权益的公共政策,使几代中国的妇女成为公共政策的受益者,政府在推动妇女的发展与进步方面扮演着非常重要的角色。引入社会性别的视角来审视我国现行的改革政策,可以归结为以下几

---

① 李慧英主编:《社会性别与公共政策》,当代中国出版社 2002 年版。

个方面：

（一）性别歧视政策

性别歧视政策以性别分工为依据，巩固和强化男女性别不平等的性别制度，扩大男强女弱的性别差异及女性的从属地位，通过强制性的政策和措施剥夺女性的权利和机会。一般包括两类：一类是公开的歧视政策。在人类农业社会阶段，它作为一种世界性社会现象，性别歧视的规制成为统治者建立并巩固父权制的手段，构成了社会等级制的重要组成部分，通过一系列政治和制度安排使女性首先从公共领域中退出，与政治和社会生活隔绝起来，退回到家庭和私人领域中，继而剥夺了女性接受教育和继承财产的权利，使女性一直扮演着女性特有的家庭角色，终身依附于男性，没有自己的独立经济与社会地位。现有依靠土地生存的农村已婚女性依然还是在这样的性别歧视下生存着。另一类是隐蔽的性别歧视政策，看似平等，实际隐含歧视。如前面论述到的我国退休年龄，"美女经济"等。在表面平等的规定中暗含着对女性的歧视，有的规定并不直接提及性别，而是通过其他条件的限定将某一性别排斥在外。这种情况一般出现在禁止性别歧视立法具有相当权威的国家或地区，不敢公开地进行性别歧视，因而就采取隐蔽的手段。

（二）性别平等政策

性别平等政策不是意味着没有任何的性别歧视，性别平等政策往往会带来这样的结果：

第一，将平等的政策理解为事实上的平等，但在具体的实施过程中，却很容易产生性别歧视，如我国的土地政策与就业政策，其实政策本身是平等的、完整的，但在具体的实施过程中造成了事实的不平等与结果的不平等。

第二,将权利的平等理解为结果平均。如男女都一样,人人都平等,结果是把权利平等扭曲为性别平均。

第三,抹杀性别之间存在的差异,完全根据男性的角色来要求女性,根据男人的特点来要求女性,根据男人的标准来衡量什么是好女人。同时,反对任何积极的行动方案,将任何积极有效的方案都认为是对男女平等的反动。

这些传统和习俗所隐含的性别偏见,往往成为公共政策执行时的严重障碍,如何在公共政策实施的过程中消除这些障碍,是目前公共政策执行时需要解决的实际问题。

(三)性别差异政策

这是较为理性地看到了平等对待政策中的性别问题以及政策本身的局限性:其一,由于女性怀孕和生育,在一段时间内要离开劳动力市场,这样女性与男性在就业过程中不可能完全平等;其二,深层的机会不平等。它是指竞争非基本权利目标的机会平等(主要是获得职务和地位、权利和财富等)和发展潜能的机会平等;其三,男女发展的外部环境不同,相对于女性而言,外部的社会文化环境一般有利于男性,性别偏见使女性的才能更难以发现和发挥。[1] 既然已经理解了公共政策中的性别歧视现象,按理说,应该采取积极有效的措施尽快实现社会的平等现象,事实上,不是所有的积极政策都能带来非常好的效果,也并不是所有的积极行动方案都可以促进妇女的发展。不管是积极的行动方案还是积极有效的措施,都应具体问题具体分析,在适当环境中保证积极行动方案能发挥最大效用。

(四)性别中性政策

---

① 李慧英主编:《社会性别与公共政策》,当代中国出版社2002年版。

这是决策者没有意识到在政策制定过程中整个利益群体中的各利益群体的差异,或即使意识到,也将社会性别隐藏在其中,认为男女两性是没有任何差别的群体,政策就可以无差别地对待,既不需要采取任何纠正性别偏见的措施,也不需要有意无意地去强化性别差异,所制定的政策能给男女两性带来什么样的影响和结果,也是不需要思考的问题,就这样漠视女性与男性的性别差异。性别中性政策表面上看是看不出什么性别歧视的,但往往忽视了在政策的运行与实施过程中在历史上已经造成了男女两性出现的差异前提,最后形成男女两性不同的结果,如"男尊女卑"、"男婚女嫁"等传统习俗表现,这多半将给女性带来伤害。

(五)性别意识政策

决策者已经认识到男女两性的性别差异,意识到传统性别结构所产生的不良后果,在政策的制定与实施过程中,将这些差异与性别结构联系在一起,试图通过改变传统的社会性别结构来改变社会秩序,使两性的利益在全社会得到平等与均衡的发展,促进整个社会的两性和谐。该政策的显著特点是:第一,从根本上挑战传统的社会性别结构,改变社会已经普遍认同的社会规则。如瑞典和英国等国家通过立法和政策推进男女家务劳动角色的改变,瑞典法律规定:父母都可享受产假照顾孩子,其中父亲必须休假一个月。① 这些传统与习俗,用政策的强制性手段来约定是有利于男女双方的。第二,在政策制定中增加社会性别意识。第三,强调男性女性共同参与决策过程。在制定政策与决策中融合社会性别意识观念,把对男女两性的关注、经历以及需求看做是在政治、经济

---

① 刘莉、李慧英:《公共决策与社会性别意识》,《山西师大学报》(社会科学版)2003 年第 7 期。

和社会各领域中组织、协调、评估政策和项目计划来考虑,使两性真正能够在整个社会发展中都平等地受益。

第三节　倡导性别平等,促进区域协调发展

实现男女平等是人类社会争取和谐的长期奋斗和经验总结与共识。倡导性别平等,促进区域协调发展以实现社会公正和可持续发展为目标,以基本人权框架为基础,以消除性别歧视、实现性别平等为目的,重视社会性别角色分工和社会性别机制对社会、经济、政治、文化以及人们观念与行为的影响和作用,注重通过改革制度、法律、政策消除性别歧视,对女性赋权。作为实现男女两性平等的中心与目标,应强调全社会的共同参与来关注性别问题,并强调男女双方都受益。

一、人力资本投资中实现社会性别主流化的意义

倡导男女平等和社会性别主流化是多年来国际社会促进两性和谐发展达成的共识,它作为联合国成员国推进性别平等的全球战略和发展目标,多年来已取得积极成果。中国作为联合国第四次世界妇女大会的东道国,积极承诺了《北京宣言》和《行动纲领》。时任国家主席江泽民在联合国第四次世界妇女大会开幕式上庄严宣布:"把男女平等作为促进中国社会发展的一项基本国策",作为对第四次世界妇女大会社会性别和谐发展的积极回应和中国特色的阐述。

实现人力资本投资的男女平等是人们的一种价值取向,在"北京 + 10"的联合国会议与"北京 + 10"进程的全球性回顾中,第四次世界妇女大会被公认为具有里程碑意义,北京《行动纲领》则

被公认为迄今为止在妇女赋权和性别平等方面水平最高、内容最广泛、最全面的纲领性文件。

第一,强化人们投资的性别意识有利于尊重人权和保护人权。保障和促进男女平等是人权标准的基础,是否致力于实现社会性别主流化反映了一个国家对人权的认识。充分尊重男女之间的差异,实现区域之间的协调发展是保证女性和男性平等地享有人权的重要手段和保证。

第二,社会性别主流化是实现社会公正的重要内容。社会公正是衡量社会全面进步与发展的一个重要指标,社会性别公正是让男性和女性平等地参与、贡献、获益于社会发展,同时,社会性别公正还意味着对男性和女性的不同需求给予公平待遇,既可以指同等的待遇,又可以包括在权利、福利、机遇、责任和义务等方面实现平等,还包括制定相应的政策和制度以弥补社会及历史原因造成的对女性的不利因素。

第三,社会性别主流化有利于真正实现经济效益。女性占世界总人口的一半,是重要而特殊的人力资源。加大对女性人力资本的投资,逐步提高女性的素质与能力,充分重视女性创造经济效益的能力,重视女性在人类再生产活动中的重要作用,是减少贫困、提高经济效益的重要前提。

第四,社会性别主流化与实现区域协调有利于实现以人为本的可持续发展。男女平等是以人为本的全面、协调、可持续性发展的不可分割的重要组成部分。建立在男女平等基础上的新型伙伴关系是实现以人为中心的可持续发展的前提条件。实现社会性别主流化,使两性平等地参与发展并从发展中受益,才能使整个社会实现良性循环和可持续发展。

总的来说,性别不平等将损害所有人的利益,妇女和女童将承受着性别不平等所造成的最沉重和最直接的代价,但这种代价也对整个社会造成普遍的影响,并最终危害到每一个人。相反,赋予女性以应有的权利能最有效地实现发展。

二、强化性别意识,促进区域协调发展的主要路径

社会性别不是某个个人、某团体或某非政府组织的工作,必须是社会各个部门包括个人的综合处理,推动社会性别主流化的各个主体都应承担不同的角色和任务。

(一)政府应承担推动两性和谐发展的首要责任

一方面,政府作为一个国家主要的社会公共权力机构,对社会成员承担有相应的责任和义务,对社会成员的普遍基本需求应该有所增益,应当营造公平的社会环境,应当直接为社会困难群体提供必要的社会帮助,应当为社会成员提供平等发展的条件;另一方面,政府是社会中最具资源、权力和影响的组织,政府对社会性别主流化的态度、决策和倡导,不仅能够起到事半功倍的效果,而且对于社会其他部门和公众对社会性别主流化的态度和行为将起决定性的影响。另外,一些对于社会性别主流化至关重要的措施,比如制定性别敏感的法律、政策和预算等,只有政府才能够完成,政府在这方面具有不可取代的地位。①

正确认识政府对男女两性在社会发展中的地位是非常必要的。对于政府部门来说,认识到政府对社会性别主流化所负的主要责任,强化所有政策和方案中的性别意识,才能使相应的部门自觉地承担推进两性和谐发展的使命,做出明确的承诺和战略,建立推动性别平等的专门机构和采取性别平衡的人员配备,制定和执

---

① 张永英:《谁来实现社会性别主流化》,《中国妇运》2005年第12期。

行性别敏感的法律、政策、计划和预算,才能够采取推动两性和谐发展的实际和有效的行动。公共政策的制定和实施,不仅会影响到一个国家未来的发展,人们基本权利的获得,还将对男性在教育、培训、就业和社会参与等带来决定性的影响与革命,甚至会决定几代男女的命运和发展道路。由此看来,任何经济、社会等方面的政策、计划和制度在出台前,政府就应当分析它将对妇女与男子各有什么样的影响,及时消除和修正不利于妇女和男子发展的方案,坚持以人为中心,保证政策之间的性别和谐发展和整个社会的和谐发展。此外,政府还应建立国家和地方一级的性别平等机制,保证性别意识的政策和方案切实得到有效的实施和监督,国家性别平等机构应建立性别指标统计库,并纳入国家社会发展统计之中,以便准确地了解本国性别发展的程度、问题,掌握政策和计划实施的效果,提出改进和发展的新方案。

对于社会其他部门和人员来说,认识到政府对两性和谐与促进区域协调发展所负的首要责任,才能认清自己的责任,找准自己在两性发展中的地位和角色,倡导和推动政府做出性别敏感的决策,监测和评估政府政策的执行和效果,并在各自的职责范围内,配合与执行政府的区域协调发展的相关措施,推动男女平等的加速实现。因此,地方一级的监督机制是不可忽视的一级责任机构,如果形态虚设,男女性别平等的道路就无法实现。

(二)妇女组织作用、女性参与能力的提升

在实现男女平等过程中,妇联组织也发挥着至关重要的作用。妇联组织是代表和维护中国各族各界妇女利益的群众组织,其宗旨就是维护妇女权益,促进男女平等。作为妇女组织,负有推进男女平等的责任和使命,所以更应该把推进社会性别主流化作为自己的关注点。在推进两性和谐发展方面,妇联最主要的任务是推

动政府组织、企业、其他非政府组织以及全社会共同推进两性共同发展,并在实现性别平等过程中起到宣传、倡导、监督的作用。为了实现这一任务,妇联组织自身要有对社会性别主流化的承诺和明确战略目标,同时要具备推进社会性别主流化的能力。男女平等的实现不能只是喊口号,仅仅停留在承诺的层面,应该转化为可执行的行动,这就需要制定本组织本机构的实现两性和谐的具体战略。

首先,从妇联组织来说,对社会性别主流化作出明确的承诺和制定发展战略是十分必要的。妇女组织不一定天然地具有推动社会性别主流化的意识和自觉性,而如果不从两性和谐发展的立场出发,推动男女平等中的工作很可能不仅不会被纳入主流,反而会使社会性别问题进一步被边缘化,从而导致更进一步的性别不平等。比如有些妇女干部将社会性别问题等同于妇女问题,认为只要是与妇女有关的工作就应该由妇联来做,是妇联的工作职责范围,而政府部门和普通公众也这么认为,这将导致妇女问题妇联化,社会性别问题边缘化的倾向。因此,妇联组织必须提高对社会性别意识的认识,明确自己在实现性别平等的责任,并把它放在本组织战略的高度。妇女组织不一定天然地具有推动性别平等的意识和自觉性,也不一定天然具备推动性别和谐发展的能力。两性和谐发展对妇联组织提出了新的要求,在尊重性别差异的过程中,妇联组织不但是性别和谐发展的积极倡导者,还需要更广泛地参与国家和部门决策,为性别和谐发展决策提供建议和咨询。因此,妇联组织必须迎接挑战,进行能力建设,加强自身推动两性和谐发展能力。

其次,有了妇女组织的积极作用,在加强自身能力建设的同时,转变传统的工作思路和方法,同时,妇联组织应对其工作人员进行社会性别培训,提高他们的社会性别意识和社会性别分析、计划、执行、监测评估和倡导能力,争取每个人都把自己的作用和影响发挥到最大。但整个性别和谐发展的实现,只有政府、妇女组织等权力机构还是不可能达到目的。在实现社会性别平等的过程中,女性自身的力量是不可忽视的。因此,提升女性自身的参与能力对促进男女平等发展将起着重要的作用。

就目前来说,我国女性的社会参与能力与男性相比,还处于较低水平。这种状态存在的时间越长,所带来的负面影响越大,甚至会为非制度性性别歧视现象的存在提供现实依据。各级政府组织、群团和社会各界应积极重视提升女性的社会参与能力。第一,要着力开发女性人力资源。对女性人力资源开发在教育资源配置和政策优惠上进行倾斜,提升我国女性参与经济开发和社会政治生活的能力,增加女性对社会贡献的份额,提高女性在社会生活中的地位。特别是我国西部地区女性,加大对她们的教育投资,根据教育的内部回报率,将创造和增添比男性更多的效益。第二,着力优化女性发展的内外环境。女性社会地位的提高不仅需要政府有效地落实相关的政策法规,而且更需要花大力气开发优化女性成长的环境资源,从而激发全社会关心支持妇女发展的高昂热情,掀起对妇女事业资本积累的投资热潮,调动女性积极参与社会的潜在热能。第三,要提高女性参政比例,让妇女在参与管理社会公共事务的实践中提高能力。要鼓励和培养女性参政议政,在配备各级领导班子时要继续保持并认真落实性别比例的政策规定,不可以将政策中的条例作擅自改动。在社会转型、政治体制改革中更要特别重视对女干部的培养和选拔。[①] 女性自主意识的增强,独

---

① 刘学平、杨倩之:《论性别意识对实现男女平等的影响及解决途径》,《邵阳学院学报》(社会科学版)2006年第6期。

立意识的提高,自身素质的进步,将推动两性平等地参与发展、获益于人类社会的进步。

(三)重视男性在性别意识发展中的作用

在加强唤醒女性平等意识的同时,自然也不可忽视男性的力量,应加强与男性的对话,号召男性来保护全社会的弱势群体,当然也包括男性。在以男性为主流文化的社会结构中,在决策层多数以男人为主体的架构中,重要的是我们应强化男性决策者的社会性别意识。占据优势决策地位的男性决策者必须具有社会性别意识,能够敏锐地意识到社会性别结构的存在;在决策中具有性别视角和性别敏感度,密切关注新的决策出台对妇女的可能性影响并采取配套措施;不仅着眼于对女性的眼前利益,而且更关注改变原有的社会性别秩序来促进妇女的长远发展。一方面必须通过妇联的组织网络和高校的妇女研究学者对男性决策人进行社会性别意识的培训;另一方面要通过妇联的研究机构和高校承担的一些大型的政府支持的妇女研究项目,对大型政策和立法进行可能性分析和论证,并反馈给决策者,使男性决策者增强社会性别意识,积极促进妇女发展。同时,媒体是宣传社会性别意识的重要途径,应对传媒者进行社会性别意识培训,尤其是男性传媒人员,使传媒能应用社会性别视角去宣传和报道,建立较为完善的传媒监测网络,将大众传媒性别关系的研究情况和监测情况及时反映给传媒决策者和媒介制作者。加强对传媒工作者的性别意识培训,提高传媒工作者的性别敏感。在全社会营造一种两性和谐发展的氛围,并逐渐渗透到男性决策人的决策意识当中。①

---

① 参见刘莉、李慧英:《公共决策与社会性别意识》,《山西师大学报》(社会科学版)2003 年第 7 期。

（四）应重视非政府组织的作用

在资源相对有限的前提下,政府应有针对性地采取措施进行区域协作,应从政策等方面实施引导,积极引导国际非政府组织与相关基金会的作用,倡导性别平等与促进社会性别主流化的建设与形成。

促进两性和谐与区域协调发展对政府、社会组织、社会中的每一个男人与女人,都提出了更高更全面的要求。要求与时俱进,突破历史局限,面向未来,不断提高对男女平等的认识,建立双赢的、在男女平等基础上的新型关系,这是实现以人为本的可持续发展的前提与必要条件。因此,应建议各级决策者在进行决策、制定政策、落实科学发展观、坚持以人为本和坚持社会公平正义的同时,进一步增强性别平等意识,兼顾妇女发展的特殊利益需求,真正在公共政策中体现公平性与公共服务的均等化。

第四节　积极推进"社会性别预算政策"

在绝大多数国家政策和报告中,很难估算国家为妇女和其他利益持有者提供了多少具体的支持。如果没有性别敏感性分析和相关的数据,就不可能监督妇女参与的实际过程,也很难弄清楚我们的政策是否符合妇女发展的需要,很难确定政府在对女性的支持与行动中有哪些具体的支持和帮助。

一、社会性别敏感统计

在全国首届"社会性别与公共管理论坛"(2006)会议上,蒋永萍研究员在"社会性别统计与社会性别政策"的报告中专门论述了性别敏感统计问题。指出:社会性别分析是性别平等政策制定、执行、评估的基础,而性别敏感统计信息则是社会性别分析的基础和必要条件。所谓性别敏感统计,就是通过性别比较数据反映男女两性在获得资源、机会、权利、责任、能力和影响力以及报酬和福利等方面的区别和相似性,显示他们(她们)的相对优势或劣势。不仅要求所收集的数据能够按性别分类,而且要考虑和分析到所有会产生性别偏见的因素,在数据收集和表达中使用的概念和方法能够充分反映社会上的性别问题。如何推进性别敏感统计工作,首先需要提高决策者和政府统计部门工作人员对性别统计重要意义和作用的认识,增强统计工作的性别敏感。其次,建立对统计报表和专项调查的性别敏感审查制度。统计局内部和各部委的统计报表和专项调查表需经由性别平等机构、人员审查和认可。另外,需要强化统计人员与性别研究人员的合作——从明确所需的统计指标到数据资料的公布与散发全过程。从妇女统计、性别统计、性别敏感统计称谓的变化便可以看到理论的发展及其对统计的影响和对社会性别意识平等的促进和理解。

目前我国的性别统计已经存在,但没有覆盖所有的领域,缺口大量存在。我国现有统计指标的性别敏感度也不高。很多对性别平等测量更有意义、灵敏度更高的指标尚未纳入统计制度特别是常规统计之中。此外,目前依然缺乏一套建立在深入研究基础上的指标体系和综合评价基本指标。在有些国家,如印度和越南,增加了对包括妇女在内的利益相关体进行能力建设和培训的计划。乌干达的国家报告(2004)非常具体地说明了妇女的参与程度,性别平衡以及为战胜阻碍所做出的努力,例如,其中一个目标是决策委员会的构成中,女性占到30%。认识了困难,就更需要能力的开发,包括性别敏感性和将性别问题纳入可持续的土地经营之中。通过评估,还找到了一些最好的做法。印度的国家报告(2002)着重介绍了在性别平等方面取得的进步——将地方选举出的管理机构的 1/3 席位留给女性,强调要扩大妇女获得关键生产资料和自然资源的渠道。包括赞比亚、突尼斯和肯尼亚在内的一些国家在国家行动计划中设立了专门预算,用于加强妇女的作用,以及性别问题的主流化。但是这些预算的额度比较小,通常不到整个国家行动计划预算的 3%。目前大多数政府都对实现社会性别公正的目标以及社会性别主流化做出了郑重的承诺,但是,各国政府的政治宣言、政府筹集资金以及使用资金的方式却存在着差距。同时在针对性别有关的新政策、立法、分配资源、参与和磋商之间常常存在着差距。社会性别敏感预算计划就可以帮助弥合这些差距,确保能够更有效地筹集并使用社会资金。所有这些行动将可以帮助社会性别公正目标的实现,并且能够推进各国政府遵守《消除针对妇女一切形式歧视公约》。政府根据性别平等目标制定的计划将更好地有助于推动使用一国资源为本国人民服务,特别是为妇女服务,因为妇女在如何使用公众资源的时候,常常比男性更容易受到忽视。

二、社会性别预算的内涵与作用

(一)社会性别预算的内涵

在首届"社会性别与公共管理论坛"会议上,闫东玲副教授在其《关于社会性别预算》的论文中指出,社会性别预算是指从性别角度出发,对政府的财政收入和公共支出进行分析,看它对女性与男性之间有什么不同的影响。社会性别预算并不是为妇女制定出的单独预算,同时,其目的也不是仅仅增加针对妇女项目的预算。我国应借鉴国际上的成功经验,加强政府部门对社会性别预算工作的重视,将性别意识纳入我国部门预算体系,同时要加强社会性别预算的机制建设和能力建设。

　　预算是一项政策声明,其反映了政府在各项社会和经济问题上所考虑的优先事项,同时,也以货币的形式体现了政府在具体政策或项目上的政治承诺。社会性别敏感预算分析,能够使政府对社会性别公正和妇女人权方面所做承诺负起责任——通过把这些承诺与公众资源的分配、使用和产生联系起来。

　　社会性别敏感的预算分析简单来说指的是分析政府在妇女和女童身上的实际支出和收入同其在男性和男童身上的支出和收入的比较。社会性别预算并不是为妇女制定出的单独预算,同时,其目的也不是仅仅增加针对妇女的项目的预算。相反,其主旨是以社会性别观点来分析任何形式的公众支出或者筹集公众资金的方法,通过与男性和男童对比,找到这些政策可能对妇女和女童产生的各种潜在影响和冲击。尽管国家预算可能看起来是社会性别中立的政策工具,但是政府的支出和收入政策对妇女和男性却有着不同的影响。社会性别敏感预算分析能够帮助政府决定应该如何对各项政策进行调整,哪些地方的资源需要重新进行分配。不过关键的问题是:该财政手段对社会性别公正会产生怎样的影响?它是会减轻社会性别不公正、加剧社会性别不公正,抑或是不改变目前的社会性别不公正状况? 对社会性别不平等的关注应能被建构,以便考虑其他形式的不平等,如政府实施这样的财政手段是改善、损害还是拖延了处于最不利地位妇女的地位?

　　同时,社会性别敏感预算分析提供一种方法,通过将政府的各种承诺同公众资源的分配、使用和生产联系起来,能够让各国政府对在社会性别公正以及妇女人权所做的承诺切实负起责任。社会性别敏感的预算分析能够推进公正、透明、效率和责任的实现。社会性别敏感的预算计划可在国家、省、市和县的层面上开展,还可以涵盖全部或选定部分的预算。这些计划可以在政府内通过财政部和妇联或其他获财务开支授权的政府部门联合完成,也可以在政府外通过非政府机构或相应的独立研究院完成。那些在政府内外都获得支持的计划,如双方之间能够进行对话,已被证明是非常有效的。建议国家发改委和国家统计部门将分性别统计纳入国家的统计制度,有关部门的常规统计和统计调查都应该注意收集分地区分性别的统计数据,特别是劳动就业、教育、卫生、在职培训等领域,逐渐建立和完善分性别的数据库。将社会性别分析应用于预算不仅仅是一个简单的技术实践,它还要求我们用崭新的思路看待政府财政,并不再仅把一个家庭视为一个整体,而是对家庭中的每个成员,男性和女性的具体情况进行分析。要求人们将注意力放在无薪酬的照料经济体系上,如主要由妇女来完成的无报酬家务劳动的经济贡献的认同上,因为妇女在这方面花费太多时间。同时,需要有分性别的统计数据可以做出分析和对她们贡献的较为准确的认定。

(二)社会性别敏感预算的作用

1. 促进社会公正。尽管国家预算可能被看做是社会性别中立的政策工具,但是政府支出和收入模式对妇女和男性的影响却是不同的。用基于权益的方式来制定预算,可以确保社会性别公正既是经济管理的目标又是指标。这样,推进《消除针对妇女歧视公约》和其他公约就有了具体的衡量标准。

2. 对 20 世纪 90 年代重大国际会议所取得的社会性别公正方面的成绩的回顾——这些会议包括国际人口与发展大会、社会发展问题世界首脑会议、第四届妇女大会——表明结果是各式各样的。社会性别敏感预算分析,将政府对社会性别公正所做出的承诺和政府获得资金以及使用资金的方式联系了起来,这样就有了一项具体的措施,让政府对自己的人民负责。社会性别敏感预算在使政府对妇女负责、确保政府实现自己在各大国际会议以及众多政策宣言中的承诺方面,是一项重要的工具。

3. 越来越多的证据显示,社会性别不公正导致了经济效率低下、人类进步缓慢。宏观经济政策可以增加、减少或者不改变由于社会性别不公正所导致的社会损失,主要的手段就是通过调整财政政策,包括收入和支出政策来予以实现。因此,社会性别敏感预算政策可以满足调和社会性别公正、人类发展和经济效率的各项目标。认识到社会性别不公正是导致效率低下的问题之一,并不意味着我们就要把妇女视为用来提高生产率和促进经济增长的资源。而是说,如果妇女自己能够对资源有更好的把握,整个社会作为一个整体将可以获得更多。但是如果社会性别不公正依然继续,整个社会就会遭受损失。

4. 社会性别敏感预算计划能够让民间团体参与到政治和经济政策辩论这个重要的区域,特别是经常被排斥在这种讨论之外的妇女。这些讨论可以让预算制定过程公开化,同时加强经济管理能力。

社会性别预算计划反映了政府的管理系统向着更开放、更多参与和更多反馈的方向转变。越来越多的人认为,应该给处于贫困中的和被排斥的人更多的反映自身权利声音,并影响公共资源的分配能够更有益于他们。民主不仅仅意味着参与和包容,同时也意味着消除贫困。

三、女性人力资本投资中的社会性别预算分析

社会性别敏感预算计划通常包括用某些指标对公众资金的筹集和使用进行分析。其分析的方法和工具是多种多样的,关键取

决于政府计划的政治立场、覆盖范围以及预算周期的阶段,实现该计划的方式也可以采取多种形式,主要取决于各项计划所希望实现的目标。

首先,在进行社会性别预算时,需要考虑要能够进一步推进预算的制定和执行过程更加民主化,能够让妇女在其所关心的事务上有更多发言的机会和在决策层也能听到更多的女性声音。在进行预算时,重点关注已经出现的社会性别不公正项目,如现行的招生和就业政策中的歧视现象,以及用政府政策来分析在这些问题中的支出和收入项目带有多大的性别倾向。一般情况下,国家或政府不只是对宏观政策有较大范围的经济预算与社会性别预算,还需要考虑地域上的影响和作用,如有的项目在某一地区实施是没有性别问题的,但在别的地方有可能出现新的性别歧视现象。因此,政府还应跨地域进行性别预算与评估。

其次,在具体的工作实际中,进行计划和评估时常常因为需要继续目前的各项活动而受到限制,要想改变这些活动可能会比较困难。审计和评估应改为为计划和评估提供反馈,但是即便是最理想的情况,审计和评估仍然会有很多滞后,经常是下一年的预算不得不在今年预算的审计和评价结果出来以前就要开始准备。在预算的几个阶段之间联系通常比较薄弱,预算可能会与一个多年支出计划相关,该支出计划制定出了每年需要支出的预算。

最后,对社会性别预算评估和分析的结果应该通过不同的方式对外发布,让更多的关心社会性别问题的人了解、分析和认可。

(一)与社会性别预算相关的功能性框架

黛安娜·埃尔森(Diane Elson)提出了一个对预算进行社会性别分析的框架,该框架将社会性别和预算分为四个方面,分别是:资金投入;资金支持的项目;已实现的成果;对人们福祉造成的影响。这种方法明确了预算文件,体现了财政拨款和审计账目,体现了资金的实际使用,但这些仅是预算过程的一部分。重要的是能够提供有关政府优先考虑事项的有用信息,但这种分析框架在关注资金用于哪些活动也同样重要,即在政策、服务和收入转移上的制定和执行。这些活动产生的成果,如儿童入学(女童入学情况)、病人由医疗机构诊治、获得养老金以及纳税等,对不同人群的福祉产生何种影响,所有的预算都应服务于社会性别分析。

社会性别敏感预算要将原本分离的两块知识结合起来:社会性别不公平的知识和关于公共财政以及公共部门项目的知识。对于每一个选定的部门或项目,需要考虑的是其计划的和最后实现的投入、活动、结果和影响。正如预算和在其他文件中反映的一样,计划和实现之间常常会有大的差距,审计和评估能够展现这种差距。投入包括划拨的和支出的金钱;活动包括计划和实际提供的各项服务,例如卫生服务、教育投资、工业支持服务和税收等。这些不一定非常具体,为了能够触及公众而应该或实际支出的具体数额可能并不明确。所受的一个挑战就是让公众来监督资金的分配;结果包括计划以及实际提供的活动的用途,例如病人得到治疗、每个孩子不会因为贫困而辍学、增加的收入等。理想的结果和指标不一定总是很具体,因此,面临的挑战之一就是提高准确性,找到相关统计数据的来源;影响包括计划中的和实际的成就对更广泛目标的影响,例如健康人数、培训人数、减贫、国家收入的可持续增加。此外,结果和影响之间的联系可能不确定且很复杂。

无论某个部门或项目是否将社会性别平等明确为一个希望实现的结果和影响,都可以对其进行社会性别预算分析,探讨计划中和实际实现的影响是否促进了社会性别平等以及其他目标的实现;如果结果在妇女和男性中的分配公正,就可以促进社会性别公正和其他目标的实现;对男性和妇女平等适用的活动可以促进社会性别公正和其他目标的实现,平等的投入也可以促进社会性别公正和其他目标的实现。

要回答上述问题需要社会性别的统计数据,以及对相关社会性别问题的充分了解。各种形式的工具和方法,其中包括参与式的做法,都可以用来进行该项分析,建议政府官员和公民组织之间形成对话。如果社会性别问题横跨了几个部门和项目,就应该给予特别重视。如降低男童和女童在公众教育支出上的不平等,需要改变的不仅是教育部针对小学和中学的项目,同时还会涉及其他相关部门的其他项目。提高男性与女性的预期寿命,也不只是医疗卫生投入的增加,还应包括许多其他部门。这就需要多部门在教育、健康投资、培训等方面,进行社会性别平等预算。

为了能够尽快实现转变,分析的结果必须能够有效地通过报告、会议质询和听证、政策对话、报纸、书籍、大众教育材料等方式传递给政策制定者和公众。应该举办内容广泛的讨论,找出让公众能够参与预算优先事项设定的途径,对能够让妇女阐明和表达自己观点的方法要给予特别的重视。应该检验妇女在多大程度上参与了预算的决策。

(二)社会性别预算分析实例

预算审计方法就是将实际投入、活动和结果公布的方法,把实际的支出和所提供的活动的参与情况和结果情况联系起来。如果能够认定参与者的身份,该项分析就会发挥作用。该分析的表述有多种形式,将重点放在结果的分布上,或放在资助上,或放在两者上。

1. 典型案例

英国实施的针对失业人员的"新政"计划值得借鉴。"新政"

计划旨在让更多处于工作年龄、但是目前未能从事付薪酬工作的人能够进入市场寻找工作。英国教育和就业部的统计数字显示，"新政"所服务的失业年轻人中，妇女参与者占27%，而在"新政"所服务的长期失业人员中，妇女所占的比例仅为16%。在"新政"为单亲父母服务的项目中，妇女参与者占到了95%。妇女预算小组的凯瑟琳·雷克（Katherine Rake）对这些项目进行了分析。雷克发现，"新政"项目中，57%的资金都用于为年轻人所设立的项目，23%的资金用于长期失业项目，只有8%的资金被用于单亲家庭的项目。余下的资金用于资助其他小型项目。雷克估计，年轻人项目中每人获得的资助金额大约是单亲家庭项目中每人获得资助金额的两倍（Rake，2000年）。

可以使用同样的方法，预算我国各年龄段女性人口的受教育与教育投资回报状况。比如，有多少人正在接受学校正规教育？其中有多少女生？政府以及社会投入分别就性别对教育投资进行计算，看所有接受了同样的教育投资的男生与女生，接受同样教育投资后的回报，是否有较大差距？分析形成的主要原因是什么？其次是家庭，除了自愿选择放弃就学机会，运用性别分析工具来判断，家里的男孩与女孩是否享受了同样的教育资源，如果不是，政府在下一步行动中该怎么做，应找出具体的原因与解决问题的办法。最后应是企业、非政府组织或女性自身，在接受培训方面，男女两性接受培训的机会与资源的获得比较，经济发达与欠发达地区女性的比较研究，这样随时可以发现其差距有多大，该从哪些方面着手解决资源与机遇等不平等因素。

2. 预算评估

预算评估在于对妇女赋权提供资助以及保证妇女权利的实现。男性和妇女之间公平的实际支出和服务本身并不能确保妇女就能获得权利,也不能确保妇女的各项权利就得到了实现。支持以上目标的项目应该在资金上获得优先考虑。有必要将实际的支出和如果要实现某些可量化的具体目标所需要的支出进行比较。典型案例是南非在成人基础教育和培训的支出。

1995年,在南非超过20岁的非洲裔青年中,20%的妇女和14%的男性没有受过任何正式的教育。在约740万文盲中,有400万是妇女。1994年,大约只有30多万人能够享受成人基础教育和培训(ABET)。这些人中大约有29%的人参加的是由国家举办的项目,其中大部分为妇女(妇女占59%,男性占41%)。1996年到1997年间,政府给ABET划拨的资金只占所有教育经费中的百分之一。

南非的ABET计划是由1994年南非的非政府组织——教育政策发展中心(the Centre for Education Policy Development)拟定的。该项目的目标是能够在5年时间内惠及300万学习者。最初建议第一年的预算为13200万兰特,但是没有按照计划实施。1997到1998年间ABET的支出为250万兰特,1998到1999年间下降到了190万兰特(Hunt and Budlender,1998年)。

3. 计划和评估预算

如果要将社会性别分析整合入预算的计划和评估,需要确认可能涉及的社会性别指标,如活动、结果和影响。典型案例是法国妇女企业的支持。妇女在企业家中仍然占少数,新企业中只有27%由妇女创立。为了能够改变这一情况,另外拨出1000万法郎的专款用于妇女特别保证基金(the Special Women's Guarantee Fund FGIF),符合2001年创造1000个新企业的目标;并且要求由政府支持的企业家辅助网络提高他们辅助的妇女数目,要在三年内提高25%。

对获得培训的机会与培训的人数以及培训的结果的女性人口,都可以运用计划和评估预算方法来进行。无论是获得农业技术的专业培训还是获得一般的普通培训,都可以通过对女性培训前后做出比较和分析,并在下一次培训中提出改进意见。

(三)社会性别预算分析的指导原则

社会性别预算分析和其他形式的平等预算分析有很多共同点。但是,有两个原则是社会性别预算分析所独有的。第一,同时以个人和家庭为基础进行评估。在进行社会性别预算分析时,从贫困家庭的观点进行评估,并与富裕家庭进行比较非常重要。但同时,还应该从家庭中单个男性和女性的观点进行分析和评估,必须认识到,尽管家庭成员的确会分享部分资源,但是这种分享通常都是不完整和不平等的。只有当充分了解到预算对个人以及家庭可能产生的影响,妇女才能被作为公民享受她们的权利,而不仅仅是作为男性的附属品。只有这样才能确保预算不是按照家庭中的收入是由家庭成员平等分享这样的错误假设所做出的。第二,对无报酬照料工作贡献的系统性认定。一个国家实现自己社会和经济目标的程度,不仅仅依赖于该国人民所做出的有薪酬的工作,同时还取决于人们在照料家庭成员和邻居上所做出的无报酬工作,以及人们所能够享有的用于闲暇或社交的自由时间。在大部分国家里,无报酬的照料工作在男性和妇女间的分配仍然不平等,这是阻碍有薪酬工作男女薪酬平等和让男女平等发展各自才能的最大障碍。如我国家务劳动大部分由女性在承担,但我国的家务劳动是不计报酬的。评估预算对社会性别平等影响的一项关键性指标就是,预算对于必须完成的无报酬工作的影响,在削减支出、期望能够提高效果和效率的改革方案中尤其需要注意这一点。

社会性别敏感预算分析计划的价值在于,作为一项实用方法,该分析能够将社会性别主流化的议程带入最具力量的各个政府部门。该分析能够促进妇女团体、被选出的妇女代表和女部长进入财政部门,能够让我们从贫困妇女的角度找到"钱的流向",并且促使公众资金的使用能够实现社会性别公正。①

《中国性别平等与妇女发展状况》白皮书显示,我国重视对妇女状况的数据收集和分析研究工作,成立了实施妇女发展纲要监测评估机构,制定了纲要监测统计指标体系和评估方案,各省(自治区、直辖市)建立了妇女状况监测统计网络和工作制度。国家有关部门不断改进统计制度,增加分性别统计指标,性别统计制度不断完善。但是,性别预算对于很多人来说还是陌生的概念,在部门中具体进行这样分析和评价的工作是少而又少。在倡导和呼吁社会性别主流化的建立,鼓励政府加大对贫困地区女性人力资本投资的时候,不是喊出来的政策与口号,应重点放在实际工作中分析在人力资本投资过程中,女性所遭受到的性别问题具体表现在多少数额的资金上,单纯从理论上分析不会产生多大的触动。

---

①　黛安娜·埃尔森:《社会性别敏感预算计划:关键指标和实例》,王芳译。

第九章 促进女性人力资本 增长的对策分析

现代市场经济社会,政府的定位应当是公共服务型政府,应当是为公众提供有效服务的公共管理机构。政府是通过公共投入等途径来履行自身职责的。公共投入的基本目的是要满足公众需要,而公众需要是分为不同层面的,呈现出一种明显的梯度性排列状态。其中,公众的基础性需要也就是基本民生方面的需要是最为重要的需要。所以,就政府的公共投入顺序而言,应当以民众的基础需求为基本着眼点,基本民生问题优先;而且,公共投入应当是为社会成员提供"一般性"的公共消费物品,诸如社会保障、义务教育、公共卫生等是直接关乎基本民生的头等大事,但是由于政府在自身定位方面的错位,我国在这些方面公共投入的比例却小得可怜。① 如前所述,女性人力资本投资与国家和当地的经济社会发展有着密不可分的联系,同时相应的政策措施和制度安排也是保证公民提升人力资本的重要前提。因此,对于整个国家而言,针对女性人力资本存量十分低下,歧视性现象较为严重和投资缺口较大等问题,需要政府、社会、企业、家庭或个人努力地采取各种积极有效的措施,以消除性别歧视对女性人口所产生的影响,促进

① 吴忠民:《中国社会主要群体弱势化趋向问题研究》,《东岳论丛》2006 年第 2 期。

女性人力资本投资的增长。

第一节　加快发展教育事业,增加人力资本的知识积累

　　我国女性人口相对男性素质较低,低投入和低积累的人力资本现实,已成为阻碍地区经济与社会发展的主要因素,影响小康社会建设进程。教育是人力资本投资中最主要的投资形式,在提高女性人力资本投资水平中,最主要和最关键的就是提高女性的受教育水平。由于我国各地区经济发展水平差异较大,财力也不尽相同,中央政府应责无旁贷地发挥平衡教育资源的作用,将掌握的资金资源更多地投向教育事业,增加人力资本的知识积累。

一、建立规范的、适合我国女性人口教育发展的投资体制

　　经济发展不平衡直接导致了教育发展的不平衡状况,而教育的不平等就是经济不平等的体现。目前我国女性受教育机会的获得、高等教育中高昂的学费、地区经济差异与家庭收入的严重偏低等,既违背了接受教育的公平原则,也违背了贫困家庭的支付原则。因此,建立规范的、适合地区特征的教育发展投资体制,是解决女童入学率低、辍学率高和进入高等学校继续深造的主要途径。

　　首先,应改革我国基础教育体制。基于我国部分地区以农业和畜牧业为主的经济发展状况,很多女孩认为即使获得了九年义务教育,毕业后还是没有继续上学的机会。如果考上高中,又不属于义务教育阶段,其家庭就得承担高昂的学费和比在自己家里生活高出许多的生活费用。即使这样,还是不一定能顺利考上大学,就是考上了,家庭也可能无力再承担孩子的学习、生活等各项费

用。尽管国家提出不可能让一个贫穷的孩子辍学,即使可以助学贷款,不仅是现阶段学生反映出的繁琐的手续和贷款比例的限制,更重要的是农村的思维观念,不管是家庭还是孩子,很可能难以想象这种问题的顺利实施。更何况有的家长认为,女孩大学毕业后要嫁人,如果马上结婚,家庭还得承担孩子读大学时的费用,即使要这样做,大多家庭也可能会选择给家里的儿子贷款完成学业。因此,面对目前的基础教育体制,在农村的读书无用论不仅流行风气比城市广,而且影响更深。即使顺利完成了九年义务教育,也几乎很难给她们带来短期或长远效益。如果我国农村教育能根据当地实际,在完成义务教育学习过程中,从进入初中阶段开始就学习一项有发展前景、有学习兴趣,同时与当地资源与经济发展机遇结合起来,学习现代农业技术知识与相关技能,在提高农业生产技术的同时,也学会一些适合市场发展的基础技能。农村地区具有的独特资源与风土人情,国家教育政策如果太笼统太死板,一定要在完成中学学业后再学习进修职业技术之类的,当地人会觉得成本太高,不如初中毕业后直接外出务工。当然,也可仿效日本的教育模式,在小学就培养孩子们的职业兴趣。这样,既可以增加女孩的入学率,学到实用的知识与技能,对女孩将来的继续学习与培训也会有很大的启迪作用,同时对当地经济社会的发展将起着带动作用。

其次,调整我国教育投资体制。与别的任何形式的投资一样,对女性人力资本投资时也同样考虑其收益率,这不仅涉及教育层次的选择问题,同时也可给政府、家庭、个人在教育投资决策时提供参考。表9—1反映了不同国家中,各个受教育层次的投资收益率情况。

表9—1　不同经济发展水平国家的教育收益率　（单位：%）

	社会收益率			个人收益率		
	初等教育	中等教育	高等教育	初等教育	中等教育	高等教育
所有国家	27.0	14.4	12.1	32.3	17.3	18.3
低收入国家	28.3	17.4	12.6	28.8	14.3	19.0
中低收入国家	30.3	11.3	13.0	42.2	19.5	24.4
中高收入国家	25.3	17.6	13.4	34.6	22.8	21.3
高收入国家	9.6	10.0	9.2	13.5	11.7	11.9

资料来源：Balbir Jain，1991."Return to Education：Further Analysis of Cross Country Data."Economics of Education Review. Vol. 10. No. 3. Table 1。

　　据一些学者对发展中国家教育的相关研究发现，小学教育投资收益率在各级教育中是最高的，而且在初级教育还没有普及的低收入国家，其初等教育收益率最高。[1] 另外，从上述数据可看出，无论是从社会还是个人角度看，初等教育的收益率在整体上都远高于中等教育与高等教育，对于低收入国家与中低收入国家尤为如此。加强基础教育的投资应该更具有实际的重要意义。而长期以来，我国各级政府财政支出中把教育投资的重点放在高等教育，这是与教育的投资收益有些不符的。在我国农村，促进女性在基础教育方面的投资应成为提高女性人力资本投资水平的重点，对我国女性人力资本的教育投入应更多地投入中小学教育特别是农村地区的中小学教育。

　　我国教育资源有限，落后地区的教育资源更为有限。现阶段，我国教育应将进行大众教育、培养普通劳动者放在更加突出的首要地位。重视大众教育，不仅是我国经济社会发展的现实需要，也

----

① 郭熙保：《经济发展理论与政策》，中国社会科学出版社2002年版。

是有效利用有限教育资源的需要。同时,在重视大众教育的同时,加大对女性人力资本的教育与培训投资,将是有益于提高女性素质的重大举措。另外,劳动力受教育程度与劳动力从落后地区向发达地区流动的偏好成正比。一般地说,文化程度较高的劳动力比起文化程度较低的劳动力,有更多的机会在发达地区就业。文化程度较高的劳动力从落后地区向发达地区转移,从国家层面上看,这样的流动优化了劳动资源的配置;但是,若从区域层次上看,则无疑是落后地区教育资源的流失。对于教育资源本不富余的落后地区而言,发展大众教育,扩大对女性的投资,更符合实际需要,更能发挥教育资源的效能。

最后,改革教育投资分配体制,优化教育投资结构。我国教育投资不但存在总量不足的矛盾,也存在着严重的结构问题。因此,要把优化教育投资结构问题放到教育投资体制改革的重要方面。调整教育投资结构,关键是实现教育投资在初、中、高三级教育之间的合理配置。美国著名经济学家舒尔茨和贝克尔对发展中国家和发达国家的人力投资收益率作过大量的研究,得出了两个重要的结论:在大多数发展中国家,人力资本投资是合算的;教育落后的国家,对小学、初中等的教育投资比对高等教育投资更有效率。这些研究对我国教育资源的配置无疑是有启迪的。所以,我国将来一段时间里,教育支出的重点应放在基础教育。

加大对农村和贫困地区教育的投资力度,在投资中实施性别预算与执行政策。我国农村教育无论从升学率、教学设备配置,还是师资配备等方面来看,都远落后于城市教育,贫困地区与发达地区之间的教育水平差距也很悬殊;而农村,特别是不发达的农村地区又是我国剩余劳动力的主要来源,他们是最急需提高文化教育素质的。可见,加大对落后农村地区的教育投资,对于改善我国过剩劳动力素质、提高全社会人力资本的积累是必不可少的。现在迫切需要做的工作就是改革农村教育筹集制度,义务教育由中央政府承担部分改革成本,基础教育是一项公共产品,必须由政府承担。可以考虑农村九年制义务教育经费由地市级以上政府为主负担(因为中西部大部分的县都是农业财政,县级政府承担也是农民承担)。并在此基础上逐步实行二年制农民义务职业教育,如果不读高中,可以免费接受二年的职业教育,未读完高中的,可以免费接受一年的职业教育。

二、扭转投资的非均衡化,给女性提供更多受教育机会

一般来说,一个地区的经济增长与一个国家一样,主要是投资资本增长、劳动力增长和技术进步三个因素共同作用的结果,其中国家教育投资的数量和质量,起着直接影响和决定着人力资本存量的提升,决定着科技进步因素在经济增长中所占的比重。目前,在我国经济体制尚未能完全转变为市场经济体制的前提下,经济发展严重不平衡,农村地区经济增长不以科技发展和进步为核心和特点的情形下,国家投资(国家资本)必须首先服从于经济发展和社会就业的需要,在这种经济发展现状下,国家对教育的投资力度和投资比例在短时期内难以提高。要保证教育投资并进一步加大投资力度,就必须提高教育财政拨款的等级,按照我国《教育法》的要求,确保教育经费主渠道的畅通,实现教育经费的三个增长,并通过切实有效的管理提高资金的利用率。在我国,政府首先更应该关注西部农村基础教育,特别是农村女孩接受九年义务教育的机会和完成情况,在努力转变家庭教育投入倾向于男孩的偏见和强制性完成义务教育的同时,通过保障女性有参与社会经济活动、参政议政的平等权利和机会,开展专门的有针对性的教育或

文教活动,提倡农村晚婚晚育、鼓励新的婚居模式(根据双方实际情况自由商定)、女儿也可养老和女孩读书一样有用等新的观念,逐步改变人们对投资女孩教育回报的认识。在边远贫困地区,政府更应该有政策性倾斜,对接受过初等教育和职业技术教育的女生实行优先就业与安置等。在偏远落后的山区和少数民族地区,政府应采取措施实施教育资源的倾斜,尽量缩小与经济较为发达地方的同一层次和同类型学校之间的差距,配备好师资,尽量减少教育资源分配不公平的现象,不可以让一个女孩因为学校没一个女教师或路途遥远而不去上学,在尽量满足农村教育资源的可及性同时,有效地解决好地区差异、性别差异和贫困差异等女童就学难的问题,想方设法采取有效措施提高女童的入学率,保障就学率,提高升学率。

　　政府加大对我国教育的投资是每年都在说的事,但实际效果不是很明显,有的地方政府决策者们认为,教育就是花钱的行业,只见投入没有产出,更不要指望着创造效益了。于是对教育投资省了又省,甚至连教师的工资也发不出来,与政府盖的超豪华办公大楼与高档小车形成鲜明的对比。在我国目前干部体系考核不健全的情况下,干部的政绩主要体现在 GDP 上而不是体现在培养了多少人,更不是体现在当年的教育投入又增加了多少等指标上。

　　要改变我国人力资本低积累的状况,就应该无条件地提供给女性更多受教育的机会。女性的教育程度提高了,文化素质高了,就有利于她们树立正确的积极的人力投资观念,可以为自己创造更多的经济社会发展机会,可以给家庭成员提供更好的生活条件与生活环境,可以提高更多的营养和保健条件并建立良好的家庭文化氛围,同时加大女孩享受与男孩同等待遇的机会,促进子女的健康成长和减少犯罪的几率。对于成年女性来说,应根据她们现有的不同文化程度与个人喜好,采取不同的措施,多渠道地让她们接受正规教育或非正规教育,尤其是非正规教育,如当地的传统技艺刺绣、民族服饰等实用技术方面的学习。至于文盲,也应积极组织她们学习识字或学习一项可以谋生的技能,最低限度也应该能看懂药物、机械等方面的说明书,这样就可以提高她们的生产率水平和减少危险。对有条件进入高等学校但因缺少资金而导致放弃学业的学生,尤其是因为家庭不愿意让女孩进入高等学校的女生,国家应放宽政策扩大助学贷款的范围,同时应制定完备的配套措施以支持无担保的国家助学贷款的发放,既保证银行资金的安全,又保证贫困家庭的学生尤其是女生能够得到必要的贷款顺利完成学业。

总之,在国家的公共财政体制建设过程中,在增加教育与人力资本投入比重时,应保证对女性的教育投入单独列入财政预算与社会性别预算,增加对她们的教育补偿和优先扶持力度,防止男女两性接受基础教育、职业技术培训和高等教育的差距加大,从而保障广大女性人力资本提升水平能够适应并促进我国城镇化进程的需求,保证在有限资源约束下实现社会公平的最大化。面对我国女性结构性失业较多的现状,应强化对女职工继续教育、加大智力投资与相关培训,加强对下岗女工再就业的职业技术培训,提高她们的技术创新能力和应用水平,使我国女性也能以足够的实力积极应对经济结构调整和产业结构升级的挑战。

三、鼓励民间投资

在积极加大政府进行教育政策性投资时,家庭对教育的重视程度应该逐渐树立起来,由于教育收益的漫长性与未显性,即使有人上了学也很难获得预期的收益,对家庭经济贡献不一定大,如果外出务工和经商就可以立竿见影,即使是家长,面对子女的升学问题,很多人显得毫不关心,认为迟早是要出去打工的,既然读书要花钱,不如早点出去。在这样的现实状况下,短时期内要转变现有的状况,鼓励家长积极投资教育,尤其是女孩的高中甚至大学教育,目前来说还是很困难的。这样,不如政府积极支持、鼓励和引导民间教育投资,尤其是发展民办基础教育,营造较为宽松的投资环境。各职能部门应进一步提高对促进民间教育投资重要性的认识,运用市场机制促进和引导民间投资。人民银行应尽快成立专门为民间投资的信用担保机构,为民间教育投资贷款提供担保。

另外,即使有少数农民已经富裕起来了,由于受到重积攒、忌露富的传统理财观念的影响,当前农民投资意识,特别是实施对教育的民间投资处于"不开发"状态,往往手里有了些钱也是把钱存进银行吃利息为稳妥,缺乏投资实业、闲钱变"活"的现代理财意识,更不愿意投资在成本大收益小的教育事业。因此,要转变富人的观念,鼓励他们把钱拿出来投资教育,保证每个孩子的就近就学与每个流动儿童受教育的机会,特别是进城务工的农民子女的就学,应加大宣传力度,针对流动儿童的特殊性积极探索流动人口子女办学的新模式,鼓励符合办学条件的民工子弟学校的开展,政府也以资金投入或政策倾斜等形式鼓励办学,以保证民工子女尤其是女童的入学。民间投资对维护社会的稳定具有重要的作用,由于民间投资规模较小,抗风险能力差,所以政府应建立风险机制,将投资主体的权利义务以制度和契约的形式加以固定,千万不可只顾近期投资效益回报不高,而放弃甚至逃离办学,这样会给学生的学习带来很大的负面影响。

四、扩大教师队伍,培育教师与干部管理人员的性别意识

在建立规范的教育投资体制,增加女孩升学的机会和改革教育体制的同时,还应提高基础教育的办学质量。基础教育特别是义务教育作为带有一定强制性的教育,从根本上讲,政府有义务采取措施,合理设置办学条件和提高资源利用率。

首先,要解决师资队伍的稳定问题。除了加大对教育投入外,还应采取具体有效的措施,尽可能地提高贫困地区教师工资、福利等物质待遇,保证教师工资的及时与足额发放。对于条件极差的学校,应实行特殊的补贴与相应的奖励,尽可能地解决配偶的问题,以激发教师的教学积极性和保证他们在艰苦地区的创业,从而稳定好现有的教师队伍状况,特别是留住教学质量高、教学态度好的女教师。另外,应采取特殊的政策与优惠措施鼓励本地优秀的大中专毕业生回家乡为教育事业做贡献,同时要吸引外地优秀的毕业生和优秀的教师去偏远地区教学,扩充师资力量,增添教育的新血液。

其次,要在稳定教师队伍的基础上,解决教学质量差的问题。各级政府应尽快适宜地增添现代化教学设备,努力改善教学硬件。提高教学质量,最关键的是提高师资本身的素质。一方面可以短时期邀请优秀教师去欠发达地区讲课作教学观摩,同时对在职教师加强培训,提高他们的教育教学能力;另一方面,政府应办好师范教育,增加办学规模和提高师范生的素质,保证新教师的高质量,并积极鼓励他们到农村地区尤其是较为偏远的缺少师资力量的学校从事教育工作。

最后,在积极提高教师素质扩大教师队伍的同时,应有定期的专门的性别教育相关培训,把这项培训落到实处,切实提高教师和

干部队伍的性别公平意识,增强性别意识的判断能力,并定期对相关教学问题与性别歧视问题随时进行监测与评估,以便及时发现问题并及早解决问题。在教学过程中,真正不带有性别偏见,增加对女生的关爱,培养她们学习的兴趣和学习自信心。使每个教师既不会造成主观上的性别偏见,也不会在连自己都不知情的情况下无意识地造成对女生的权益损害或心理伤害。

第二节　提高女性健康资本投资的对策

　　国务院总理温家宝在 2007 年的十届全国人大五次会议审议通过的《政府工作报告》中明确指出:政府要着力解决经济社会发展中的突出矛盾,解决群众迫切需要解决的问题。要建立健全责任制和行政问责制,加强督促检查,提高执政力,把各项工作落到实处。在"十一五"时期,要在全国初步建立覆盖城乡居民的基本卫生保健制度框架,包括比较规范的公共卫生服务体系、新型农村合作医疗制度和县、乡、村三级医疗卫生服务体系、比较完善的城市社区卫生服务体系、比较规范的国家基本药物制度和公立医院管理制度,促进人人享有公共卫生和基本医疗服务,进一步提高人民群众健康水平。各级政府要把发展医疗卫生事业、增进人民健康摆上重要议事日程,切实加强和改善对卫生工作的领导。全社会要关心和支持卫生事业发展,尊重医学科学,共建健康和谐的医患关系,积极推动医疗卫生事业与经济社会建设协调发展。卫生保健投资也是人力资本投资的重要形式之一,是一种可以为投资者带来预期经济收益的生产性投资,它可以减少疾病经济损失给患者带来的收入风险,可以提高工作效率和延长工作时间,可以增加健康人力资本,提高生活质量等。健康人力资本对经济发展与收入增加也同样具有重要的作用。我国著名学者胡鞍钢等人的实证研究也表明,卫生保健投资与经济增长、收入增加具有明显的正反馈效应。用于卫生和健康的投资占 GDP 的比重每提高 1 个百分点,人口预期寿命缩减量将减小近 1 个百分点,婴儿死亡率可下降 24 个百分点,而人口预期寿命每增加 10%,人均 GDP 年平均增长率将提高 1.1 个百分点。① 而健康女性的身体素质与健康存量直接关系到下一代的健康水平。尽管近年来各级部门采取了多种办法,在生育和健康观念等方面有了很大的改变,但我国西部地区劳动力身体健康状况较差,女性的健康权益还是无法得到根本的保障。努力提高女性人力资本的健康存量与提高其健康投资水平,不断增强女性劳动力人口的健康素质,具体来说主要有以下措施:

一、制定公共卫生体系增加保健支出,提高女性健康水平

为了改善我国人口健康状况,尤其是女性人口健康状况,切实维护女性人口的健康权利,政府应建立适合当前我国经济社会发展的公共卫生政策。公共卫生政策是指一国政府为改善社会的公共卫生状况而提出的行动方针和方法,是一个国家对卫生资源的社会使用进行合理控制、最优化的配置,从而使有限的卫生资源发挥最大的功用,起到真正维护人类健康利益的一个战略决策。② 政府应通过建立相应的卫生组织改善卫生环境,控制地方性疾病尤其是传染病,组织医护力量对疾病做出早期预防和诊断治疗,以

---

① 胡鞍钢、邹平:《社会发展:中国社会发展地区差距研究》,浙江人民出版社 2000 年版。
② 施卫星等:《生物医学伦理学》,浙江教育出版社 1999 年版,第 355 页。

保障全体社会成员能够享有维持身体健康的条件与大环境。

第一,由于卫生资源的分配直接关系到社会公众的健康,公共部门的卫生经费需要用于关键的公共卫生服务。目前我国公共卫生投入严重不足,使得基本公共卫生服务的发展受到限制,无法实现对全体人口的广泛覆盖和公平的医疗卫生目标,因而政府应加大对卫生的投入,对于西部落后地区,应以国家投资为主,个人和集体分担少部分。同时应进行社会性别预算,防止在资源分配时出现的性别歧视现象,且这种投入应由中央财政来统筹考虑,如利用财政转移支付机制来保证无论是贫困地区还是富裕地区,人人都能享受到基本的公共卫生服务。通过给贫困人口尤其是女性人口提供部分或全部医疗保障金来建立满足基本医疗保险的贫困女性人口的合作医疗保障制度,以确保公共卫生资源分配和医疗筹资的多种形式。

第二,政府应当坚持寻找公平的低收入人口优先受益原则,在贫困地区推行成本较低、社会收益较高、覆盖较广的女性公共卫生计划,政府投资向贫困和弱势女性群体倾斜,制定合理的卫生政策调整社会利益的分配。要使这种调整与分配收到最佳效果,政府就必须以公平原则制定政策。如何理解人们在享有卫生资源和健康利益上的公平,我们主张人人享有卫生保健的权利,但是不等于搞人人平均。[1] 政府的一个重要职责就是促进社会公平和消除不平等,尤其应看到观念较为落后地方对女性人口卫生投资的偏见,为保护女性人口等弱势人群,促进社会公平,强调政府一定要坚持低收入人口优先受益原则,提高女性人口的优先健康权利,实行向女性人口提供医疗补贴制度。卫生支出的投放应由城市和大医院

---

① 王文科:《公共卫生政策与健康利益选择》,《理论探讨》2005 年第 12 期。

转向农村和基层卫生组织,重点支持乡、村两级卫生机构。在卫生资源的宏观和微观分配上要做到公平,就应该允许一定的差等分配存在。不过,这种差等分配应当是使那些最需要帮助、最困难的人得到较大的好处和较大的补偿。[①]　只有这样,才能最大限度地改善公共卫生服务在欠发达地区、女性低收入人群之间的可及性,缩小因贫富不均形成的健康差距和享受基本公共服务水平的差距,进而提高我国女性人口的健康水平。

因此,在目前卫生筹资难以大幅度提高的情况下,建立健全倾向于女性(包括所有进城务工的女性人口)的健康保障制度,不仅能使整个社会卫生资源配置获得最大收益,而且能够提高整个社会的卫生服务水平、女性人口的健康指数及其公平性,是促进医疗卫生改革、女性健康发展以及促进医疗卫生服务效益提高的有效途径。

第三,政府应当加强公共卫生体系建设,在卫生资源投入上坚持以预防为主的策略,同时在我国农村地区推行贫困女性人口的最低医疗保障标准。由于医疗卫生的逐渐市场化,公共卫生在医疗卫生工作中的地位日益下降。这是极不利于西部贫困地区医疗卫生事业发展的。首先,应从特殊地区人口与经济发展的实际出发,制定适合当地的基本公共卫生服务的最低标准,为贫困人口尤其是女性贫困人口提供基本医疗保障。其次,由于贫困地区基层政府财力不足,不可能拿出额外的资金向女性人口的医疗卫生倾斜,政府应建立必要的转移支付手段制度,如吸引相关的基金会向女性人口健康投资,以有效的措施保证贫困女性的最低医疗保健体系的建设资金的需求,同时有足额的医疗保障资金的支付,至少

---

① 施卫星等:《生物医学伦理学》,浙江教育出版社 1999 年版,第 365 页。

让她们在自己不出一分钱的基础上接受全国最基本公共卫生服务的最低标准。另外,政府对传染病、地方病、妇幼疾病、围产及分娩保健等带有明显公益性的基层防保体系建设应保持长期性,由此推动我国公共卫生事业的改革、发展和进步。

二、改善卫生条件,提高女性人口的健康认知水平

改善医疗卫生状况首先是吸引高水平的医疗水平人才,这里的医疗高水平不只是局限于医疗技术手段高,还应有吃苦耐劳的精神,甚至要做好随时出诊的心理准备,同时还要能在艰苦的环境里有奉献精神,进得来,还要留得住、用得上;其次是改变目前医疗机构设置不合理的问题,在卫生资源相对贫乏的状况下,最好应做到资源利用的最大化,在县、乡一级应尽量避免机构和业务的交叉重叠,特别是女性常见病的诊治与治疗,在乡村一级应做好重点调整,以免加大患病者的就医成本;最后,在乡村两级的卫生资源的配置中最好是打破行政区域规划界限,采取区域卫生规划的要求,根据管辖人口与空间距离来设置医疗点,这样,既节约了资源,也保证了就医的效果与就医成本的节约。

文化教育也是造成我国女性人口健康问题的深层原因。首先,文化素质带来观念的影响。一方面我国女性文盲半文盲率高,平均受教育程度普遍较低。因女性人口受教育水平的制约,必然通过就业、收入、文化观念和生活方式等方面间接影响人口健康;另一方面由于生育观念的影响,导致生育率高、流产率高,传统落后的观念,仍然影响着女性人口的生育行为。其次,环境因素也加深了女性人口健康问题的严重性。由于"大山的阻隔",使得人们在极小的范围内婚嫁形成近亲婚配,痴残儿比例高,还有一些地方自然环境恶劣,又受贫困的侵扰,人们的生活条件异常艰苦,就医

条件极差,造成地方病流行。我国贫困地区的女性健康受影响最大。女性的健康状况随年龄的增加而不断恶化,患病人口在 25～64 岁之间的比例比男性高 2～5 个百分点;贫困地区残疾女性比全国平均高 5.5 倍,而在 35～44 岁年龄组中高出近 10 倍。[①] 最后,个人行为对健康的影响日益显著。如饮酒、自我心理调节和作息习惯等是影响女性人口健康素质的重要原因之一。由此看来,健康教育便成为女性人口提高其健康质量的十分重要的方面。

第一,发展教育事业,提高年轻女性人口对健康重要性的认识,增加她们的保健知识,特别是强调培养其良好的生活方式和卫生习惯,积极促进女性人口的健康水平的提高,从而更好地影响下一代。有了较高的文化素质,自己就可以广泛得到相关卫生预防知识,促使个人从中获得更多相应的健康知识。

第二,医疗卫生知识的传播应与医疗服务结合在一起。在人口聚集的地方,针对本地主要流行病的宣传预防知识等不应只张贴在防疫站、县卫生院和乡镇卫生院的墙上,应扩充信息传播的渠道。另外,在张贴的同时,村医护人员还应入户宣传,因为到过医院的人不一定看了宣传单,即使看了也不见得能看懂,因为相当一部分人口欠缺自行解读文字说明的能力,因此,把健康知识的传播扩大到学校,把健康行为的干预列为学校规定的活动,让接受了教育的孩子影响父母,不仅有利于孩子的生活习惯的养成与健康知识的积累,也有利于资源的最大化利用。

第三,运用大众传媒传播健康。政府与社会应把传播卫生知识作为一个最重要的公共物品,在制定地方性法规时,决策者们应

---

① 李长安:《西部地区人力资本投资的制度性障碍分析》,《武警学院学报》2001 年第 1 期。

充分考虑当地的实际情况,优先提供贫困地区的服务,优先提供女性人口的服务。由于女性人口的家庭角色比男性更突出,把健康知识优先传递给女性,更利于家庭的健康发展。从经济学角度讲,预防疾病、普及卫生健康知识本身比治疗疾病更有效益。为此,政府运用一定的资金,在农村地区有针对性地给女性开展健康知识讲座、环境卫生讲座等,强化妇女和女童卫生教育,同时可以在电视媒体上,在人们经常听的广播里,利用远程技术,开展远程医疗服务与教育。

第四,为民间医疗作出科学检测。许多偏远地区，很多不能去正规医院的患者往往选择传统的民间治疗手段。一定意义上来说，民间医学也有着存在的科学性与合理性。但随着外界环境状况的变化，原有的或者针对某些个体来说较好的治疗手段或许随着环境的变化以及个体差异的不同，已经是过去式了。如农村女性生育时，很大一部分还是依赖村里的接生婆，用极其简陋的医疗器械迎接下一代人口的出生，这不仅是对孩子健康的一种威胁，同时也是对母亲健康权利的一种亵渎。这样，迫切期待为民间的一些医学手段进行科学的界定，以保证当地人群的生命健康安全。同时也期待农村医疗服务队可以进行定期的下乡救助而不是完成任务式的走马观花，另外还需要考虑村民就医的时间与劳作时间的错开，以免给医疗人员造成没有人需要接受服务的假象。

三、政府与市场的有效结合

通过政府投资健康保险计划和医疗救助项目等方式来实施健康投资的公共支持。这样做既能防止人力资本健康存量的减少，保护全社会的人口健康;又能减少卫生资源分配的不公平,增强社会的凝聚力。发展中国家政府通过收入再分配和投资基础教育以及基本医疗服务,不仅能够增强全体劳动者的基本能力从而减少贫困,而且还由于人力资源的普遍发展而带来经济增长。健康投资所形成的一定程度的健康资本存量,成为一个国家(或地区)吸引国际资本直接投资的必要基础。在市场化进程中,单靠政府的投资已无力维持,需要与市场相结合。

政府的支持对卫生资源配置的公平性具有决定性意义,因此完全依靠市场机制难以保证卫生资源的公平配置。随着市场经济体制的逐渐完善与卫生体制改革的不断深入,政府应当在继续充当卫生服务供给的组织者和调控者角色的同时,把卫生投入的重点转向初级卫生保健服务、公共卫生服务、困难群体的医疗保障和医疗救助上来。同时,除农村贫困偏远地区及国家必须控制的部分医疗机构、公共保健机构和防疫站等仍需国家投资外,政府还可以适当放宽医疗机构的准入政策,促进不同医疗机构间竞争,通过强化个人社会医疗保险责任、大力发展商业医疗保险、规范医药市场、合理布局卫生资源等市场化手段,提高卫生服务利用效率,保证卫生服务供给。一方面,缺乏公共支持的卫生服务市场不能解决卫生筹资问题,很可能造成卫生资源配置更大的不公平和使用效率低下;另一方面,缺乏市场机制的公共支持,也难以完全承担卫生筹资和卫生服务成本控制等难题,卫生资源使用效率低下。所以,政府公共支持与市场机制的有效结合是建立农村基本健康保障制度的有效途径。①

另外,健康投资的市场化有可能导致健康投资领域的市场失

① 杨敬宇:《公共健康投资与农村健康保障制度》,《卫生经济研究》2004年第8期。

灵。主要体现在医疗卫生服务的不确定性和医疗服务供需双方信息的不对称性两个方面。不确定性表现在个体发病及伴随疾病的负担是不确定的。同样一种疾病治疗的方案可能有很大的差异,从而导致医疗保健提供的不确定性和医疗费用的不确定性;医疗的效果也是不确定的,有时导致医生过度治疗;卫生提供者的技术也是不确定的,需要对其规范及颁发执照。供需双方信息的不对称性表现在医生对疾病过程、治疗方法比患者了解得更多,医生处于对治疗知识的垄断地位,因此可以引导病人对医疗服务和药品的消费。在这种情况下,医生供给的增加并不必然导致医疗费用的下降,而有可能是医疗服务和药品的过度使用。其结果不仅仅是浪费医疗资源,而且还可能危及患者的健康甚至生命。出于这种原因,经济学家建议在医疗服务领域建立"消费者保护"制度,即由政府出面建立一些最低标准和提供对消费者有利的信息;并建立医生准入制度、卫生监督和执法制度等,以在一定程度上改变医疗供需双方在医疗服务中的信息不对称状况。

对医疗服务的公共支持并不仅仅限于政府的作用。如美国由非政府机构组建的健康维护组织(HMOS)和优惠服务提供者组织(PPO),即所谓"管理型"医疗保健组织,则是通过改变医疗供给方的激励机制,切断医疗服务提供者的收入与其提供的服务之间的直接联系,从而避免其为利润所驱动的制度安排,改善了患者在医疗服务市场中的不利地位,[1]从而也克服了医疗市场化中所出现的尴尬与难题。

---

① 梁君林:《试论健康投资》,《中国卫生事业管理》2004 年第 7 期。

第三节　女性在职培训与人力资本投资

　　女性的在职培训人口可以分为非农女性人口（转移到非农业部门的女性人口）、农村务农女性人口（纯粹从事农业生产的女性人口）、农村女性流动人口（兼业女性人口）和在职业技术学校的女生。为了提高女性人口培训的投资效益，在实施具体的培训时，应针对不同的女性群体采取相应的培训措施和计划。这里主要谈谈前两类女性人口的人力资本投资。

一、增加女性非农人口的在职培训投资

　　对于大多数从事非农行业的女性人力资本所有者来说，他们与男性最显著的差别就在于女性有中断工作经历的事实。由于女性工作的不得不暂时中断的事实，一方面将会使她们在中断期内无法获得在职培训的机会，同时如果中断时间太长，原有的人力资本也会发生折旧，从而降低她们的现期与未来的收益。如果不回到原单位，就可能造成更大的损失。作为人力资本投资主体的家庭或个人如果预计到这些，就会降低对女性人力资本投资的激励与追加，使女性接受的培训机会比男性要少。另一方面，企业由于预见到这一点，同样会减少甚至根本不给予即将结婚或分娩的女性劳动力的培训机会，降低甚至是不予以女性进行在职培训的投资，从而使女性的人力资本投资处于不利的地位。因此，需要采取相应的对策与措施，提高对女性人力资本的投资水平。

（一）实行新型的休假政策

　　这里的新型休假政策是相对我国没有这项休假政策而提出来的。在瑞典、美国和英国等发达国家，20 世纪 80 年代就已经开始

了这项休假政策。它主要是指企业或单位由于家庭的原因而为员工所提供的假期。具体来说就是指为了满足职业女性由于怀孕、生育、照看婴儿及生病的孩子、配偶及家庭其他成员的需求而为她们提供的假期。

　　一般情况下,女性的这些时间是不可以替代的,如果单位不提供家庭假期,她们将不得不放弃工作。此时的损失不仅是女性本人,单位也同样面临着相应的损失,尤其是企业或单位培育出来的女性专门人才。如果这时单位或企业提供这样的休假(可能是很短期的,或者是无薪的),不仅保证有能力的女性员工觉得单位或企业带给她的是一种人性关怀,而且更有利于加大女性员工对企业与单位的忠实度,从而更加努力地为企业做出贡献。不过,无论是短期休假还是无薪休假,都将给企业带来一定的损失,所以导致企业在最初招聘员工时就不愿意招女性,以免带来这样的麻烦。当企业有相关参与培训机会时,他们也乐意把机会给男性,至少男性不会把学到的技能带回家。

　　要解决这样的现实难题确实是件棘手的事情,可行的办法是:首先应建立一种社会保障基金,在女性员工休假时,企业可以运用这样的社保基金去雇用临时性员工来弥补暂时离岗的女员工,既不让企业加重负担,也不因为女职工的离岗给企业带来损失,这种做法在美国是很普遍的。就像我国现在的医疗保障制度一样,资金来源也是由三方组成,结果是,既不会导致员工被辞退,女员工可以在短暂的休假之后回原岗位,也不会给企业带来无缘无故的经济损失。如果将企业生育保险转变为社会生育保险,以保证女性公平就业,还应完善职工家属生育保险和医疗保险,以保证不在业女性的福利。其次就是实行家庭假期。比如瑞典的做法,妻子在生小孩的时候,丈夫也同样有一个月的强制性假期。当男女都获得家庭假期(不是说照顾孩子也必须夫妻俩请假),不仅会减少女性与男性在工作经历方面的差别,还将促使男性承担更大份额的家庭责任,从而进一步促进女性的人力资本投资。

不过在谈论家庭假期的时候,还是需要决策者们站在女性、企业与社会的角度,制定相应的政策,切实维护女性与企业的合法权益,让它们合法化,这样在实施时才具有强制性、才有法律保障。同时每年都应运用性别评估手段,定期在较为权威的刊物或媒体公布有关的信息,以及时了解和发现问题,从而做到尽快解决此类问题。另外还可以给做得好的企业一种鼓励,做得不够好的企业一种鞭策,触犯法律的应及时严惩。

(二)实行弹性时间

按全日制员工现有的每周工作时间安排和标准的工作周,要想实现别的目标追求,如自行参加相应的培训,照看幼小的孩子与生病的老人等,几乎是很难实现的。人们为此更关心的是可选择的时间表,这就是弹性工作时间。弹性工作时间表允许工作时间的某种程度的变化,从上班下班时间的适度变动到每天、每周、每个月甚至是每一个工资支付期内工作时间的变动。这样的时间表,不仅可以灵活地、有效率地、愉悦地安排个人自主的时间,还可以完成一些在正常上班时候不能完成的工作。

第一,有弹性的工作时间表可以使女性更好地协调家务劳动与市场工作的关系,可以获得更多的可以自主安排的时间,从而可以促使她们在竞争市场中进行自我投资的相关培训,增加她们的人力资本投资与提高劳动技能。

第二,实施有弹性的工作时间可以满足不同女性员工的工作喜好,如果条件允许,有的人喜爱在夜间做事,而且工作效率极高,如果不是必须在白天完成的事务性工作,她们可以选择在自己喜欢的和工作效率很高的时间来完成。

第三,实施有弹性的工作时间,需要领导或高层管理人员做出及早安排,至少让每个员工清楚在哪段时间必须要完成的工作,员工可以及早地安排自己的工作任务并做出思考。不过,不是所有的企业、单位与所有的部门都可以实施弹性时间。弹性的程度主要依赖于单位的性质和工作的类型。

(三)家务劳动社会化

家务劳动包括在家里进行的各种生产与非生产的活动,随着经济社会的发展,家务劳动的范围将发生一定的变化,如外出带孩子郊游、送孩子上辅导班等也将或已经成为家务劳动中不可缺少的部分。无论从传统的分工还是现实存在的状况,家务劳动的主要承担者是妻子。

通常情况下,在家里,女性劳动力从事的家务劳动时间与自己的休闲时间往往是联系在一起的,如拖地、洗碗的时候顺便看看电视,甚至电视里刚好就播放某一项较为实用的技能。由于女性从事家务劳动时间比男性多,在家务劳动占有时间更多的女性人口中,将势必减少她们的休闲时间,要不就是放弃自己正式的工作,这将进一步影响到女性的人力资本投资。因此,尽量减少女性用于家务劳动的时间对女性的培训机会的获得或人力资本的增长是非常重要的。

用来闲暇的时间,女性可以选择读书、看报、看电视、学习技能等多种获取知识和技能的途径。对于已婚妇女来说,减少家务劳动时间是增加闲暇时间的主要手段,从而使其用于学习的时间增多,减少女性学习时间的机会成本。不过,即使家务劳动社会化,也不可能所有的家务都靠别人来完成,如生育、教育子女等家庭生产活动的存在更使女性的闲暇时间少于男性。随着经济的发展,越来越多的家庭生产已经逐步市场化、社会化和机械化,如家用电器的使用、家政服务的出现、保姆的雇用和成品或半成品食物的出现等,都使得家务劳动不再是一种沉重的负担,同时也为女性节省了大量的时间。

所以,当女性在市场上的劳动力供给下降时,当在单位或企业获得的培训机会较少时,由于家务劳动时间的减少带来的闲暇时间增多的幅度将更大,女性将有更多的机会参与学习和培训。当女性人力资本积累上升到一定程度时,市场上对女性劳动力供给就会随女性人力资本存量的增加而增加,劳动力供给的增加又将产生对人力资本投资的需求,这就需要女性寻求更多的休闲时间,以及如何运用休闲时间加大对人力资本投资以提高资本存量,而这一可能要实现,家务劳动的社会化是不错的选择。

最后,无论女性自身怎么努力,还是需要社会的支持和理解,在面临生育与培训计划的获得时,还需要政府职能部门在制定相关的政策时,有较高的性别意识态度,切实采取有效的措施保护好女职工的合法权益,同时,每个企业家也应有适当的性别意识,避免在无意中造成性别歧视现象。

(四)加强女性劳动力职业培训,建立终生教育体系

知识的日新月异,高新技术产业的发展与传统产业的改造,行业分工的细化与转移,职业流动的加快等,都要求不断提高女性劳动力的素质,要求对下岗、失业女性人员的再就业进行及时的培训;农业技术的进步与规模化生产将有大量的女性劳动力从农业中脱离出来,但必须经过培训才能成为合格的工人。所有这些都需要建立和完善职业培训体系和终生教育体系。

终生教育是提高人力资本的重要内容和手段。把教育尤其是终生教育放在优先发展的地位已经成为世界各国的重要战略目

标。现在,"终身职业"在逐步消亡,多次择业已成为发展趋势,希望在年轻时一劳永逸地积累足够一生享用的知识或技能的传统观念在市场竞争环境中已无法实现。因此,终生教育成为发掘人的潜能、提高人的能力资本存量和增强就业竞争能力的"供养站"。中国女性尤其是西部女性要想在新的就业机遇面前走出低谷,接受再教育与相关培训就显得非常重要,而且迫在眉睫。首先,女性只有提高自身文化素质、职业技能,才能胜任未来的职业岗位和竞争态势;其次,职业女性只有接受再教育,不断更新自己的知识、技能,培养创新能力,适应社会的变化发展,才能提高自身的就业层次和知识积累。在生产服务行业等的职业女性,同样需要参加职业技能培训和进行文化知识更新,使自己从无特长变为有"一技之长"、从"一技之长"变为"多技之长"、从"单一型人才"转变为"复合型人才",才能胜任自身的职业岗位和竞争环境,并不断提高就业层次和扩大就业空间。在科教文卫体和行政事业等单位工作的职业女性,必须争取参加进修和深造的机会,如各种自学考试、函授、夜大、在职培训及脱产学习,以提高文化素质和管理能力,提高就业质量,增强岗位竞争能力和提高参政议政的能力,在参政议政时多发出有利于女性发展的声音,在决策时多为女性说话,这样不仅有利于自身的发展更有利于全体女性。对下岗女职工来说,更应该通过参加各种培训,学习、掌握新技术与新知识,培养自我创业能力与吃苦耐劳的精神,不可以自暴自弃和成为全职生活太太。

二、增加农村女性人口的培训投资

对于农村女性务农人口来说,接受相关的专业技术培训对于提高她们的人力资本积累具有重要的意义。常见的农业科技培训内容大都涉及农业实用技术,掌握了这些技术,农民就可以提高种植和养殖的水平,直接促进农业生产率的提高,从而促使农业增产、农民增收、外出务工的家庭人员安心务工。而目前我国农村劳动力的专业技术培训还十分薄弱,特别是女性人口,绝大多数没有参加过任何的培训活动。为此,应加大对农村女性人口的人力资本投资,增强她们的劳动技能。农村妇女是推动农村经济发展的重要力量。不断提高农村妇女劳动力素质,对加快农村经济发展,推进全面建设小康社会步伐,具有十分重要的意义。

(一)不断加强农业技术推广强度,因地制宜,创农增收

首先应明确政府进行农业推广技术的职责,尤其是要清楚地方政府与农技推广部门的职责。一般情况下,地方政府,如县政府或乡政府应履行执法、行政管理和监督的职能,而各级农技推广部门应履行专业性较强与培训的职能。在实施培训的过程中,不仅要考察培训的实际结果,同时要清楚培训时的性别比例,在很多情况下,参加培训的人员是丈夫(因为丈夫一般文化科技素质高一些,有的是家庭愿意这样的选择,有的是培训机构的要求),而在具体实施操作的时候可能是妻子在操作,这就造成了培训与不培训是一样的效果,甚至加大成本的浪费。如果丈夫是在县里或离家较近的地方务工,他们赶着回来培训,然后就匆匆赶回去,不仅造成了培训者的经济损失,对于培训机关来说也没有收到预期的效果。因此,鉴于我国农业女性化的特征,应该加大对农村从事农业劳动的女性的培训。通过"科技下乡"、"科教兴村"、"农民科技日"等活动,为广大农村妇女提供各类实用技术培训、咨询、示范和推广服务,大力推广农业新技术,让广大农村妇女通过各种途径接受农业实用技术培训。在提高农村妇女科技文化素质的同时,也为农业和农村经济发展提供更强的智力支撑,并根据当地的实际情况发展多项产业,切实给农民创造新的经济增长点,为农民提高收入。

(二)不断加强各级财政对农业科研与推广的投资力度

农业技术的推广分为公益性服务和非公益性服务两种类型,对于公益性农业技术的推广,如动植物的病虫害的监测与防治,其投资的收益相对较小,而且不是投资方直接获益,甚至投资的风险较大,所以这种投资,需要政府的加入作为投资的主体。首先要求政府加大对农业科研的投资力度,只有事先取得培训的成果,农民才有获得培训的可能。其次是确定农业技术推广投入的最低增长速度,改进资金管理办法。同时也应改变收入分配方式,将推广成果与推广人员的收入直接挂钩,提高一线推广人员的积极性。对于非公益性农业技术推广,尤其是可以规模化推行的技术,也应及时传递给农民信息,当地政府应尽可能地提供相应服务,如场地、解说等,凡是有益于农村事业与农业技术的问题,政府都应随时掌握最新信息,加大投资的力度与推广的广度。

(三)不断加强农业技术推广、教育和生产之间的融合

重点加强已有一定文化程度的农村女性劳动力的专业技术教育,使之逐步掌握农业科学技术的应用。同时应紧密结合生产实际,使培训过的女性劳动力人口既可以提高自身技能,还可以与自己的生产实际相联系,在生产中进一步提高自己的技术生产能力。同时对已获得农业技术知识的女性人口,可以手把手地教自己的子女,做他们的培训老师,甚至还可以针对已培训过的知识技能,学以致用,在生产中做到学习农业技术、获得知识与生产之间的有效结合与提高。另外,受过培训的女性劳动力人口,还可以对亲戚、朋友进行言传身教,充当免费培训人员。这样,既节约了培训单位的培训成本,拥有灵活的时间,还可以根据自己学习时的实际

情况,提供学习的经验借鉴。重点实施农民科技培训工程,政府应把这项措施当做一项工程来完成。

（四）通过培训,传承民间技能,实现有效转移

对于即将或想要外出务工的还缺乏一定劳动技能的女性,当地政府应实施有效的农村劳动力转移免费培训工程,培训重点可以围绕适合女性劳动力且市场需求比较大的一些行业与岗位来进行,如餐饮、酒店、保健、制造、家政服务、保姆等行业,应按照不同行业、不同工种、不同岗位对从业人员基本技能的要求,专门针对农村女性劳动力开展职业技能培训。通过这样的培训,可以提高农村女性劳动力转移的就业技能,增强社会竞争能力,促进农村女性劳动力的转移就业,为农村女性获得独立的经济地位创造条件,同时也可提升农村女性的社会价值,为社会做出贡献。

第四节　女性迁移流动人口与人力资本投资

迁移投资也是属于人力资本投资范畴,因而也有利于经济增长与收入的增加。尤其是女性人口的迁移流动,不仅在进城后将会见识更广,增加收入,提高环保意识与教育子女的能力等,而且工作上的竞争压力更加大了女性人口对自身的投资,从而影响到对下一代的教育,对子女起到一定的促进与激励效用。由于我国农村女性人口本身劳动素质与文化素质较低,转移到城市后,大多在非正规部门①就业,非正规部门的就业使农村女性劳动力的人

---

① 非正规部门是指投资规模小,生产技术水平和劳动生产率低,以私营（个体或家庭经营）为基础的部门。比如保姆、小贩、木匠、个体出租车司机和搬运工人等所在的部门。（参见黄乾:《农村劳动力非正规部门就业的经济学分析》,载《中国农村经济》2003年第5期）

力资本投资几乎完全缺乏,这样就形成了不利于人力资本积累的恶性循环。因此,加大对我国农村劳动力转移资本投资,对提高女性劳动力人力资本积累有着积极的意义。

在女性人口迁移过程中,主要有务工经商和婚姻迁入这两种迁移流动。

一、加大对务工经商女性人力资本投资

(一)建立健全信息网络,加快女性劳动力人口的异地转移步伐

对于年纪较轻的未婚女性人口,渴望外出务工的欲望一般都更强烈,但由于缺乏外出的经验,又缺少政府的政策引导,如果在缺乏信息与技能的情况下出去,不仅不能及时找到较为理想的工作,甚至在城市举目无亲的情况下,根本应对不了诸多意外变化。这样,政府应加大力度,集中对即将务工经商的女性劳动力提供职业培训、就业指导、劳务输出、建立信息全面的网络系统,及时传递就业信息等服务。建立就业信息网络,掌握各个地方劳动力的供求状况和各个岗位供求的情况与对人力资本的要求,以便在政府对女性人口进行培训时更有针对性,还可以使劳动力转移到城市后能立即找到适合自己的工作岗位。同样,按照市场化要求,政府在采取相应的培训措施时,应保持劳动力培训市场的竞争性而非政府的垄断性,但各级地方政府都要为了当地女性劳动力人口的有效转移做出努力,必要时,当地政府还可以对女性劳动力人口实施免费培训。此外,信息化网络的建立不仅是为了获得外地就业信息资源,同时在女性劳动力外出转移后,政府还应做好后续的跟踪服务,也需要建立信息化网络服务。一方面可以了解女性劳动力人口转移后的合法权益有没有受到侵害,她们的权益能不能得到及

时的保障,是否需要政府部门协商解决;另一方面,建立转移后的网络系统不仅有利于跟踪与联系,同时还可以汇集各地的信息与资源,让原有的就业信息网络更充实、更全面,所提供的信息也更真实,政府更应该利用好这样的资源继续做好免费的信息服务。

(二)破除各种制度障碍

首先,应改革传统意义上的户籍制度。户籍制度是实施人口流动限制政策的基础,最为直接的方法就是限制非户籍人口进入,政府也通过各种人口政策控制人口流动成本以限制外地人口的流入。在人口不流动情形下,每个地区居民的人力资本被当地政府所垄断,这种垄断将降低劳动者的人力资本投资激励。反之,自由流动情形下则不存在这种垄断,政府之间的竞争有利于提高劳动力人口的收入,从而提高人力资本投资激励。自主迁移是法治国家赋予每个公民的基本权利。但目前,我国迁移制度中还存在很强的等级性。户籍制度的限制不仅会给农村人口心理上形成一种受歧视、不平等感觉,而且有可能在劳动力人口和下一代孩子中形成二元身份等级。因此,首先应建立统一的劳动力市场,给予农村人口自由迁移权利,使农村人口获得平等参与市场竞争的机会,另外,制定全国统一规范的劳动力流动制度。农村劳动者在就业问题上受到区域性歧视是普遍存在的问题,如农村子女的入学问题、有效与平等地保障全体农村劳动者的合法权益问题等都是政府目前必须解决的现实问题,同时政策决策者们应积极为农村开辟新的渠道;在就业市场上所出现的性别歧视现象应严惩,违法的应受到法律的制裁。

其次,需尽快完善农村地区的土地流转制度。现行土地流转制度不够完善,是我国农村土地制度存在的较为突出的问题,一方面,举家外出务工的劳动力可能会蒙受因转让承包权而造成额外的经济损失,阻碍了农民工特别是女性劳动力人口的弃农决定;另一方面,对于离婚女性,既不能在男方家获得土地资源,在娘家的土地也无法获取,这就剥夺了女性人口相应的权利。

再次,政府应采取切实有效措施,解决民工子女的入学问题。不仅只是解决子女的上学难问题,应具体做到乡下孩子与城市孩子一个样,这样才不会给孩子的心理带来负面影响,特别是关注流动女童的教育,既为她们的安全着想,同时也迫切需要用知识改变她们的命运。

最后,为已经转移到了城市的女性人口提供劳动和社会保障,给予她们必要的关怀与支持。

(三)加大投资力度,鼓励女性人口的就近迁移

如前所述,在外出迁移人口中,绝大多数为青壮年,外出流动人口必定要造成一定的智力外流,如果长此这样,必定会造成迁出地人才资源匮乏。因此,政府应努力采取相应的措施,留住劳动力资源进行自主创业。针对目前女性人口所从事的职业,继续加强对她们的人力资本投资,在现有生产力水平条件下,提高对农业内部劳动力的吸纳能力,鼓励就近转移。

在积极推进农业产业化发展的同时,还应加快发展第二、三产业和多种经营。根据各地区自然资源、劳动力人口与地理优势等特点,大力发展旅游业和以劳动密集型为主的乡镇企业,积极开拓劳动力人口的就业空间,加大劳动力的就近转移。这样,只要政府采取强有力的就业措施与开辟新的就业空间,农村女性劳动力人口未必一定外迁才是最佳出路。

二、婚姻迁移

据"四普"资料显示:15岁以上的农村迁移者中,女性占到

48.3%,在410.9万的婚姻迁移者中,男性仅占8.6%,而女性高达91.4%,外出男性中93.4%为务工经商者,而女性有62.8%属于婚姻迁移。[①]

第一,主动的婚姻迁移可能使女性迁移者摆脱贫困地区和家庭的恶劣环境,进入经济条件较好的生活环境中,使得妇女可能获得更好的发展机会。这样,当地相关部门不可以为了外嫁女越来越多造成当地人口婚姻的挤压而限制她们外嫁。另外,有的家长担心女儿嫁得那么远,将来很难见到面,又不能得到更多的亲情和物质上的回报,这时,当地民政部门还应了解实情,做好工作,尽量提高这类女性迁移的可能。

第二,受过相对较高教育的女性更容易获取信息,更可能实现主动迁移,这一情况可能会促使落后地区的农民从女儿婚姻的角度出发更愿意加大对女孩的教育投资。

第三,日益增多的女性人口的婚姻迁移,使得越来越多的妇女身处异乡,使得农村人口所依赖的社会网络不断坚固和扩大,除了婚姻迁移,其他类型的女性迁移和流动也会依赖这一网络而日益活跃,从而促进女性参与社会流动的程度日益提高,范围不断扩大。当地民政部门应加强对婚迁女性在迁入地和迁入家庭能否获得应有的家庭地位和社会地位做出了解,关注是否有歧视的现象等等。

第四,被动婚姻迁移,如父母包办、买卖婚姻等,将会对迁移妇女的身心造成极大的伤害,直接危害女性的权益,这些现象应该受到严格限制甚至要受到法律制裁。对于贫困地区贫困家庭出现的以妹换嫂现象,当地民政部门应积极引导,鼓励创业而不是采取卑

---

① 佟新:《人口社会学》,北京大学出版社2000年版。

劣的手段。即使是主动的婚姻迁移,女性拥有土地的权利、财产继承权利等合法权益能否得到应有的保障都是值得关注的问题。

另外,各级民政部门尤其应多调查了解本地婚姻迁入的情况,并根据政策为婚姻迁入女性办好户口等影响她们生活的各种手续,使迁入女性能够在迁入地和迁入家庭中安居乐业。迁入地的村委会或社区组织应多关心婚姻迁入女性在社区发展中的平等参与,并引导当地居民关心外来女性,不歧视外来女性,同时也应鼓励外来女性多参与社区发展的各项活动。同时应注意发挥外来女性在经济发展中的积极作用,尤其应发挥她们的技术特长,并注意给予她们平等的就业和培训机会,使她们能为迁入地的经济发展做出更多贡献。应发挥各部门的综合作用,打击利用婚姻进行欺骗的行为,打击贩卖妇女儿童违法行为,保护妇女、儿童的合法权益,同时也要保护娶外地女子的本地男子及其家庭的合法权益。[1]最后,当地计划生育部门应切实加强计划生育工作,严格控制超生,现实中,这些婚迁女的计划生育似乎与流动农村女性一样,是计划生育空白人群,所以政府应加大这方面的投资力度与治理力度,维护国家人口安全。

第五节 建立科学有效的公共政策

一、建立科学有效的公共财政政策

经济社会的发展需要政府财政的支持,这就需要政府在坚持以经济建设为中心的指导方针下制定合理的财政政策。财政政策是宏观调控的重要手段,也是履行政府职能的基本工具。在新时

---

① 孙琼如:《婚姻:农村女性迁移的跷跷板》,《青年探索》2004 年第 6 期。

期,科学发展观是实施政府职能的重要指导思想,也是贯彻财政政策和推动财政体制改革的指导思想。科学发展观强调以人为本,注重统筹兼顾,注重经济社会全面、协调、可持续发展。在这一指导思想下,财政政策的目标应该从过去只关注经济目标变为经济社会目标并重与兼容。所以,财政政策目标至少包括经济发展和社会发展两个方面,既要追求经济增长或经济发展水平的提高,也要追求社会的全面进步。经济发展目标在科学发展观指导下,财政政策必须要致力于经济增长、结构调整、充分就业、收入分配等经济发展目标,这是财政政策义不容辞的责任,也是首要目标。因为经济发展特别是经济总量的增长是社会发展的物质基础,是居民生活质量提高和社会进步的前提。

多年来,社会发展目标政策一直没有被放在恰当位置和得到应有的重视,是我国经济社会发展失衡的重要原因。当前经济社会发展不协调,社会事业和公共服务发展迟缓,应该说不是经济基础过于薄弱的问题,而是政策安排特别是政策目标的取向不合理、资源分配不均等造成的。一方面表现为政府对社会事业财政投入不足,教育、医疗卫生和社会保障等公共服务领域的供需矛盾尤为突出;另一方面表现为社会事业内部分配不合理,如根据世界卫生组织公布的数据,中国卫生分配公平性在全世界排名中居第188位,列倒数第四(丁元竹,2004)。

资源分配不均是财政政策目标缺失和 GDP 过度崇拜引发的。长期以来,我国国家财政政策基本上是"生产建设型财政",大量的财政资金用于经济建设项目,而对社会事业发展支持明显不足。当然,近些年由于政府明确提出公共财政的改革目标,这种状况已有所改观,但总体上讲社会发展还是较为滞后。由于过分强调以经济建设为中心,GDP 与政绩直接挂钩,省区市、地市、县市、乡镇四级地方政府领导的行为主要由政绩支配。地方政府出于政治需要而不是经济发展和社会发展需要积极进行投资是较为常见的事情。GDP 的增长率实际上被当做评估地方官员政绩的标准,使得GDP 崇拜已经成为一股巨大的思维惯性,这种行为惯性可能会使政府在相当长的时间内不能更多关注公共事务和社会事业。

现在,越来越多的国内外学者在研究宏观经济政策时既强调经济目标,也重视社会目标。如斯蒂格利茨在其《经济学》一书中,重点研究了政府的三大宏观经济目标——充分就业、价格稳定和快速增长,他认为这些宏观经济目标必须与政府的其他目标(如收入分配与减少贫困)联系起来加以考察。很大程度上宏观经济目标的成功实现具有重要的附带效应——减少贫困(斯蒂格利茨,1997)。国内学者陈共教授在《财政学》中把生活质量提高、减少贫困作为财政政策的主要目标(陈共,2004)。贾康、白景明教授认为财政政策不仅要关注经济增长方面的进展,而且也要关注以经济增长为依托的社会的全面进步。财政对于发展的推动、促进作用要体现在经济社会各个领域(贾康、白景明,2000)。总之,强调经济社会的全面协调发展、经济社会的兼容应是财政政策目标的必然选择。

二、加强政策监督,保护女性人力资本

对女性人力资本,不仅应该增加投资与提高其素质,而且还应该加以保护。首先应从制度上、政策上承认女性生育行为的经济社会价值,并从实际回报中得到具体体现,比如对符合国家人口政策的生育行为给予一定的物质补偿。尽管我国已实行全国统一的女职工社会生育保险制度,但还有诸多不尽如人意的地方,这需要相关机构在政策实施与执行的过程中进行有效监督与管理。同时

也应在适当的时候考虑农村女性人口的生育行为的经济价值。其次,对生育后进行再就业的女性,从政策上提供必要的法律保护和社会帮助,如女性就业培训规划与职业生涯规划。再次,国家有关的经济社会发展政策可适当向女性倾斜。

由于目前我国经济社会发展不平衡,导致部分地区在教育、医疗卫生、科技和文化等社会事业的发展不仅滞后于当地经济发展,更落后于全国平均水平,与全国水平相比较,我国西部地区经济与社会事业的发展极不协调,即使有的地方公共事业的设施建立起了一些,但整个社会事业的管理体制的改革步伐却跟不上经济体制的改革,导致社会事业的管理也严重滞后。经济发展与社会发展既相辅相成又互相制约。社会发展必须以经济发展为基础,经济增长必须以社会稳定为前提。财政政策推动社会事业的发展,必须建立科学有效的公共财政政策,首先应完善社会保障体系建设,尤其是贫困女性社会保障机制的建立;其次应加强公共卫生体系建设,保障最贫困的女性能享受全国最低限度的医疗卫生保障;最后应在继续加大对教育投入力度的基础上优化教育支出结构,促进教育事业发展,提高女性人口素质和文化素质。

主 要 结 论

一、女性人力资本作为经济社会发展中重要的推动力量,在整个社会经济发展和人类的繁衍中起着非常重要的作用

首先由于受传统观念、自然环境、相关政策或政策执行过程中出现的性别歧视现象和对女性人力资本投资规模较小等原因,对我国女性人力资本进一步发挥作用有一定的影响和制约作用。其次,女性人力资本对自身存在的不足也缺乏一定程度的认识。传统的文化价值观依旧影响着社会对女性及其社会角色与家庭角色的态度,同样也影响着女性对其自身的态度,如女性人力资本在创新和进取精神上相对男性普遍存在不足,对家庭与孩子的关照考虑得较多。再次,女性在体力上的弱势导致部分女性在心理上存在着自卑感、意志显得较薄弱、情感较脆弱等,认为自己天生就这样,有些女性逆来顺受成了习惯,没有自己的主见。要引导女性人力资本进一步发挥重要的作用,就必须有效调动女性人力资本的积极性,创造良好的社会环境和制度环境,在机制上下功夫,让女性自身不断提高素质,克服不足,尽快适应时代和社会发展的要求,为全面建设小康社会目标的实现、为和谐社会的构建贡献女性最大的力量。

二、整体而言,我国人力资本投资规模小,对女性投资规模更小

改革开放以来,我国人力资本投资以国家有组织、有计划的人

力资本投资为主,人们自发或无意识的人力资本投资和企业及社
会团体的人力资本投资为辅。但在我国农村地区,女性人力资本
所有者水平低、质量差,当地经济发展缓慢,导致人力资本投资积
累慢、存量小。在这种情况下,要彻底减轻人口压力发展的负担,
改变女性人力资本所有者的质量状况,提高女性人力资本存量,加
大对女性人力资本的投资,就必须针对各地区特有的人文环境、自
然状况、积极发展因素等,有组织、有计划地实行跨越式的人力资
本投资方式,并对各地区女性人力资本所有者的开发和利用给予
政策上的倾斜和制度上的保障。

**三、和谐社会的建立,首先是人才开发,特别是女性人力资源
开发**

政府必须加强宏观调控和政策引导,针对女性人力资本的成
长和工作特点,努力营造尊重女性的特点,鼓励创新、信任理解的
良好社会风尚和家庭环境,形成更为灵活的管理机制,激励女性人
力资本充分发挥聪明才智。针对我国女性人力资本的基本状况,
根据人才开发具有超前性、连续性、长期性和开放性等特点,加大
女性人力资本投资势在必行,需要考虑如下路径:

(一)为了适应和促进社会经济的进一步发展,必须加大对女
性人力资本的投资。1. 不断提高女孩中小学入学率,减少辍学
率,提高现有年轻女性的文化知识水平;2. 采取多项措施扫除女
青壮年文盲,提高她们的识字率与接受信息的能力;3. 各级地方
政府采取免费培训的方式,让农村农业女性接受实用的农业技术
培训,提高农业生产率,增加收入,减轻劳动强度;4. 对非农女性
提供终身就业培训,以提高她们的市场竞争力,增强市场对女性人
力资本的需求;5. 政府应想方设法改善农村居住环境与生活条

件,提供健康的饮用水资源,减少流行病的发病率,同时,应采取多种办法,加强医疗卫生知识的预防宣传,让更多的女性提高医学常识,切实提高女性人力资本的健康存量;6. 运用信贷手段,促进女性人力资本的积累,全面提高女性人力资本存量;7. 女性人力资本投资应实行市场化选择。

(二)重点保护女性人力资本。在整个职业生涯中,由于生理上存在的差异,妇女因生育、照料子女等原因暂时退出劳动力市场。这种由于生理差异造成女性人力资本价值的贬值,往往会造成男女劳动力生产率的差异及其职业选择和收入分配的差距,进而成为女性不易就业的一个主要原因。因此,政府应制定相应的政策,采取强有力的措施重点维护孕期、哺乳期女性的合法权益,这不只是政策问题,而是法律的执行与落到实处的问题。另外,在承认女性的生育行为的经济价值的基础上,用人单位在招聘、培训、年龄、性别等方面对产后女性的保护力度在我国现行的政策中还是有些欠缺的。另外,对于我国现阶段大部分家务劳动不计报酬的现实,应如何实施有效手段让女性从家务劳动的束缚中解放出来。尽管我们在说家务劳动社会化,但目前仅仅只是对于经济条件较好的大多数城市家庭而言的,而在农村,女性即使整天在家里忙活,也看不见什么经济效益,这也是女性经济不能独立、家庭地位较低的一个重要原因。如何让女性不再被家务劳动整天缠身,或者家务劳动也体现一定的经济价值,这在我国经济不发达的农村地区还为期遥远。

(三)大力发展第三产业。随着经济的发展,社会对劳动力的需求呈现急剧上升的趋势,女性参与劳动的机会越来越多。第三产业的发展和壮大,让更多的女性参与到市场的建设与竞争中。第三产业的诸多分支已涉及国民经济发展的各个领域,它的众多分支对劳动力产生了巨大需求,并因其有更好的经济收益率、良好的工作环境、较高的社会地位等优势,已成为人们就业的首选。因为它的特殊的工作性质,女性更具有先天的优势。但我国的第三产业与世界发达国家之间相比还存在着巨大的差距,伴随着我国第一、二产业的迅速发展,总体上对第三产业的发展也提出了更大需求,这意味着在我国,尤其是第三产业具有广阔的发展空间,第三产业的充分发展对女性的就业吸引力将远远超过男性。第三产业所能提供的这些机会都要求人们具有相当程度的人力资本存量,所以,这种就业机会的提供,能够更好地促进女性自身和外部投资主体增加对女性的人力资本投资。

四、尊重地区间差异,促进男女两性和谐发展

由于历史与现实的缘由,西部地区经济社会发展落后于东部地区。应站在现实的角度上,尊重这种差距的暂时存在,在此基础上努力运用各种手段促进西部地区的经济社会快速发展。同时,由于社会性别歧视行为与传统文化的影响,西部女性受教育的机会少于男性。与男孩子相比,女孩子只能接受较少的教育和受到较差的健康护理是一种常见现象,特别是在传统的重男轻女的社会中,它直接影响了女性的劳动能力和竞争力。不仅如此,就企业而言,在对培训对象的选择上,仍存在性别歧视现象,这在很大程度上限制了女性潜能的发挥,也限制了女性进入重要的领导岗位;在接受经营管理培训的人员中,女性占的比例很少,从而进一步扩大了人力资本形成的性别差异。应在充分尊重男女两性性别差异的基础上,充分发挥各自的性别优势,不能在政策执行过程中以及具体事务操作的过程中,尤其是对女性人力资本实施投资的过程中,对女性进行性别歧视,不可以与东部地区女性投资有着巨大的

差异,同样也不可以在有限的投资资源情况下,把较少的资源优先投资给男性,必须在尊重区域间差异和两性差异的前提下,采取积极有效的措施,促进两性和谐发展与社会全面进步。

参 考 文 献

1. ［英］A. P. 瑟尔沃著,郭熙保译:《增长与发展》,中国财政经济出版社 2001 年版。

2. ［美］伊兰伯格,史密斯著:《现代劳动经济学——理论与公共政策》第六版,中国人民大学出版社 2000 年版。

3. ［美］舒尔茨著,吴珠华译:《论人力资本投资》,北京经济学院出版社 1990 年版。

4. ［美］贝克尔著:《人力资本》,北京大学出版社 1987 年版。

5. ［美］德布拉吉·瑞著,陶然等译:《发展经济学》,北京大学出版社 2002 年版。

6. ［日］岛田晴雄著:《劳动经济学》,劳动经济出版社 1989 年版。

7. 舒尔茨著:《人力投资:人口质量经济学》,华夏出版社 1990 年版。

8. 舒尔茨著:《经济增长与农业》中译本,北京经济学院出版社 1991 年版。

9. 舒尔茨著:《人力资本投资》中译本,商务印书馆 1990 年版。

10. 熊彼特著:《经济分析史》中译本,商务印书馆 1996 年版。

11. 谭崇台主编:《发展经济学》,山西经济出版社 2000 年版。

12. 杨宜勇等著:《就业理论与失业治理》,中国经济出版社

2003 年版。

13. 王永江主编:《劳动就业管理与实务》,北京经济学院出版社 2005 年版。

14. 杨河清主编:《劳动经济学》,中国人民大学出版社 2002年版。

15. 刘国光、李京文著:《中国经济大转变》,广东人民出版社 2004 年版。

16. 王守志主编:《现代劳动经济学》,首都经济贸易大学出版社 1997 年版。

17. 周天勇主编:《新发展经济学》,经济科学出版社 2001 年版。

18. 杨治著:《产业经济学导论》,中国人民大学出版社 2003年版。

19. 赵履宽、杨体仁等主编:《劳动经济学》,中国劳动出版社 1998 年版。

20. 洪银兴著:《发展经济学与中国经济发展》,高等教育出版社 2001 年版。

21. 谭崇台主编:《发展经济学的新发展》,武汉大学出版社 1999 年版。

22. 谭崇台主编:《发展经济学概论》,武汉大学出版社 2002年版。

23. 刘文江、周桂荣编著:《人才需求与供给的战略选择》,中国经济出版社 2004 年版。

24. 李竞能编著:《现代西方人口理论》,复旦大学出版社 2004 年版。

25. 董克用、潘功胜编:《西方经济学教程》,中国劳动出版社

2003 年版。

26. 余文华著:《人力资本投资研究》,四川大学出版社 2002 年版。

27. 何承金著:《人力资本管理》,四川大学出版社 2000 年版。

28. 李建民著:《人力资本通论》,上海三联书店 1999 年版。

29. 冯子标著:《人力资本运营论》,经济科学出版社 2000 年版。

30. 吕昭河著:《制度变迁与人口发展:兼论当代中国人口与发展的制度约束》,中国社会科学出版社 1999 年版。

31. 李玲著:《人力资本运动与中国经济增长》,中国计划出版社 2003 年版。

32. 魏国英主编:《女性学概论》,北京大学出版社 2004 年版。

33. 王政、杜芳琴编著:《社会性别研究选译》,三联书店 1998 年版。

34. 张德远著:《西方劳动经济学》,上海财经大学出版社 1999 年版。

35. 张凤林著:《人力资本理论及其应用研究》,商务印书馆 2006 年版。

36. 郭砚莉著:《女性人力投资问题研究》,中国社会科学出版社 2006 年版。

37. 李澜著:《潜藏的力量:西部地区农村女性人力资源开发》,中国经济出版社 2006 年版。

38. 雅各布·明塞尔著,张凤林译:《人力资本研究》,中国经济出版社 2001 年版。

39. 李建民著:《人力资本通论》,上海三联书店 1999 年版。

40. 李忠民著:《人力资本———一个理论框架及其对中国一些

问题的解释》,经济科学出版社 1999 年版。

41. 邓翔著:《经济趋同理论与中国地区经济差距的实证研究》,西南财经大学出版社 2002 年版。

42. 张衔、朱方明著:《人力资本论》,四川大学出版社 2000年版。

43. 朱舟著:《人力资本投资的成本收益分析》,上海财经大学出版社 1999 年版。

44. 刘军著:《人力资本配置与经济发展》,经济科学出版社 2004 年版。

45. 李玉江著:《区域人力资本研究》,科学出版社 2005 年版。

46. 朱必详著:《人力资本理论与方法》,中国经济出版社 2005 年版。

47. 赵宏斌著:《人力资本投资风险——对中国高校毕业生就业选择与教育投资风险的研究》,上海交通大学出版社 2007 年版。

48. 泰兴方著:《人力资本与收入分配机制》,经济科学出版社 2003 年版。

49. 李玲著:《人力资本运动与中国经济增长》,中国计划出版社 2003 年版。

50. 许学成著:《技术进步、收入分配与人力资本形成》,经济科学出版社 2003 年版。

51. 李慧英主编:《社会性别与公共政策》,当代中国出版社 2002 年版。

52. 刘熙瑞、张康之主编:《现代管理学》,高等教育出版社 2003 年版。

53. 佟新著:《社会性别研究导论——两性不平等的社会机制分析》,北京大学出版社 2005 年版。

54. 李银河主编:《妇女:最漫长的革命》,三联书店 1997 年版。

55. 谢晖著:《法律的价值》,山东人民出版社 2000 年版。

56. 马元曦主编:《社会性别与发展译文集》,三联书店 2000 年版。

57. 郑真真、解振明主编:《人口流动与农村妇女发展》,社会科学文献出版社 2004 年版。

58. 李慧英著:《社会性别与公共政策》,当代中国出版社 2002 版。

59. 蒋晓光主编:《西方劳动经济学简论》,中国铁道出版社 1999 年版。

60. 恩格斯:《家庭、私有制与国家的起源》,人民出版社 1955 年版。

61. 彭松建编著:《西方人口经济学概论》,北京大学出版社 1987 年版。

62. 林耀华主编:《民族学通论》,中央民族学院出版社 1990 年版。

63. 施正一主编:《民族经济学教程》,中央民族大学出版社 2002 年版。

64. 黄万纶、李文潮主编:《中国少数民族经济教程》,陕西教育出版社 1998 年版。

65. 宋蜀华、白振声主编:《民族学理论与方法》,中央民族大学出版社 2003 年版。

66. 刘霓著:《西方女性学》,社会科学文献出版社 2001 年版。

67. 罗萍主编:《妇女在婚姻变动中权力保护研究》,湖北人民出版社 2001 年版。

68. 姚裕群主编:《人力资源管理》,中国人民大学出版社2004 年版。

69. 姚裕群著:《人口大国的希望——人力资源经济概论》,中国人口出版社 1991 年版。

70. 陈庆德著:《经济人类学》,人民出版社 2001 年版。

71. 李竞能编著:《人口理论新编》,中国人口出版社 2001 年版。

72. 蔡昉等著:《2002 年:中国人口与劳动问题报告》,社会科学文献出版社 2002 年版。

73. 世界银行:《1993 年世界发展报告:投资于健康》,中国财政经济出版社 1994 年版。

74. 林毅夫著:《制度、技术与中国农业发展》,上海三联书店 1994 年版。

75. [美]迈克尔·比尔等著,程化等译:《管理人力资本》,华夏出版社 1998 年版。

76. 坎迪达·马奇等著:《社会性别分析框架指南》,香港乐施会 2000 年版。

77. 藩锦棠:《性别人力资本理论》,载《中国人民大学学报》2003 年第 3 期。

78.《妇女研究论丛》,中国社会科学院,2000—2006 年期刊。

79. 肖巧平:《对我国刑法的女性主义思考》,载《妇女研究论丛》2004 年第 2 期。

80. 王佐芳、王云仙、赵群、冯媛:《从社会性别与发展的视角看中国扶贫政策及措施》,2004 年提交在"百年中国女权思潮研究"国际研讨会上的论文。

81. 田翠琴:《农村妇女发展与闲暇时间的性别不平等分析》,

载《妇女研究论丛》2004 年第 5 期。

82. 周庆行、谷诗卉：《从性别角度审视我国公共政策的发展趋势和方向》，载《公共管理与社会发展：第二届全国 MPA 论坛论文集》。

83. 谭深：《家庭策略还是个人自主？——农村劳动力外出决策模式的性别分析》，载《浙江学刊》2004 年第 5 期。

84. 张存禄、翁清雄：《对我国人口问题深层次矛盾的经济学解读》，载《人口与经济》2006 年第 2 期。

85. 陈卫民、李莹：《退休年龄对我国城镇职工养老金性别差异的影响分析》，载《妇女研究论丛》2004 年第 1 期。

86. 马冬玲：《为什么要实现社会性别主流化》，载《中国妇运》2005 年第 8 期。

87. 张永英：《谁来实现社会性别主流化》，载《中国妇运》2005 年第 12 期。

88. 刘伯红：《什么是社会性别主流化》，载《中国妇运》2005 年第 7 期。

89. 高玉喜：《中国贫困地区人力资本投资与经济增长》，载《财经问题研究》1997 年第 5 期。

90. 郭丛斌：《二元制劳动力市场分割理论在中国的验证》，载《教育与经济》2004 年第 3 期。

91. 王家赠：《教育对中国经济增长的影响分析》，载《上海经济研究》2002 年第 3 期。

92. 侯风云、张宏伟、孙国梁：《人力资本理论研究需要关注的新领域——人力资本投资风险》，载《北京行政学院学报》2003 年第 3 期。

93. 唐正荣、石大建：《人力资本投资风险因素新探》，载《柳州师专学报》2000 年第 3 期。

94. 程承坪、魏明侠:《论人力资本投资风险与风险防范》,载《决策借鉴》2001 年第 4 期。

95. 孔令锋:《论人力资本投资的风险》,载《当代经济科学》2002 年第 3 期。

96. 于洪平、刘月:《论人力资本优先投资》,载《财经问题研究》1997 年第 5 期。

97. 赵秋成:《我国中西部地区人口素质与人力资本投资》,载《管理世界》2001 年第 1 期。

98. 李福田:《论农村人力资本投资》,载《农业经济》2002 年第 11 期。

99. 高明:《论人力资本投资于农村经济发展》,载《安徽农业大学学报(社会科学版)》2003 年第 3 期。

100. 王英梅:《我国农村女性人力资本投资的经济学分析》,载《中华女子学院学报》2006 年第 10 期。

101. Heckman, James. 2003, China's Investment in Human capital. NBER.

102. Becker. 1993, Part 1, Human Capital, 3rd ed . University of Chicago Press.

103. Grimshaw, Jean, 1995, Biology, Societ, Imagination: Explaining Gender Differences.

104. Andersen C(1992) "Practical Guidelines", in Ostergaard L (ed.) Gender and Development: A practical Guide , Routledge , London.

105. Buvinic M (1984) "Project for Women in the world : Explaining their Misbehavior", International Center for Research on

Women, Washington.

106. Overholt, Anderson, Howarth(1994), A Framework for People-Oriented Planning in Refugee Situations Taking Account of Women, Men and Children: A Practical Planning Tool for Refugee Workers.

107. Lingen A etc, Gender Assessment Studies : A Manual for Gender Consultants.

108. Caroline Moser(1993), Gender Planning in Development: Theory, Practice and Training.

109. Becker, Gary S. , A Treatise on the Family, Cambridge: Harvard University Press, 1991.

110. Wallace E. Huffman, Human Capital: Education and Agriculture, Lowa State University, August 1999.

111. T. W. Schultz, 1971, Investment in Human Capital, the Free Press, New York.

112. McNicoll , G, 1997 No. 105: Population and Poverty. Working Paper of Popu. Conucil .

后　记

　　本书是在我的博士学位论文的基础上，经修改整理而成。可以说是我关注女性问题以来研究成果的一个小结，和对我多年来关注性别问题的一种解答，为我将来更进一步地研究经济发展、社会性别等问题开启了研究的思路，奠定了良好的基础。

　　长期以来，社会对于女性的投资，尤其体现在教育、培训与医疗投资等方面对女性的相对忽略及产生的原因，一直是我思想深处难以解答的一个难题。由于女性的社会地位、社会角色以及参与社会活动相对较少，传统经济学、政治学等学科的研究往往忽视人类男女性别划分。人们往往认为男女事实就是如此，不需要单独在理论上或实践中进行研究，或许认为只要研究其中的一个性别——主流文化的男性性别，就可以清楚知道另一个性别的社会经济行为；也或许是女性在社会活动中的经济参与确实微不足道，不足以引起学界的重视。而随着现代工业的快速发展与分工的越来越细，女性在现代社会经济发展中起着不可忽视的作用。众多资料显示，女性在接受教育、培训、工资等方面与男性有着较大差别，甚至在公平平等的法律法规实施过程中也存在着性别歧视。正因为这些问题，我选择性别视角作为对女性人力资本投资研究的切入点，并运用经济学等相关研究方法分析男女之间的性别差异。由于自身能力有限与知识经验积累的不足，真正阐述自己的观点时心中难免很忐忑。

本书的出版获得了云南省哲学社会科学学术著作出版资助。在本书即将出版之际，我要特别感谢我的导师吕昭河教授及其家人。在三年的学习与生活中，恩师自始至终都给予我无微不至的关怀与照顾。在我的求学和人生道路上，恩师以其求实的为学之理，求善的立身之道以示学生，始终以其无形的人格魅力深深地影响着我，鼓励学生在为人与求学的道路上勇往直前。师恩如海，非三言两语所能尽述，在此特向恩师及其家人表示诚挚的感谢！

借此机会，我还要特别感谢杨先明老师、罗淳老师、陈庆德老师，以及我的硕士生导师倪慧芳教授。多年以来，他们始终关怀和鼓励着我，在学业上严格要求，在学术上身垂典范，老师们严谨的治学态度与宽以待人的胸怀，令学生刻骨难忘！

最后，我要感谢我的家人。我不仅要感谢生我养我的父母，更要感谢我的丈夫和儿子。没有他们的体谅与理解，我的求学路将变得更为艰难，是丈夫和儿子让我感受到来自家庭的深远影响和宽厚的爱意，让我感受到来自家庭的支持与关爱是给我带来无穷动力的重要原因。总之，从内心深处，我深深地感激每一个关心和帮助过我的人。

尽管得到了多方的关爱与帮助，由于本人愚钝，而且我国在研究女性人力资本投资问题尚处于方兴未艾阶段，加上资料和信息占有的不足，在时间较短和篇幅有限的前提下把理论讲得深刻、透彻，对实证研究做出很好的分析，对学力、功力和笔力尚属肤浅的我来说是一件难事，因此，文章的缺点和疏漏在所难免，敬请各位专家学者批评指正，为谢！

晏月平
2008 年 8 月

责任编辑:陈光耀

版式设计:东昌文化

图书在版编目(CIP)数据

当代中国女性人力资本投资研究/晏月平 著.

-北京:人民出版社,2008.11

ISBN 978 - 7 - 01 - 007449 - 8

Ⅰ.当… Ⅱ.晏… Ⅲ.女性-人力资本-投资-研究 Ⅳ.F241

中国版本图书馆 CIP 数据核字(2008)第 169265 号

当代中国女性人力资本投资研究

DANGDAI ZHONGGUO NÜXING RENLI ZIBEN TOUZI YANJIU

晏月平 著

人 民 出 版 社 出版发行

(100706 北京朝阳门内大街 166 号)

北京瑞古冠中印刷厂印刷 新华书店经销

2008 年 11 月第 1 版 2008 年 11 月北京第 1 次印刷

开本:880 毫米×1230 毫米 1/32 印张:11.75

字数:276 千字

ISBN 978 - 7 - 01 - 007449 - 8 定价:26.00 元

邮购地址 100706 北京朝阳门内大街 166 号

人民东方图书销售中心 电话 (010)65250042 65289539